融合型·新形态教材
复旦学前云平台 fudanxueqian.com

普通高等学校学前教育专业系列教材

U0730629

特殊儿童早期训练与指导

主　编　刘建梅　赵凤兰

副主编　耿　杰　李殿军

编　委（按姓氏笔画排列）

于文哲　王雪娇　刘建梅

李殿军　许　杨　张　宇

赵凤兰　耿　杰　栾萍萍

复旦大學 出版社

内容提要

全书共分10个单元，紧紧围绕特殊儿童"早发现，早诊断，早康复"的教育理念，以满足特殊儿童早期教育康复需要为出发点，将基础理论与实践技能相结合，全面介绍特殊儿童早期训练与指导的相关理论，全纳教育，各类特殊儿童的概念，导致障碍的原因、分类、心理和行为特征，诊断与鉴别，早期训练与指导及家庭与社区康复等相关知识，早期训练的常用方法等。

本书可作为特殊教育专业、特殊儿童康复专业的教材或参考书，也可作为学前教育专业学生延伸阅读教材，以及特殊儿童早期康复机构工作者、特殊儿童家长和相关工作人员的指导教材。

复旦学前云平台
数字化教学支持说明

为提高教学服务水平，促进课程立体化建设，复旦大学出版社学前教育分社建设了"复旦学前云平台"，以为师生提供丰富的课程配套资源，可通过"电脑端"和"手机端"查看、获取。

💻【电脑端】

电脑端资源包括 PPT 课件、电子教案、习题答案、课程大纲、音频、视频等内容。可登录"复旦学前云平台"www.fudanxueqian.com 浏览、下载。

Step 1 登录网站"复旦学前云平台"www.fudanxueqian.com，点击右上角"登录 / 注册"，使用手机号注册。

Step 2 在"搜索"栏输入相关书名，找到该书，点击进入。

Step 3 点击【配套资源】中的"下载"（首次使用需输入教师信息），即可下载。音频、视频内容可通过搜索该书【视听包】在线浏览。

【手机端】

PPT 课件、音视频、阅读材料：用微信扫描书中二维码即可浏览。

扫码浏览 →

【更多相关资源】

更多资源，如专家文章、活动设计案例、绘本阅读、环境创设、图书信息等，可关注"幼师宝"微信公众号，搜索、查阅。

平台技术支持热线：029-68518879。

"幼师宝"微信公众号

前言

自 1988 年召开第一次特殊教育工作会议以来，我国的特殊教育事业有了长足的进步与发展，无论是在法律、法规建设方面，还是在学术研究、实际的教育教学方面，都取得了显著成效，凸显出与时俱进的时代特色。在当代特殊教育中，"早发现、早诊断、早康复"的康复教育理念逐渐凸显其自身优势，日益受到人们的重视。目前，特殊儿童早期训练与指导已成为我国特殊教育专业的一门专业必修课程。

本书秉承"三早"康复教育理念，遵循现代教材的编写规则，结合特殊儿童早期发展需求，凝聚编写者们多年的经验和智慧的结晶。本书的出版将帮助特殊教育专业、特殊儿童早期康复专业、学前教育专业学生系统学习"特殊儿童早期训练与指导"这门专业必修课程，使他们对特殊儿童早期训练与指导可以有更全面的了解和掌握。

本书共分为 10 个单元，单元一介绍相关的基础理论；单元二到单元九分别介绍听障、智障、视障、自闭症、情绪与行为障碍、言语与语言障碍、学习障碍、资赋优异儿童的概念,导致障碍的原因、分类、心理和行为特征,诊断与鉴别,早期训练与指导及家庭与社区康复等相关知识;单元十介绍了特殊儿童早期训练与指导多元干预方法。

本书内容以实用为主,用通俗的语言阐述相关理念、概念、方法、步骤等,具有较强的可操作性,着重突出学生实践能力的培养。它既可作为特殊教育专业、特殊儿童康复专业的教材或参考书,也可作为学前教育专业学生的延伸阅读教材,以及特殊儿童早期康复机构工作者、特殊儿童家长和相关工作人员的指导教材。

本书由刘建梅、赵凤兰主编,刘建梅统稿。编写人员有刘建梅、栾萍萍、王雪娇、许杨、赵凤兰、张宇。

本书的完成应感谢时任黑龙江幼儿师范高等专科学校金日勋书记,黑龙江幼儿师范高等专科学校周世华校长,如果没有他们的大力支持,本书难以顺利完成编写。此外,在策划、撰写和编辑的过程中,我们得到了诸多专家学者的关心、指导,得到了牡丹江市特殊教育学校、林口特殊教育学校的大力支持,在此一并表示感谢。在编写过程中,我们参考和借鉴了大量国内外的文献资料,未能将作者逐一列出,在此向所有作者一并致以诚挚的谢意。

由于编写水平有限,难免出现纰漏,恳请读者批评指正。

目录

特殊儿童早期训练与指导概要

学习目标

通过本单元的学习,将帮助你:

1. 对特殊儿童及特殊儿童早期训练与指导的含义有基本的认识。
2. 了解特殊儿童分类。
3. 掌握特殊儿童早期训练与指导的内容与原则。
4. 熟悉特殊儿童早期训练与指导的发展历程及法律、法规。
5. 掌握全纳教育的含义及发展历程。
6. 了解全纳教育的支持模式。
7. 对随班就读有一定的认识。

第一节 概 述

一、基本概念

(一) 特殊儿童定义

特殊儿童可以有广义和狭义两种理解。广义的理解,是指与正常儿童在各方面有显著差异的各类儿童,包括各种能力超常的儿童、行为问题的(包括轻微违法犯罪的)儿童、智力发展低常的弱智儿童、视觉或听觉有不同程度障碍的儿童(包括盲童、低视力儿童、聋童、重听儿童)、肢体障碍儿童、言语障碍儿童、学习障碍儿童、情感障碍儿童、多重障碍儿童等。近年有的国家统称为"有特殊需要的儿童"(children with special educational needs),当然这个概念包括的范围比上面列出的还要大。另一种是狭义的理解,专指生理或心理发展上有缺陷的残疾儿童,仅包括智力、视觉、听觉、肢体、言语、情绪等方面发展障碍,身体病弱,多种残疾儿童等,故又可称"缺陷儿童"或"残疾儿童"。

(二) 特殊儿童早期训练与指导

美国心理学家布鲁姆曾形象地说过:假如一个人17岁时智力为100的话,那么在4岁以前已经完成了50%,4~8岁又完成了30%,9~17岁完成20%。因此,对于特殊儿童的早期训练与指导要提倡"三早",即早发现、早诊断(评估)、早康复(训练)。例如唐氏综合征儿童的训练与指导要从0岁就开始,有语言、运动障碍儿童要从2~3岁开始,对环境缺乏反映、抽象概念很差的儿童从4~5岁开始,但不能超过6岁。

特殊儿童早期训练与指导指的是以医教结合为基本指导思想,多学科康复训练理论、技术与文化教育的相互渗透与整合,实现特殊儿童整体康复的特殊教育理论和实践。其目的是通过教育与康复训练和指导的整合,最大限度地减轻障碍的负面影响,达到"优势发展、缺陷补偿"的目的。训练形式为机构—社区康复一家庭。

（三）特殊儿童分类

1. 目的 特殊儿童具有人的各种属性，也具有人类个体间的差异性。可以根据各种特征把其归入某一群体。例如可以按性别、地区、民族、社会地位等分类，也可以按心理或生理发展状况分类；可以按接受教育年限和程度分类，还可以按医学诊断的结果分类。

对特殊儿童的分类工作要服从于分类的目的。分类主要是为了更好地了解每一类特殊儿童的特殊性，更好地根据各类特殊儿童的特点培养、教育他们，使他们健康成长，与普通儿童一起成为社会上平等的劳动者和主人。简言之，是为了更有效地进行教育工作。

2. 原则 各个国家在不同时期由各个部门或专家对特殊儿童的分类不尽相同。一些国家由法律加以规定，一些国家则由学术界加以统一。

美国百科全书第九卷"教育"条目（1980年版）中的特殊儿童教育对特殊儿童的定义是："在智力、感官、情绪、身体、举动或表达能力上与正常儿童情况有较大差距的儿童"。根据这个定义，把特殊儿童分为：天才、智力落后、身体和感官缺陷（包括视觉障碍，分为盲和低视力；听觉障碍，分为聋和重听）、畸形和健康缺陷、言语障碍、行为异常（包括行为混乱，非机体原因障碍）、学习障碍。1975年美国通过的联邦法令 PL94 - 142《所有残疾儿童教育法》中把狭义的特殊儿童，即障碍儿童分为11类：①智力落后；②重听；③聋；④言语缺陷；⑤视觉障碍；⑥情感严重紊乱；⑦畸形损害；⑧其他健康损害；⑨聋盲；⑩多种障碍；⑪特殊学习障碍。

20世纪80年代以来，随着美国特殊教育的发展，在特殊儿童的分类上又出现了一些新的观点。一种是"取消分类"的观点，即不要把残疾儿童分类。这类观点的支持者认为，应该让很多残疾儿童和普通儿童在一个学校，一个班级内学习，使残疾儿童"回归主流"，分类会给儿童贴上"有害的标签"；另一种是"交叉分类"的观点，主要认为不宜以残疾种类分类，而以残疾的程度分类。例如，不再区分学习障碍和行为障碍，而分为轻度学习和行为障碍，中度学习和行为障碍，重度/极重度学习和多种障碍，把每种程度的障碍儿童放在一起进行教育。

在我国，1951年政务院《关于改革学制的决定》中仅提到"聋哑、盲目"两种特种学校，1982年《中华人民共和国宪法》第45条中提到"盲、聋、哑和其他有残疾的公民。"1986年《中华人民共和国义务教育法》中谈到"盲、聋哑和弱智的儿童、少年"。1987年全国残疾人抽样调查时，规定的5类残疾是：视力残疾、听力语言残疾、智力残疾、肢体残疾、精神残疾，实际在调查和统计中又增加了综合残疾（多重残疾），即有上述残疾中的两种或两种以上者。1989年国务院转发的《关于发展特殊教育的意见》中提到了以下类别：盲、聋、弱智、肢体残疾、学习障碍、语言障碍、情绪障碍等类残疾少年儿童。1990年底颁布的《中华人民共和国残疾人保障法》中规定："残疾人包括视力残疾、听力残疾、言语残疾、肢体残疾、智力残疾、精神残疾、多重残疾及其他残疾的人。"以上可以看出，我国对于残疾人的认识和规定是逐步完善的；但区分的均是狭义的特殊教育对象，即残疾儿童，对于残疾儿童的分类已逐渐与发达国家相类似。

我国的科学研究中也包含有广义的特殊教育概念，1990年出版的《教育大辞典（第2卷）》特殊教育部分中就包括了天才儿童和有轻微违法、犯罪儿童的教育。

阅读延伸

儿童孤独症

儿童孤独症是一种发生在儿童早期的全面性精神发育障碍性疾病，主要表现如下。

1. 孤独离群，不会与人建立正常的联系 即缺乏与人交往、交流的倾向，有的患儿从婴儿时期起就表现这一特征，如从小就和父母亲不亲，也不喜欢要人抱，当人要抱起他时不伸手表现期待要抱起的姿势，不主动找小朋友玩，别人找他玩时表现躲避，对呼唤没有反应，总喜欢自己单独活动，自己玩。有的患儿虽然表现不拒绝别人，但不会与小朋友进行交往，即缺乏社会交往技巧，如找小朋友时不是突然拍人一下，就是揪人一下或突然过去搂人一下，然后自己就走了，好像拍人、揪人不是为了找人联系而只是一个动作，或者说只存在一个接触的形式,而无接触人的内容和目的。他们的孤独还表现在对周围的事不关心,似乎是听而不闻、视而不见,自己愿意怎样做就怎样做,毫无顾忌,旁若无人,周围发生什么事似乎都与他无关,很难引起他的兴趣和注意,目光经常变化,不易停留在别人要求他注意的事情上面,他们似乎生活在自己的小天地里。另外他们的目光不注视对方甚至回避对方的目光,平时活动时目光也游移不定,看人时常眯着眼、斜视或用余光等,很少正视也很少表现微笑,从不会和人打招呼。

2. 言语障碍十分突出　　大多数患儿言语很少,严重的病例几乎终生不语,会说、会用的词汇有限,并且即使有的患儿会说,也常常不愿说话而宁可以手势代替。有的会说话,但声音很小、很低或自言自语重复一些单调的话。有的患儿只会模仿别人说过的话,而不会用自己的语言来进行交谈。不少患儿不会提问或回答问题,只是重复别人的问话。语言的交流上还常常表现在代词运用的混淆颠倒,如常用"你"和"他"来代替他自己。还有不少孤独症儿童时常出现尖叫,这种情况有时能持续至5～6岁或更久。

3. 兴趣狭窄,行为刻板重复,强烈要求环境维持不变　　孤独症儿童常常在较长时间里专注于某种或几种游戏或活动,如着迷于旋转锅盖,单调地摆放积木块,热衷于观看电视广告和天气预报,面对通常儿童们喜欢的动画片、儿童电视、电影则毫无兴趣,一些患儿天天要吃同样的饭菜,出门要走相同的路线,排便要求一样的便器,如有变动则大哭大闹表现出明显的焦虑反应,不肯改变其原来形成的习惯和行为方式,难以适应新环境。多数患儿同时还表现无目的活动,活动过度,单调重复地蹦跳、拍手、挥手、奔跑旋转,也有的甚至出现自伤自残,如反复挖鼻孔、抠嘴、咬唇、吸吮等动作。

4. 大多智力发育落后及不均衡　　多数智力发育比同龄儿童迟钝,少数患儿智力正常或接近正常。但其在智力活动的某一方面有的又出奇的好,令人不可思议,有不少患儿的机械记忆能力很强,尤其对文字符号的记忆能力。如有位3岁左右的患儿特别喜欢认字,见字就主动问念什么,并且只问一次就记住,为此他能毫不费力地流利地阅读儿童故事书,说明他掌握不少词汇,但当他要用词来表达自己的意思时则存在明显的困难,说明他们存在理解语言和运用语言能力方面的障碍。

二、早期训练与指导的重要性

障碍儿童,不论其障碍类型是单一还是多重的,也不论障碍程度如何,他们也同样拥有这样的发展时期,他们的奠基时期并不因为障碍的存在而消失,同样是他们发展的关键时期。所以,开展针对障碍的各种基本能力的训练不仅是可能的而且是必要的,事关生命的始终。

对特殊儿童进行早期训练与指导具有以下几个方面的意义:

(1) 能降低残障的出现率,有效地杜绝一些残障的发生。即早期训练与指导能够把一些本来会发展成为残障儿童的儿童变为正常儿童。

(2) 能减轻残障的程度,有效地阻止残障的进一步发展。即早期训练与指导能够把一些本来会发展成为程度较重的残障儿童变为程度较轻的残障儿童。

(3) 能及早补偿残障的功能缺陷,如早期的定向与行走训练能有效地克服视力残疾儿童的盲相,早期言语听能训练能有效克服"十聋九哑"的现象。

(4) 为残障儿童融入社会主流做能力上的准备。各种能力的训练将是残障儿童步入社会过"正常化"生活的重要条件。

对于障碍儿童而言,儿童早期即是他们发展的关键时期,也是他们障碍获得有效矫治的最佳时期,为此,特殊儿童家长、特殊教育工作者和儿童康复治疗师等应该非常珍视障碍儿童这段易逝时光,充分利用这一时间段,尽可能使这种智慧、技能得到最大限度的发展。严重障碍儿童的主症和伴随症状决定了对他们进行各种能力的康复训练和教育是十分必要的,是他们早期家庭生活和学校教育的重要内容,甚至是主要内容,而且会持续相当长的一段时间。

三、早期训练与指导的内容与原则

(一) 内容

1. 儿童生长发育　　儿童青少年时期又是人生相对短暂的时期。人生发展奠基阶段只有短暂的6～8

年,占全部生命历程的 1/10 左右,所谓人生发展的黄金时期。其中,0～3 岁,是人生各种能力发展最快的时期,构建了自身赖以生存和发展的绝大部分基础能力;该阶段占全部生命历程的 1/25 左右,各种能力的发展表现出相对严格的程序性和阶段性,一旦错失,难以甚至不能弥补,是一段非常珍贵且非常易逝的时期,可谓人生的"稀缺资源"。障碍儿童的这一资源并不因为障碍的存在而顺延,相反因为障碍的阻滞显得更加稀缺。

2. 特殊儿童早期筛查 对特殊儿童的鉴定是指经过适当的检查、测验或其他方式把特殊儿童与普通儿童区分出来,确定特殊儿童的特异性。有一些地方称为对特殊儿童的鉴别、诊断、评估、判定等。

确定一个儿童是不是特殊儿童,是哪一类特殊儿童,有什么特点等,是一件既严肃又复杂细致的工作。有一些特殊儿童有明显的外表特征,可以用自测来判定,例如唐氏综合征(先天愚型)儿童面部有典型的特征,先天性无眼球致盲的视觉障碍儿童等都可以一眼看出,但要进一步了解其病因、身心发展特点和发展水平却不是一眼可以看出的。对于弱智、重听、低视力、情绪障碍等儿童的确定需要进行科学的检查和测验。不经过准确鉴别和判定一个儿童的特异性就很难客观说明属于什么范畴,对其早期训练也难以有针对性地开展。

3. 早期诊断方法

(1) 正式测验:又称标准化测验或常模参照测验。

测验有常模参照和效标参照两种,大量的心理或教育测验是常模参照的测验。常模参照是经对年龄段、地区、年级、城市或农村等地区一群取样的儿童建立常模。用常模参照测验的结果可以把个别学生在测验上的表现和其他学生、班级、年级、学校、学区等因素进行比较。

正式测验可以把一个儿童在一个测验上的表现和常模取样儿童的表现进行对比。如果在施测时的各个环节掌握得比较好,这种比较可以看出儿童的水平。标准化测验是成套制定的,所以相对来说,使用时免去了许多自己找材料及设计等一系列繁琐的工作。如果把测验当做整个评估过程中的一部分,标准化测验的用处就可以得到恰当的发挥。

有些正式测验设计也存在一定不足之处,我国有些测验在汉化的过程中,没有充分考虑文化差异和常模代表性,使得测验的可信度不足。因此施测人员必须经过良好的训练,对测验的使用和操作技术有深入的理解和经验,才不至于在使用上造成偏差。使用正式测验时,应该牢牢地遵循以下 4 条原则:①问自己为什么要使用这个测验?②从这个测验中想要得到什么资料?③如何使用测验所得的结果?④列举这个测验的优点与缺点?

在施用正式测验时应注意:①避免过度解释和使用测验的结果。每个测验都只能获得特定范围内的资料,超过那个范围便会失真。比如依据测验的分数对儿童分班、分组或用来决定儿童进入特殊学校或随班就读是对分数的不恰当使用。事实上分数只说明曾经测验过的儿童所得分数与所测儿童分数的一个比较的位置。②缺少指导教学的资料。许多标准测验只能提供某个学科或某一领域一般的、综合的情况。而无法指出儿童在学习这个学科或培养这个领域的能力的优点与缺点,所以对教学来说标准化测验并没有提供可依据的材料,这是标准化测验的主要缺点之一。③低信度。测验的可行与可信主要的依据是信度,不幸的是许多测验本身在设计技术上的缺陷使得信度较低,取得的结果不能直接说明问题。④儿童和施测人员造成的差异。我们每人每天的表现差异是存在的,尤其是学习困难的儿童,他们每天表现差异是其特征之一。比如他们有集中注意力的障碍,容易有多动行为,被其他不重要的事物所吸引,而恰好这些缺陷行为可以影响他们受试的测验结果。所以测试无法证实儿童的真正水平。

(2) 教师自制测验:是一种非正式测验,由教师来进行施测的一种测验形式。通常非正式测验的进行是为了弥补标准化测验的不足。比如,收集标准化测验所不能收集的资料,或补充标准化测验所取得的资料。

不同的目的,可以采用不同的非正式测验,教师可以自制一些测验题来理解学生某方面能力。如 10 以内加法、对汉字声母的掌握情况等。测验制订时可根据需要宏观一些或微观一些都可以。

教师自制测验的优点:①教师自制测验可以直接和教学挂钩;②由教师实施测验,可以使测验更直接地为教学服务;③设计简单。

教师自制测验在设计和施测时,应该尽可能地客观、科学和仔细。为了使测验结果对教学有益,在解释结果时也应该实事求是。在测验过程中如果发觉学生某方面的行为需要进一步的理解时,也可以采用其他方法如观察或标准化测验等来进一步了解情况。为了使教师自制测验行之有效,必须仔细地计划、施测、解释结果,否则结果便失去效用。

（3）效标参照测验:是根据预定的标准来考核儿童。

每个儿童的标准可以有差别,比如用50个生字,对某个学生要求做对90%,对另一个学生要求做对80%,如果一个学生达不到预期标准,教师需要考虑是否有以下两种情况:①选择的标准不恰当;②需要其他有关的技能才能学会这项内容。

特殊教育中,部分内容是用个别辅导的方式来进行的,对于特殊困难的学生,要求和集体去比较没有实用价值。由于标准测验并没有用残疾生做常模样本,常模参照对残疾生的使用,信度便有问题。效标化参照可以确定学生在某部分学习的情况,所以对教学设计很有帮助。它能回答针对某个教学目标,学生是成功了,还是失败了。

这种测试的优点:①可以对不同个人的需要灵活使用;②用于经常性长时间的评价,可掌握学生的进步情况;③可以和各种课程结合,也适用于各类不同特殊需要的儿童;④可以单独对学生的优、缺点进行判定,而不用和集体的表现进行比较。

这种测试的不足之处:主要的问题在于标准的确定不恰当。如标准定得太高,学生便在极为困难的情况下也达不到预期的效果;标准定得太低,学生的潜能又不能得到发挥。

（4）观察:观察技巧已越来越被认为是诊断过程中一项很重要的内容。观察可以用来确定经由正式或教师自制测验所取得的结果是否属实,也可以用来补充正式测验所缺乏的评价内容或材料。

观察也有许多种形式,针对儿童的某种行为或能力进行观察并记录是基本原则。观察看起来容易,但需要培训和丰富的经验才能做准确和有意义的观察。观察可以用纸、笔记录,也可以用仪器如录像、计算机等技术。

教师在课堂上可以随时随地观察学生,如朗读课文时,可以看出学生认字、发音和对内容理解能力,提问、写黑板解题都是观察的好机会。体育课是观察学生大动作、精细动作、个性、社交能力的好机会。教师有意识地记录这些行为对深入理解学生大有益处。

下面介绍3种主要的观察技术:时间取样、事件取样、行为评定表与评分表。

1）时间取样:在一定的时间段里观察某种特定行为。比如一个行为每天发生超过25次,或在某种情况下有奇怪行为,用来观察特别困难的行为。可以提供教师有关某种行为发生的资料,每次发生行为持续的时间。

2）事件取样:在事件取样中对特定行为的发生进行详细描述。事件取样是为了对整个行为的前因后果进行连续的详细描述,以便对行为进行分析。

3）行为评定表与评分表:可以帮助观察者专心地观察特定行为,使观察更集中和严谨。行为评定表与评分表的使用,对系统观察和总结观察很有帮助。两者在设计上有相似处,通常有一串要观察的行为和在哪里观察这些行为。评分表还可以对行为进行评估（表1-1～表1-4）。

表1-1 盲童定向行走评定表

用正确姿势跟导盲人员在平地上行走	是	否
能正确跟导盲人员上下楼梯	是	否
会自我保护	是	否
能准确判断距声音的距离	是	否
能准确判断声音的方向	是	否
能在强烈的阳光下定向	是	否
能找到掉在地上的小物品（如盲笔）	是	否
用两点法使用盲杖	是	否
在声音提示下用盲杖在一段距离内走得较直	是	否
使用盲杖上下楼梯	是	否

会自己定路标找路标（如特殊声音、特殊物体）	是	否
能自己从陌生的地方使用盲杖回来	是	否
能自己独立上街	是	否

资料来源（表1-1～表1-4）：陈云英主编.残疾儿童的教育诊断.北京：科学出版社，1996.

表1-2　智障儿童随班就读一年级语文科学生学习情况测定表

学生：　　　　　　评定人员：　　　　　　评定时间：

项　目	序号	内　　容	测定结果	
			正　确	错
认识能力	1	借助图形认字：马、人、车		
	2	直接读出汉字：马、人、车		
记忆能力	3	先看后背诵句子：老师是辛勤的园丁		
	4	直接给背诵课文里学过的一个句子		
理解能力	5	借助图形讲"口"字的意思		
	6	根据字形说出"人"的意思		
书写能力	7	手写汉字：手、眼、目		
	8	听写汉字：马、人、车		
阅读能力	9	读一个5～7字的句子		
	10	读一个7字以上的句子		
词语表达能力	11	用一个字组成一个词（口头）		
	12	用一个词组成一个简单的句子（口头）		

说明："测定结果"栏，正确打"√"，错误打"×"。

表1-3　视觉障碍儿童颜色视觉评定表

评定目标：了解视觉障碍儿童的颜色视觉，确定儿童所偏爱的颜色与搭配，为制定儿童个别教学计划做好准备。

学生　　　　年龄　　　　班级　　　　评分人　　　　学校

　　　　　　　　　　　　　　　　　　　　　　　　　年　月　日

内　　容	是	否
1. 能辨别各种颜色		
2. 能辨别部分颜色		
3. 能辨别红色与绿色		
4. 能辨别黄色与蓝色		
5. 能辨认衣服的颜色		
6. 能辨认红旗与五角星的颜色		
7. 偏爱的图片颜色		
8. 能看清黑白字体的搭配		
9. 能看清黑红颜色的搭配		
10. 能看清红白颜色的搭配		
11. 其他颜色的对比搭配		

说明：1. 此表适用于一年级有残余视力的儿童。
　　　2. 每项肯定的请在"是"栏目内划"√"，否定的在"否"栏目内划"×"。

表1-4 盲童随班就读观察评分表

年级	姓名	性别	年龄	科目

内容	要　　求	所得分数				
		5	4	3	2	1
基础知识	掌握20以内数的摸读、写					
	掌握数的顺序、大小					
基本技能	理解"同样多"的概念					
	口算能力					
	听写能力					
	计算能力					
	思维能力					
	操作能力					
思想品德	热爱集体、团结同学					
	热爱学习					
说明	1. 该表用于小学一年级第一学期末随班就读盲生。 2. 每要求栏达80%以上给5分;达60%以上给4分;达40%以上给3分;达20%给2分;达10%给1分。 3. 合计分值在30分以上者,可跟班就读,达不到30分者,教师适当调整个别教学计划。					

填表人:　　　　　　　　评价日期:

(5) 个案历史:对儿童的个案历史研究,可以提供许多有助于了解学习困难的资料。家庭消极因素很可能是学习困难的原因。但如果理解如何应用家庭的积极因素也可以很好地帮助学习困难的克服。

个案的历史可以用许多方法来建立,比如对家长或亲人的访谈、填写个案历史表、和儿童交谈等都可以得到许多有用的资料,包括:①个人资料;②家庭历史;③医疗史;④出生史;⑤婴儿期发育;⑥社会心理历史;⑦教育史;⑧言语问题;⑨其他问题;⑩建议。

把个案历史写成书面报告,可以对儿童的特殊需要取得基本的和全面的资料。用家访、校访的方式取得所需资料,访问家长、亲人、邻居、同学、教师、校长。访谈是一种有用的收集资料以便诊断的方法,但访谈如果目的不明确,事先筹划不足,很容易流于形式。访谈比评定或评分表的优势在于往往可以获得意想不到的资料。但访谈前最好先写一个访谈提纲,熟练的访谈需要技巧和时间,访谈人应保留主观的看法,避免过早地做出结论。

(二) 原则

为了严肃、慎重地做好鉴定特殊儿童的工作,应努力做到下列要求。

1. 鉴定的客观性　家长和检查人员都不应事先带有主观的框框,或认为这个儿童有问题,或认为这个儿童没有问题。一切结论要产生在全面检查、分析之后,而不要在检查之前。主观的带有感情色彩的框框会使搜集材料乃至检查、分析、判断失去客观性。

2. 鉴定材料的准确性　为了鉴定所搜集和利用的有关被检查儿童的全部材料应该是准确的。不管是儿童发展中的材料,家族史、个人成长史的材料,还是身体的医学检查、心理检查和学习作业的材料都应能反映出儿童的真实情况,而不要用"大概"、"可能"、"差不多"词句组成的材料。一下子弄不清楚的可以延长检查和分析时间,千万不能臆想或编造事实。

3. 鉴定方法的科学性　使用经过实践检验的对这类儿童有效的科学方法来检查,否则得到的结果不会准确。检查的方法和工具最好是经过标准化了的,应该由专门训练过的人来实施,而不应该随便由一个人来使用任意的方法来检查。方法、工具本身以及对方法、工具的运用都应是科学的。

4. 鉴定材料的全面性　对一个儿童的检查和鉴定要考虑到儿童的各个方面情况及发展变化,要对所有材料进行综合的全面分析,决不能只检查某一个方面或某一种心理活动,更不能只用一种材料和检查就分析得出结论。

5. 鉴定的慎重性　一个儿童的特殊性和与其他儿童有典型意义的差异有时不是在一次短时间的观察、测查或接触中就能表现出来的。当儿童进入一个新环境或者与一个生疏的人接触时常常不能充分地、自然地表现自己的情况，而是拘谨、抑制或者过度兴奋，这种情况下的表现是不能代表该儿童实际特点的。所以，检查可以非一次地进行，可以有较长时间的观察、接触，直至该儿童较自然地活动，表现出其真实的典型特征为止。这种慎重是必要的。

6. 鉴定要个别进行　每个特殊儿童有自己的特殊性，在集体或小组中的活动可以起到筛选作用，也可以观察到该儿童与其他儿童的关系和交往，但真正为判断所需的材料还是要个别检查、个别搜集。

四、早期训练的发展与提高

（一）特殊教育的发展历程

古代社会，残疾儿童是不受保护的，残疾的婴幼儿常常遭受忽视或抛弃，甚至受到不人道的待遇。在古代人来看，身体或精神上有缺陷的人是魔鬼附身的产物，因此要将他们杀死以使他们免受折磨。古希腊和古罗马最早开始尝试对残疾儿童进行分析和治疗，并制定了一些政策限制对残疾婴儿的杀害。到中世纪，教会给予残疾人较多的保护和怜悯。14世纪开始的文艺复兴运动引起人们对人道主义的关注，同时发起人们对残疾儿童教育的兴趣，进而产生了真正意义上的特殊教育实施。

1770年法国人莱佩在巴黎创立了世界上第一所特殊教育学校——公立残障儿童学校（主要对象是聋哑儿童及部分贫苦儿童）。1767年，英国的数学教师布莱德沃在爱丁堡创立了英国第一所聋校。布莱德沃的聋教育法融合了口语和手语教学的元素。

1778年，德国教师海尼克在莱比锡建立了德国第一所公立聋校，他发展了纯口语教学方法，强调唇读与发音技能的教学。这种教学方法得到德国的另一个聋教育先驱海尔的进一步发展，成为全世界口语教学方法的基石。

1784年，法国慈善家霍维在巴黎建立了第一所盲校。该校既接收盲生也接收明眼学生，以免盲童与同伴隔绝。在随后的15年中，欧洲先后建立了7所相同模式的盲校。1829年，美国医生豪威建立了美国第一所盲校。随后，美国寄宿制盲校得到了快速的发展。帕金斯盲校建立之初，只招收全盲学生，后来逐渐开始对有残余视力的学生开放。寄宿制盲校的模式一直延续到20世纪初。1913年，波士顿开办了第一个为有残余视力的学生提供教育的特殊班。1892年，美国教育家弗兰克·郝发明了盲文打字机，1893年创设了盲文印刷系统，从而极大地方便了盲文的印刷。

智力障碍儿童的教育起源于1799年，当时，人们在法国阿维龙山区发现一名11岁的野孩维克多，他是一名智力障碍儿童。法国精神病医生伊塔德采用个别化的方法对维克多进行了系统的训练。经过一段时间的训练，维克多最终能够说出少量词汇、直立行走、用碗碟吃饭、与人沟通等。伊塔德训练的方法为之后一个多世纪的智力障碍儿童教育奠定了基础。伊塔德是第一位采用个别教育的方法对特殊儿童进行教育的，在课程设计上以儿童的需求为中心，由此，他被誉为"特殊教育之父"。另一位对智力障碍教育作出巨大贡献的，是法国精神病医生塞甘。他是伊塔德的学生，受伊塔德的鼓励，塞甘致力于对智力障碍的病因以及教育训练方法的研究。1839年，他创立了第一所智力障碍教育学校。1846年，他出版了《智力障碍以及其他障碍儿童的精神治疗、卫生保健和教育》一书。这是有关智力障碍儿童教育训练最早的论著。

中国具有真正意义上的特殊教育历史只有一百多年。1870年，英国传教士威廉穆瑞来到中国，在个别教授2个盲童获得初步成功以后，1874年穆瑞创办了"瞽叟通文馆"（现北京市盲人学校）。"瞽叟通文馆"为中国近现代特殊教育提供了基本范式，对学制、课程、教材等都提供了样板。同时，"瞽叟通文馆"也成为近代中国早期特殊教育的重要人才培训基地。穆瑞在中国最早引入了布莱尔盲文系统，并加以中文认读的改造。盲文的中文构建是一件难度极大的工作，穆瑞经过不断的试验，初创了中国历史上第一套中文盲字系统——"康熙盲字"，这是中国最早使用的盲文。

1887年，美国传教士查尔斯米尔斯夫妇在山东登州（今蓬莱县）创建了中国第一所聋哑学校"登州启暗学馆"（现烟台市聋哑中心学校）。1916年，实业家张謇在江苏南通创办了南通盲哑学校（现南通市聋哑学校和南通市盲童学校），这是中国人自办的最早的特殊学校之一。中国第一所公立盲聋教育机构是南京市盲哑学校（现南京市聋人学校和南京市盲童学校），该校创办于1927年，设盲、哑两科。截至1948年，全国共有盲聋哑学校42所，在校学生2 380人。

20世纪80年代以来，我国内地特殊教育得到了快速发展。据中国残疾人联合会统计，到2005年底，全国视觉、听觉、智力三类障碍儿童少年义务教育入学率已达到80%，特教学校发展到1 662所，在校生达到56万人。其中，盲生6.3万人、聋生18万人、弱智生31.9万人。高中阶段特殊教育发展迅速，其中特殊教育普通高中学校（班）达到66所，残疾人中国职业教育学校达到158所。残疾人高等教育取得新进展，5年内达到普通高等院校录取分数线的人数累计为1.8万人，录取人数为1.6万人，高等特殊教育院校录取人数4 067人。259.2万残疾儿童少年范围逐步扩大，"彩票公益助学"等项目已资助近5万人次，资助对象拓展到贫困残疾的高中生、大学生及贫困残疾人子女。

（二）特殊教育的法规与政策

尽管我国的特殊教育历史已逾百年，但特殊教育法规的建设却相对滞后。1994年颁布的《残疾人教育条例》是我国第一部有关残疾人教育的专项行政法规。自1982年《中华人民共和国宪法》颁发以来，陆续出台的各类教育法律、行政法规对特殊教育的相关问题进行了规定，成为我国特殊教育发展的重要依据。

《中华人民共和国宪法》第45条规定：中华人民共和国公民在年老、疾病或者丧失劳动能力的情况下，有从国家和社会获得物质帮助的权利。国家发展为公民享受这些权利所需要的社会保险、社会救济和医疗卫生事业。

国家和社会帮助安排盲、聋、哑和其他有残疾的公民的劳动、生活和教育。

第46条规定：中华人民共和国公民有受教育的权利和义务。国家培养青年、少年、儿童在品德、智力、体质等方面全面发展。

残疾人是指在心理、生理、人体结构上，某种组织、功能丧失或者不正常，全部或者部分丧失以正常方式从事某种活动能力的人。

残疾人包括视力残疾、听力残疾、言语残疾、肢体残疾、智力残疾、精神残疾、多重残疾和其他残疾的人。[《中华人民共和国残疾人保障法》（第2条）]。在我国的教育体系中，残疾人教育与特殊教育并不完全等同。在过去的一段时间内，特殊教育以视力残疾、听力残疾和智力残疾学生为主要对象。随着特殊教育的发展，一些条件成熟的地区逐渐将特殊教育对象拓展至其他类残疾者以及其他有特殊教育需要的学生。

发展残疾人教育事业，施行普及与提高相结合，以普及为重点的方针，着重发展义务教育和职业教育，积极开展学前教育，逐步发展高级中等以上教育。[《中华人民共和国残疾人保障法》（第20条），《残疾人教育条例》（第3条）]。我国经济发展极不平衡，未来一段时间的工作仍将以普及为重点。据统计，截至2006年，除北京、上海、天津3个直辖市及西藏外，全国现有326个地级市（州、盟）中，尚有74个未建立特殊教育学校，占地级市总数的22.7%。对于沿海及经济发展较好的地区，则重在"提高"，积极开展学前教育，并逐步发展高级中等以上教育。目前，这些地区普遍开展了残疾儿童的学前教育，并陆续开展了残疾人高中阶段的教育以及高等教育。

普通幼儿教育机构应当招收能适应其生活的残疾幼儿。

残疾儿童少年随班就读，应当就近入学。在城市和交通便利的地区，也可以相对集中在指定学校就读。普通小学和初中应当依法接收本校服务范围内能够在校学习的残疾儿童少年随班就读，不得拒绝。

残疾幼儿教育机构、普通幼儿教育机构附设的残疾儿童班、特殊教育学校的学前班、残疾儿童福利机构、残疾儿童福利机构、残疾儿童家庭，对残疾儿童实施学前教育。

初级中等以下特殊教育学校和普通学校附设的特殊教育班，对不具有接受普通能力的残疾儿童、少年实施义务教育。

高级中学以上特殊教育学校、普通学校附设的特殊教育班和残疾人职业技术教育机构，对符合条件的残疾人实施高级中等以上文化教育、职业技术教育。[《中华人民共和国残疾人保障法》（第23条）]

特殊教育方式是针对残疾儿童的传统的教育方式。经过多年的发展，针对不同阶段教育对象所提供的方式愈来愈多样，基本上满足了不同障碍类型、不同障碍程度的残疾儿童接受教育的需求。

案例评析

一、学生基本情况

小军(化名),男,2000年5月生。

二、现状分析

口语能力有限,发展迟缓,无意义的语言模仿现象突出;没有能力维持与他人对话;社会性的互动行为缺乏;极端追求仪式性或程序性,有较多重复的肢体动作,如不停绕圈,反复拍打手掌等。被初步诊断为孤独患儿。由于小军父母教育程度不高,到小军3~4岁时才第一次听说用"孤独症"这个词来解释孩子的奇特行为。又因为家庭经济状况制约,基本从未接受过正规系统的康复治疗。所幸的是小军的症状并不太严重。

三、初期评估情况

注意力不集中,多动,平衡能力、四肢的协调能力、肢体的力度都存在一定的不足,前庭功能失调,触觉敏感,模仿能力很好,会说简单的人称代词,没有一定的主动性语言,异常尖叫,有吃手咬手的习惯,有一定的刻板行为。

四、制订训练方案

根据初期评估情况,制订的训练方案如下。

1. 训练目标

(1)提高注意力,改善触觉和前庭功能失调现象。

(2)增强肢体的力度,四肢的协调能力。

(3)能用简单语言主动表达自己的需求。

(4)减少不良的行为和刻板行为。

(5)能用简单语言主动表达自己的需求。

2. 训练策略方法　以ABA训练模式为基础,采取视、听、动三方面结合的策略,充分运用正强化、负强化与系统脱敏法,日常生活贯穿结构化教学。

3. 训练方法　每天1小时的感觉统合训练,5小时的集体授课教学,剩余时间均采取结构化教学模式。

4. 训练内容

(1)拍球:训练其手眼的协调能力,注意力,提高大脑的反应速度。

(2)走平衡步道、彩虹桥:训练其触觉感觉性及肢体平衡能力,自己能够独立行走。

(3)卧吊兜晃动:晃动时老师在前面与他进行推球训练刺激前庭感觉及全身的伸展性,从而更好地训练他的注意力。

(4)平衡台:因为比较胆小,开始让他先进行上下平衡台练习,逐渐可轻松地上下,为了进一步训练其平衡性,让他站在上面与老师进行传接球,先传接一个,再用两个球进行传接,以训练其注意力及手眼协调。

(5)对墙击球:先是站在平地上进行,练好后再站在平衡台上对墙击球,训练其注意力及平衡能力。

(6)对篮投球:提一个盛着各种颜色的海洋球的篮子,在投球时提醒他拿什么颜色的,以训练其对颜色的认知,同时训练其注意力。

(7)跳跃:能够独立地完成跳30米的障碍物,并且完成得较好。

(8)推小车:此训练内容需要很大的毅力,主要训练孩子肢体的力量和肢体的协调能力,刚一开始训练时,只能坚持走20米,通过一段时间的训练,现在能够坚持走80米,并且自身的耐力提高很快。

重点锻炼:注意力,刺激感知觉和前庭知觉,提高身体各方面的协调能力和配合力,减少不良的行为,同时,在训练中也要贯穿一定的语言训练,为课堂的教学打下基础。

五、训练效果

(1)身体的平衡能力,四肢的协调能力,注意力,触觉,前庭功能失调都得到一定的提高。

(2)已经具备一些简单的主动性语言,但是在生活需求方面,仍需要进一步加强训练。

（3）不良行为得到很好的控制，养成了良好的学习生活习惯。

六、结论

（1）孤独症儿童的成长期，应当采取全方位的干预，综合运用各种方法和模式。

（2）孤独症儿童随智障班就读，有利于语言的发展和沟通。

七、建议

（1）对孤独症孩子的训练应持之以恒。孤独症儿童是特殊病症患者，随着年龄的增长，不同阶段会出现不同的问题。即使是在同一阶段，训练者矫正了原有的问题，他们也许又会生出新的问题来，这就要求训练者对孤独症儿童的训练一定要持之以恒，否则就会前功尽弃。

（2）对孤独症儿童语言交往能力的训练并非一个单纯进行的课题，它需要融于丰富的生活、融于各种活动之中，融于爱的群体之中，训练者要善于从中抓住机会及时训练。

（3）学校教育和家庭教育要达成一致。

实践活动

1. 搜集有关特殊儿童训练与指导的案例，加深理解与认识，完成心得体会。
2. 针对于不同障碍儿童，尝试编制一套训练与指导计划。
3. 查找我国关于特殊教育的政策与法规，与国外法规进行对比，分析其优点及不足之处。

第二节 全 纳 教 育

一、全纳教育概述

（一）全纳教育的产生与发展

1994 年，联合国教科文组织在西班牙萨拉曼卡召开"世界特殊需要教育大会：入学和质量"，大会通过了《萨拉曼卡宣言》。在这次会议上首次正式提出"全纳教育"（inclusive education）这一概念。

1. 20 世纪初期与中期 以美国为例，第一次世界大战后，美国政府增加了特殊教育的拨款，从而使特殊教育的规模迅速扩大。1910 年，美国第 1 次召开了有关儿童问题的会议，1919 年，召开了第 2 次会议。1930 年由胡佛总统亲自发起，召开了关于儿童健康与保护的会议，并通过了《儿童宪章》。在宪章中，第 1 次用大量篇幅对特殊教育进行了专门的阐述，并提出特殊教育应是教育的一个合法组成部分。1948 年，联合国大会通过了《世界人权宣言》，提出了人人都有受教育的权利，教育的目标在于充分发展人的个性。

20 世纪中期，特殊教育在经济发展较好的国家有了迅猛的发展，人们开始对特殊教育的目的、任务、实际效果展开讨论。一些研究者比较特殊儿童在隔离班级和正常班级中接受教育的情况后认为，特殊儿童被限制在隔离班级中接受教育并不一定有效，许多儿童并没有因为经过特殊教育而回到普通教室里。人们还对隔离教育的质量低、设备差及教师缺乏训练等问题提出了批评。同时，隔离班级中的特殊儿童的种类也不成比例。对这些问题的思考和对隔离教育机构效性的研究，促使人们对新的教育方法进行了探索，人们开始尝试一体化教育。

2. 20 世纪 70～80 年代 20 世纪 70 年代，仍有许多专家坚持认为隔离学校与隔离班级是为特殊儿童提供最有效教育形式的做法，但越来越多的人认识到，60 年代早期在社会中流行的"应为特殊儿童提供平等、适当的教育"的观点是正确的，他们对传统的特殊教育观念及其教育经验的合理性提出了质疑。在 1971 年和 1975 年，联合国分别通过了《弱智儿童权利宣言》、《残疾人权利宣言》。宣言认为，残疾人享有与同龄人一样的平等权利，社会应对他们进行医学和心理的治疗与康复，进行教育和职业训练，以促使他们的潜力得到最大限度地开发。

1975 年，美国颁发了《所有残疾儿童教育法》。"最少限制环境"是该法律提出的安置特殊儿童的一项基本原则。其核心就是要让特殊儿童尽可能与普通儿童一起生活、学习,换言之,就是使特殊儿童接触普通儿童与主流社会的限制减少到最低程度。1978年英国沃纳克委员会发表了《关于残疾儿童及青少年的教育报告》,报告认为,绝大多数残疾儿童可以而且应当在普通学校里就读。

正是由于上述原因,70年代正常化思想开始出现。所谓正常化,即主张智力障碍者及其他残疾人每天的生活模式应尽可能接近主流社会。这一思想为残疾人提供了正常生活、正常发展及独立选择的机会,同时还提供了他们在正常环境中生活、工作、娱乐的权利。80年代,欧美一些国家开始用"特殊教育需要儿童"这一术语来替代"残疾儿童"、"特殊儿童",而"特殊教育"这一名称也相应改为"特殊需要教育"。欧美各国相继制定了相关的特殊教育法律。

3. 20世纪90年代　1990年,联合国教科文组织在泰国宗迪恩召开了世界全民教育大会,会议通过了《世界全民教育宣言》及《实施全民教育的行动纲领》。该宣言提出:残疾人的学习需要值得关注,必须采取措施向各类残疾人提供平等教育的机会,而且要使这种教育成为整个教育体系中的一个组成部分。1993年,联合国教科文组织在中国哈尔滨召开了"亚太地区有特殊需要儿童、青少年的教育政策、规划和组织探讨会"。会议通过了《哈尔滨宣言》。该宣言指出:要达到全民教育这一主要目标,所有国家都应对满足儿童的一切基本需要予以关注。会议还指出,要通过全纳学习的观念满足一切儿童基本学习所需要的途径,试验全纳性学校的成功策略与方案,在制定各种儿童教育方案中加入"全纳性"这一理念。

1994年,联合国教科文组织在西班牙萨拉曼卡召开"世界特殊需要教育大会:入学和质量"。大会通过了《萨拉曼卡宣言》。该宣言声明:①每一个儿童都有接受教育的权利,必须有获得可达到并保持可接受的学习水平的机会;②每一个儿童有其独特的个人特点、兴趣、能力和学习的需要;③教育制度的设计和教育计划的实施应该考虑到这些特性和需要的广泛差异;④有特殊教育需要的儿童必须有机会进入普通学校,而这些学校应以一种能满足其特殊需要的儿童为中心的教育思想来接纳他们;⑤以全纳性为导向的普通学校是反对歧视态度、创造受人欢迎的社区、建立全纳性社会以及实现全民教育的最有效途径。此外,普通学校应向绝大多数儿童提供一种有效的教育,提高整个教育系统的效率并最终提高其成本效益。《萨拉曼卡宣言》首次正式提出"全纳教育",并号召世界各国广泛开展全纳教育。这在国际教育发展过程中具有重大意义,拉开了全纳教育的序幕。

(二) 全纳教育的含义

尽管全纳教育提出至今已有10多年的历史,但国内外对全纳教育的概念还未形成统一的界定。英国的托尼布思(Tony Booth)认为:全纳教育就是加强学生参与的过程,主张促进学生参与就近地区的文化、课程、社区活动,并减少学生被排斥的过程。我国学者认为:全纳教育是这样一种持续的教育过程,即接纳所有学生,反对歧视和排斥,促进积极参与,注重集体合作,满足不同需求。

全纳教育应该在教育的过程中满足所有儿童的需要,学校必须无条件地接收学区内所有儿童,并为这些儿童发展所需的教育提供必要的保障。全纳教育在更广泛的教育体制里看待学校教育,涵盖了正规和非正规的教育,使得社会中所有的资源可以融合起来,有效地帮助学习者,满足他们的不同需求。全纳教育的核心是,忠实地把教育看做个人和社会发展的基本要素。教育不仅仅是个人获得优先基本技能的简单过程,而且是个人和社会发展中的关键要素,是人类实现和平、自由和正义理想不可或缺的途径。

二、全纳教育的支持模式

经过10多年全纳教育的实践,人们摸索出全纳教育的多种支持模式。常见的有巡回指导、资源中心、资源教室方案、合作学习模式。通过这些支持模式,我们可以了解开展全纳教育所需要的基础和条件。

(一) 资源中心

一些国家以资源为中心作为每个行政区专家团队的基地。资源中心一般开展以下工作:评估行为,提供建议,为教师和家长提供咨询和支持,帮助教师专业发展,帮助家庭训练和家长对残疾的认识;提供特殊材料和设备;帮助寻找地区或国家更专业的中心,提供更大范围的服务;从事有限的直接教学。

巡回指导是把服务移出学校,而在资源中心模式里,教师、家庭和学生可以进入团队中心。建立资源中心,可以促进学校和教师加速向全纳教育的方向转变。这种模式的好处是:可以提供资源和专家支持,使得集中的、多学科的干预成为可能。

（二）巡回指导

巡回指导是指组织专家队伍，从一个学校到另一个学校开展评估、提供咨询、提供材料，甚至做一些直接教学的活动。巡回指导可以定位在不同的层次之上，可以建在一个特定的行政区、社区或学区里。巡回指导特别适合在障碍及困难学生相对集中的地区开展。巡回指导也可以与少量的普通学校建立密切的工作关系。这样的队伍可以与教授大城市贫民区边缘学生的老师一起工作，也可以与负责普通学校学习困难者的老师以小组形式一起工作。

巡回指导模式的优点是：专门化服务直接进入每一所学校和每一个社区。然而应当注意，这种模式设计的服务不能过于分散，否则对学生和学校来说就几乎没有价值。针对指导教师的服务也很重要，他们的工作是回归主流班级中边缘学生真实参与程度的关键。

（三）合作学习模式

在普通班级中，要让特殊学生在学业和社会生活方面达到有意义的融合，是一项艰巨的挑战。普教教师不仅要负责为特殊学生和其他在学习方面存在高危因素的学生提供个别化教学，而且还被要求确保所有学习者取得学业上的成功，并让整个班级在社交方面融为一体。班级内的指导是一种无需学生离开教室即可进行个别化教学的方法，它往往通过班级内的同伴指导，融合班级中的合作学习来完成。在全纳教育中，这种同伴指导的合作学习，打破了传统的观点，不再是挑选出没有熟练掌握某一特定技巧的学生，让他接受成就水平较高的学生的特殊帮助，而是将低成就水平的学生和特殊学生当作持续的、全班活动的全面参与者，使班级中所有学生同时积极参与，使每个学生都有机会成为指导者和被指导者。

（四）资源教室方案

资源教室方案是一种教育措施，接受辅导的特殊学生大部分时间在普通班学习一般课程，其余时间到资源教室接受资源教师或特殊教育人员的指导。通过这种安排，特殊学生的潜能可以得到最大限度的发挥，其缺陷得到及时补偿，同时发展了其社会适应能力，从而可以在普通班级顺利就读。

资源教室方案是由资源教师利用资源教室的设备和其他资源，为学生及教师提供教学协助的计划，其核心在于如何发挥"资源"的功效。首先，要充分运用教学资源。教学资源包括配合教学活动、增进教学效果的事物或人员。资源的功能在于协助教育人员满足学生的教育需要，以达成教育的目标。因此，可用的教学资源都应当充分利用，发挥其支援的效果。其次，资源教室要成为学校教学资源中心。在全纳教育过程中，必须对学习上及行为上有困难的学生提供支援性的协助。资源教室应购置充足的教学设备、教具及图书资料，以供学校师生利用。再次，资源教师本身即是学校的资源。他必须是受过专业训练的特殊教育教师，负责资源教室的使用和管理，并能为学校教师及家长提供咨询服务。

三、我国现阶段的全纳教育——随班就读

根据国情，我国政府制定了在普通教育机构招收特殊学生进行随班就读的政策，这是我国特殊教育的主要形式之一。从1987年开始，我国在15个县、市开展了针对残障学生的随班就读的教育研究。在20多年的实践中，特殊教育工作者艰难地摸索，形成了随班就读的管理模式；并随着特殊教育的深入发展，不断开拓和规范随班就读的教育范式。

（一）随班就读概述

1. 随班就读概念 随班就读（learning in regular class），就是把特殊儿童安置在普通学校的普通班级里，让他们和正常儿童一起接受教育。随班就读是一种在普通教育机构中队特殊学生实施教育的形式。它不是把特殊儿童简单地放在普通班里，而是要创造条件，为特殊儿童提供适宜的教育。

国家教委在《关于在普通中小学开展随班就读工作试行办法》中规定了随班就读的对象：即视力（包括盲和低视力）、听力语言（包括聋和重听）、智力（轻度，有条件的学校可以包括中度）等类别的残疾儿童少年；暂不具备筛选鉴定条件的农村地区，被怀疑智力有问题的儿童少年；地方教育主管部门法定文件规定的对象。

2. 随班就读工作的开展 我国在20世纪80年代开始随班就读试验，这是一项改变学校办学思想、教师教学观念、学生学习困难情况的新尝试。1983年8月，教育部在《关于普及初等教育基本要求的暂行规定》中明确提出了"弱智儿童目前多数在普通小学就学"。1987年12月，国家教委在《关于印发"全日制弱智

学校(班)教学计划"的通知》中也明确提到:"在普及初等教育过程中,大多数轻度弱智儿童已经进入当地小学随班就读。这种形式有利于弱智儿童与正常儿童的交往,是解决轻度弱智儿童入学问题的可行办法。"这是"随班就读"一词的首次出现。1994年,国家在《残疾人教育条例》中以法律法规的形式对随班就读予以规定,其中第三章"义务教育"第17条规定:"适龄残疾儿童、少年可以根据条件,通过下列形式接受义务教育:①在普通学校随班就读;②在普通学校、儿童福利机构或其他机构附设的残疾儿童、少年特殊教育班就读;③在残疾儿童、少年特殊教育学校就读。"为了推进随班就读工作,国家教委1994年发布了《关于开展残疾儿童少年随班就读工作试行办法》。随班就读的实践工作在普及特殊儿童义务教育、促进特殊教育与普通教育融合、转变社会观念等方面取得了丰硕的成果。2003年2月,教育部和中国残联印发的《全国随班就读工作经验交流会纪要》中指出:十多年来的实践证明,随班就读在普及残疾儿童少年义务教育中发挥了非常重要的作用,是发展我国特殊教育事业的重要策略,是我国基础教育工作特别是特殊教育工作者参照国际上其他国家融合教育的做法,结合我国的特殊教育实际情况所进行的一种教育创新……

(二) 随班就读学习的安置与管理

1. 随班就读学生的安置 国家教委在《关于开展残疾儿童少年随班就读工作的试行办法》中规定了随班就读的名额:在普通学校随班就读的残疾儿童少年,每班以1~2人为宜,最多不超过3人。对于随班就读工作量的计算,各地有多种办法,国家没有统一的规定,如有的地方每增加1名随班就读的学生就减少3~6名普通学生,以便教师管理,提高教学质量。遵循的原则主要有:①就近入学。特殊儿童随班就读应当就近入学。在城市和交通便利的地区,也可以相对集中在指定学校就读。②区(县)教育部门负责规划。区(县)教育部门应当把特殊儿童少年随班就读纳入普及九年义务教育的发展规划,并把任务落实到乡镇和学校,切实保证特殊儿童按时入学。③学校接收服务区的儿童入学。普通学校应当依法接收本校服务范围内,能够在校学习的特殊儿童少年随班就读,不得拒绝。④改选适合的安置。一方面,应该尽可能根据特殊儿童的条件和当地可利用的教育资源,依照符合儿童身心发展需要的最少限制环境原则,作出随班就读安置;另一方面,如果经过努力证明随班就读不符合特殊儿童的需要时,应该为其改选更合适的教育安置,如特殊教育班或特殊教育学校。

2. 随班就读的形式

(1) 完全随班就读:就是说,特殊儿童与普通儿童在普通班中一起学习和活动,接受义务教育。普通班级教师利用自己的专长,针对学生的特殊教育需要因材施教,提供个别辅导。普通班教师应通过在职培训,学习特殊教育知识和技能。特殊教育教师不直接承担普通班教师的辅导,但直接参与随班就读学生特殊教育需要的处理。

(2) 辅以咨询辅导服务的随班就读:这种形式要求特殊儿童在普通班级接受教育,由普通班教师处理特殊学生的特殊教育需要问题,如个别化教育计划的制订、教材及教学和教育方法等,并得到特殊教育教师的定期或巡回指导。特殊教育教师也可以定期或巡回对随班就读学生提供直接的服务。

(3) 配有资源教室的随班就读:这种形式是随班就读学生的学额在普通班中,学生除在普通班接受教育外,还要在规定时间到资源教室接受资源教师的直接辅导和帮助。在资源教室花费的时间和学习内容可因人而异。

(4) 提供特殊专业服务的随班就读:随班就读学生根据个别的特殊需要,由相关专业人员提供直接的专业服务,如语言障碍儿童定期到言语治疗中心接受言语治疗。

3. 随班就读的管理 在教育部的领导下,由各级教育行政部门对随班就读工作进行管理。管理主要体现在教育行政管理、学校管理和班级管理3个层次中。

(1) 教育行政管理:主要有4个环节:①建立组织机构,由专人负责随班就读工作,以确保工作落到实处;②开展调查统计工作,掌握随班就读学生的情况及任课教师的情况,做好基础性资料的收集工作;③根据当地的实际情况,制订适合该地区随班就读工作的政策和规定;④督导检查,对随班就读工作统一要求,统一检查。

(2) 学校管理:主要有4个环节:①依据有关法规或文件,接纳特殊学生入学;②为了保障特殊学生的正常发展和随班就读工作的顺利进行,在特殊学生入学之初就为其选定合适的教师和班级;③建立专门的随班就读学生个别档案,进行个别化管理;④制定学制,对修学年限根据随班就读学生的特点进行相应的调整,并对随班就读学生毕业后的去向进行安排。

(3)班级管理:主要有3个环节:①班主任将随班就读的学生纳入常规班级管理;②针对特殊学生的特点,班主任采取特殊措施帮助随班就读学生适应普通班级的环境,并开展个别教育;③班主任与特殊学生家长协作管理,共同探讨对特殊学生的教育途径。

(三)随班就读的教学策略

1. 合作学习　是通过团体活动方式,形成团体内合作学习,并在团体间进行积极正向的竞争而实现有效教学的机制。合作学习是竞争方法的一种替代,它为学生提供了共同努力实现个人和集体目标的框架,强调了共同协作的重要性。

合作学习要求将教学目标或内容分解成团体成员的具体任务,共享材料和资源,并通过相互合作来共同完成;合作学习的团体成员通过直接沟通、相互鼓励来完成任务,通过建立相应的激励机制,以合理的奖赏来激发学生学习的积极性;合作学习通过评估个人业绩,并将结果反馈给个人和团体,以实现有效的管理和公正的评价。团体在做决策时,要明确哪些成员的贡献是有益或无益的,哪些团体行为应该继续或改变。

采用合作学习的策略,将随班就读的学生安排在相应的团体中,与其他学生共同活动,在相互影响和激励中完成与之相适宜的教育目标。

2. 个别教育　是教师根据随班就读学生的基本情况,找到针对随班就读学生个别教育的依据和方法,制订切实有效的个别教学计划,采取一切有效的特殊教育手段,以帮助随班就读学生完成基本的学习任务。个别教育的实施可以在课内,也可以在课外。教师应针对随班就读学生的特殊教育需要进行因材施教,提供个别辅导。

3. 同伴辅导　是指将学生进行配对,方便已经形成目标技能的学生帮助传授技能并练习先前习得的技能。同伴年龄相仿,经验相似,语言相近,因而相互之间的模仿、认同可以产生教师教学所不能达成的效果。

在随班就读中,同伴辅导是一种有效的教学策略。特殊儿童在课后的学习和复习中得到其他同学的帮助,能够增进学习效果,同时也培养了同伴的社会责任感和做事的能力。

4. 差异教学　我国学者华国栋曾在20世纪90年代提出"差异教学"的主张。差异教学即指在班级集体中立足学生的个性差异,满足学生的不同学习需要,以促进每个学生在原有基础上得到充分发展的教学。差异教学的本质是,满足学生不同的学习需要,使教学与每个学生的学习最大限度地匹配,促进学生向优势的学习方式转化,最终是为了促进每个学生的最大限度发展。

案例评析

一、基本情况

超超,男,2000年7月生,中度智力障碍,于2008年9月接受康复训练,接受训练时为8岁。

二、现状分析

刚入校时情绪较稳定,有语言,具有一定的认知基础,模仿能力较强。大运动能力尚可,但手部精细动作能力极差,主要表现为:①上肢及手部力量较差,双臂伸直、伸展困难,能够双手握拳,但握力不够无法提取重物。②手指灵活性较差,在要求手指张开、伸直时,手指弯曲、无法伸直。喝饮料时自己无法打开盖子。③手指分化能力差,不能够独立用手指表示数字1~10,拇指与食指的对捏能力差,不会用拇指与食指对捏拿起物品,不会撕纸只会用手捏住扯断。④双手的协调控制能力差,不会使用剪刀剪纸,会用勺子吃饭,但撒漏现象严重。也不会使用筷子。⑤手眼协调能力较差,不会握笔。

三、思考

1. 该男孩的情况能否直接随班就读?

2. 该男孩如果随班就读,需要注意哪些事项?

听觉障碍
儿童的早期训练与指导

学习目标

通过本单元的学习,将帮助你:

1. 懂得听力语言康复的意义,树立正确的康复教育观念。
2. 了解听力障碍的分类、语言发展的特点。
3. 理解听力语言康复训练所要遵循的原则。
4. 掌握听力语言康复教育的内容及方法。
5. 掌握聋儿随班就读相关知识。
6. 具备对听觉障碍儿童家庭与社区康复指导的能力。

据资料显示,我国现有听力语言障碍人2 057万,其中7岁以下聋儿约80万,每年新增聋儿近3万。目前尚有50%的聋儿因贫困无力配置助听器,80%的成年听力语言障碍人士不能及时得到听力康复服务。

本单元将从听力语言康复的概述、听力障碍儿童早期训练与指导技能技法、听力障碍儿童的随班就读及家庭与社区康复等方面进行阐述。

第一节 听觉障碍基础知识

一、听力语言康复的内涵

由于研究内容侧重点的不同,各领域对听觉障碍有着不同的分类和界定。医学上是从听力损失程度、听力障碍的部位、导致听力障碍的原因等将听力障碍进行分类,而教育学上则是从儿童对语言的理解与表达、学习语言的能力以及教育行为对他们造成的影响进行分类的。美国《残疾人教育法》使用的分类标签是:听觉障碍是指由于听力损失对教育效果产生不利影响,因此儿童符合接受特殊教育的资格。我国教育界对听觉障碍的定义如下。

我国台湾地区《身心障碍及资赋优异学生鉴别原则与鉴别基准》(2002)中对听觉障碍定义为:听觉障碍,是指由于先天或后天原因,导致听觉器官的构造缺损,或是功能发生部分或全部的障碍,导致对声音的听取或辨识有困难者。

2006年第2次全国残疾人抽样调查提出的定义为:听力残疾,是指人由于各种原因导致双耳不同程度的永久性听力障碍,听不到或听不清周围环境声及言语声,以至影响日常生活和社会参与。

随着社会的进步,科学技术的发展,特殊教育水平的提高,听力语言康复事业也得到了空前的发展和提高。我们都知道,0~6岁是儿童学习语言的关键期,7岁以前是最佳期,7~12岁是可塑期。如此时发生听力障碍则严重影响儿童的听觉、言语发展，从而影响到其认知能力、社会交往水平、性格的形成等方面的发展。相反，如果对听力障碍儿童合理地进行听力补偿并施以相应的听力语言训练，那么，这些孩子将有可能习得并发展有声语言，从而为更好地适应社会打下良好的基础。

听力语言康复：即聋儿康复，是指采取医学、教育、社会、工程等康复手段，充分发挥助听、学语设备的作用，开展科学的康复训练，以减轻听力障碍给聋儿造成的听觉、言语障碍及其他不良影响，并使聋儿能听会说，与人进行正常的语言交往，达到回归主流社会的目的。

二、导致听觉障碍的常见原因

（一）遗传因素

由遗传原因导致的听力障碍约占听力障碍人数的50%，其中绝大部分为感音神经性耳聋。遗传性耳聋可能是染色体显性、染色体隐性或X染色体3类。染色体显性听力损失是由一位携带听力损失显性基因并由听力损失的父母通过基因传给孩子的。在这种情况下，儿童有至少50%致聋的可能性。如果父母双方都是显性染色体的携带者或家庭的祖父母有听力损失，都可能导致儿童遗传性耳聋。

事实上，并非所有的遗传性聋患者家属中都有听力损失的人存在，有80%～90%的遗传性耳聋是由携带隐性基因的健听父母导致的。在这种情况下，儿童有25%的可能性致聋。由于父母双方都有正常听力，并且其中任何一方的家人都没有听力损失，因此人们不会预先想到儿童患有遗传性耳聋的可能性。

在X染色体遗传性耳聋中，母亲在性染色体中携带隐性听力损失的特性，并通过基因传给男孩而不是女孩。这种听力损失很少见，只占遗传性听力损失的1%～2%。

（二）耳毒性药物

耳毒性药物是指有可能对内耳结构造成损伤的药物，这种损伤将会导致临时或永久性的听力损伤，也会对已存的感音性听觉缺失造成更大伤害。因此，耳毒性药物对一个已经具有感音神经性听力损失的患者，使其出现听力损失进行性加重的可能性更大。常见的耳毒性药物有氨基糖苷类抗生素，如庆大霉素、卡那霉素、小诺霉素、新霉素、林可霉素、多黏菌素、双氢链霉素等，其他药物如利尿剂、乌头碱、水杨酸等。因此，以上药物应当慎用。

（三）噪声

长期遭受85～90 dB以上噪声刺激会对中枢神经系统产生不良的影响，尤其是对听觉器官造成损害，噪声对内耳黏膜和毛细胞有很大的损伤，可导致神经性耳聋。主要表现为耳鸣、耳聋。亦可出现头痛、失眠、易烦躁和记忆力减退等症状。经常暴露在高于110 dB的环境中超过1分钟，也可能造成永久性听力损失。由此可见，人耳的听力与噪声有着密切关系，若人耳长期暴露在噪声环境下（如迪斯科舞厅、歌厅、纺织厂、飞机场等）其出现听力障碍的可能性会大大增加。由于噪声对人耳造成的听力损伤是缓慢的、进行性的，因此，个体很难及时认识到噪声对自身造成的听力伤害，当意识到问题的严重性时，往往伤害已经形成，而这种伤害的治疗是很困难的。

（四）感染与疾病

各种急性传染病、细菌性或病毒性感染等疾病均有可能损伤内耳而引起不同程度的感音神经性聋。如中耳炎、流行性脑脊髓膜炎、麻疹、风疹、猩红热、流行性腮腺炎、感冒、耳带状疱疹、伤寒、梅尼埃症等。以麻疹为例，虽然麻疹是一种相对较轻的疾病，但若是孕妇患得此病，尤其是在妊娠的前3个月，将会严重影响胎儿的生长发育，如导致耳聋、视力损伤、心脏病以及各种严重的残疾。据资料显示，1963～1965年，在美国和加拿大暴发大规模的麻疹。因此，在20世纪70年代和80年代，特殊教育计划中听力损失的儿童中有50%以上是由麻疹导致的。自1969年发明了有效的疫苗之后，由麻疹致聋的出现率才得以大大降低。

（五）外伤

外伤使鼓膜穿孔可造成传导性耳聋；颅脑外伤、颞骨骨折损伤内耳结构使内耳受损，从而影响到听力水平；爆震或气压突然变化可引起神经性耳聋，这种听力损失有时伴耳鸣、眩晕，通过适当的医疗和其他辅助手段，部分患者的听力水平可以恢复。

（六）其他因素

1. 老年性聋 多因老年血管硬化、骨质增生，使螺旋器毛细胞和螺旋神经节供血不足，发生退行病变，

17

或中枢神经系统衰退,导致听力减退。

2. 突发性聋 是一种突然发生而原因不明的感音神经性聋。耳聋可在瞬间显现,也可在数小时、数天内迅速达到高峰,多为单侧,亦有双耳患病,伴耳鸣,有的可伴眩晕。精神紧张、压力过大及情绪激动可使听力短期内下降造成突发性耳聋。早期治疗可获得较好效果。

三、听觉障碍鉴别分类与等级

(一)按病变部位分类

可分为传导性耳聋、感音神经性耳聋、混合性耳聋。

1. 传导性耳聋 主要指外耳和中耳的传导性通路受损干扰了声音的传导。病变部位主要在外耳道、中耳及前庭窗、蜗窗,如听骨链断裂、听骨链粘连或缺损、外耳道闭锁、鼓膜穿孔、鼓室硬化症、耳硬化症及中耳肿瘤、蜗窗及前庭窗发育不全等。单纯的传导性耳聋患者听力损失程度相对较轻,一般不超过 60 dB,60 dB 的声音可通过颅骨传入内耳。传导性耳聋患者对正常音量言语声的辨识能力较弱,但对较大的言语则能较好地辨识。传导性耳聋患者的听力图表现特点是低频听力损失较重,气导下移,骨导正常。传导性聋如发生在婴儿期可导致言语发育延迟,通过及时的治疗,多数可获得康复,一般不影响言语交往。

2. 感音神经性耳聋 是指内耳毛细胞或听神经、听觉中枢发生病变导致的听力障碍。常见病因有:应用耳毒性药物;患各种急性传染病及病毒感染性疾病;长期在噪声环境中工作及颅脑外伤;听神经瘤及老年性耳聋。感音神经性聋患者的听力图表现特点是高频听力损失较重,气导、骨导同时下移,或无骨导。如果患者在婴幼儿期发生感音神经性聋,可导致严重的言语障碍。

3. 混合性耳聋 是指传导性耳聋和感音神经性耳聋同时存在的听力障碍。常见病因如中耳炎长期不愈,病变累及内耳,或由于各种原因导致感音神经性耳聋后又继发中耳炎。混合性聋患者的听力图表现特点是高频、低频都有听力损失,气导、骨导听力曲线下移,存在气导、骨导差大于 10 dB,外耳、中耳可见到病变。如果在婴幼儿期发生混合性耳聋,可导致严重的言语障碍。

(二)按听力损失程度分类

可分为轻度聋、中度聋、重度聋、极重度聋。

(三)按致聋时间分类

可分为先天性耳聋、后天性耳聋。

1. 先天性耳聋 是指致病因素发生在母孕期,婴儿一降生即出现耳聋。

2. 后天性耳聋 是指婴儿降生后,由于各种致病因素导致的耳聋。

(四)按照语言形成的时间分类

可分为语前聋、语后聋。

(五)按病因分类

可分为遗传性耳聋、感染性耳聋、药毒性耳聋、外伤性耳聋。

四、听力障碍的分级

我们国家把听力残疾分成 4 级,每个级别的标准如下。

(一)听力残疾一级

听觉系统的结构和功能极重度损伤,较好耳平均听力损失大于 91 dB HL,不能依靠听觉进行言语交流,在理解、交流等活动上极重度受限,在参与社会生活方面存在极严重障碍。

(二)听力残疾二级

听觉系统的结构和功能重度损伤,较好耳平均听力损失在 81～90 dB HL 之间,在理解和交流等活动上重度受限,在参与社会生活方面存在严重障碍。

(三)听力残疾三级

听觉系统的结构和功能中重度损伤,较好耳平均听力损失在 61～80 dB HL 之间,在理解和交流等活动上中度受限,在参与社会生活方面存在中度障碍。

(四) 听力残疾四级

听觉系统的结构和功能中度损伤,较好耳平均听力损失在 41～60 dB HL 之间,在理解和交流等活动上轻度受限,在参与社会生活方面存在轻度障碍。

五、听力障碍儿童心理和行为特征

听力障碍会给个体注意力、语言、认知、社会交往等心理和行为方面带来一定的影响,要想准确地掌握听力障碍儿童的心理和行为特征,必须注意以下几点:①在特殊教育机构接受特殊教育听力障碍儿童的行为特征或学习成绩的平均水平,不能代表所有听力损失儿童的特征或成就。②影响听力障碍儿童心理和行为特征的因素很多,如听力损失的程度类型和年龄、佩戴助听器的年龄、听力补偿情况、是否伴有其他障碍等,这些因素都会对幼儿的认知发展、社会交往、语言发展、学业成就、社会情感功能的发展产生深远的影响。③在总结、概括听力障碍人士心理和行为特征时我们要采取谨慎的态度。很多学者强烈反对现存的所谓的聋人心理学,在专家著作中所说的聋人特点与殖民文化中描述的非洲人的特点相似,而这些特点并没有,也不能全面地、综合地反映聋人的特点。除此之外,有专家认为,有关聋人心理的科学著作在测验时的操作、施测时使用的语言、评估分数、测验内容和常规、对主体人群的描述上,都是有缺陷的。

在牢固掌握以上 3 点的基础上,我们总结出听力障碍儿童的心理和行为特征具体表现如下。

(一) 感知觉方面

由于听力损失,听觉障碍儿童主要依靠视觉、触觉、味觉、嗅觉等途径感知外界事物,而听觉不起或仅起很小的作用。由于听力损失,使听力障碍儿童在感知事物的过程中缺乏语言活动的参与,使其不能与语言的学习和运用同步进行,造成了第一信号系统与第二信号系统出现脱节,因此,听力损失限制了他们感知觉活动范围的深度和广度。

(二) 语言方面

由于听力障碍导致他们在语言理解和表达方面存在着一定的障碍。他们的口语和书面语表达经常是存在问题的,常常出现主谓颠倒、丢词落句的现象。健听儿童习得语言的过程并非是"你教我学"的过程,而是在生活中逐渐积累、自然习得的。但听力障碍儿童由于听力损失,使其不能适时形成口语,最终导致语言障碍,这些障碍主要表现在语言的理解和表达上,除了影响词汇、语法、句法的学习,还会出现流畅性、音高、音调、音长等方面的异常,如:有的孩子在进行语言表达时音高过高,有的过于低沉;有的语速过快,有的语速过慢;有的音量过大,有的音量过小;有的一字一顿,有的则不能换气转换等。

总之,听障儿童的语言发展受到以下不同因素的影响:①出现听力损失的年龄;②听力损失程度;③听力补偿效果;④听障儿童所处的环境;⑤接触语言的年龄及接受语言训练的持续性。此外,听障儿童语言发展的规律与健听儿童是一致的。

(三) 学业成就方面

听力障碍儿童学业成就的发展水平应该与健听儿童保持一致,但事实上许多听力障碍儿童在学业上存在巨大困难,特别是在阅读、写作和数学领域。有关听力障碍儿童学业成绩评估的研究发现:他们的成绩远远滞后于健听儿童,而且听力障碍儿童与健听儿童在学业成就上的差距会随着年龄的增加而不断增大。据研究调查指出,多数听障儿童的语言技能往往低于健听儿童。实验证实 15～20 岁以上的听障学生阅读能力相当或低于正常儿童 13 岁的水平。此外,只有 10% 的听障学生可以达到 15～16 岁的阅读水平。而他们的数学水平停留在 13～14 岁的水平。约有 30% 的听障学生在离开学校时还是"功能性文盲",与之对比的健听学生中只有 1% 是"功能性文盲"。

对于这个问题,研究者提出听障儿童的语法系统与正常儿童有着质与量的区别。由于听力障碍导致听障儿童有着与健听儿童不同的接受语言信息的途径和表达内部信息的习惯,从而形成了其独特的语法规则和语言习惯。正是因为这些不同,才导致他们的写作、阅读等能力都远远低于健听儿童。以写作问题为例,真正的写作问题是因语言系统不同而呈现不同,手语使用者的语法与汉语语法不尽相同,因此,语言转移现象出现在写作语言上。

学习手语及口语的听障儿童,尽管运用与汉语同样的语法系统,但由于在大脑中的表现形式有区别(在正常儿童中主要以语音的形式,而听障儿童则以手语形式),因而影响到听障儿童写作能力的发展。如果听力损失程度较轻,儿童的学业成绩则与健听儿童接近;如果听力损失程度较重,其学业成绩就要比健听儿童低得多。研究者认为用语音形式记忆的听障儿童通常较易发展阅读及写作能力。听障儿童阅读能力的提高取决于他们能否将语言在语音上与外形上的特性应用在阅读写作上。因而,听障儿童与健听儿童一样能在阅读中学会运用语言的不同表现形式,只是这种能力的习得较健听儿童更为困难而已。

(四) 社会交往方面

在社会交往方面,听障儿童存在一定异常。实证研究表明,听力障碍儿童较健听儿童而言,存在性格孤僻、情绪暴躁、幸福感较低、社会交往能力较差等方面的问题。在社会交往中,听力损失使他们很难感受到对方的情绪变化、语气等,从而使其错过了很多相关的重要信息。即使是很小的听力损失也会使他们错过一些相关信息,甚至是误解对方的本意。特别是听力障碍导致的语言障碍,使他们在与其他儿童的社会化交往中,感到不被理解和认同的现象尤为明显。听力损失程度越重,这些社会化问题的出现率就越高。在一项对 50 名听力障碍儿童的调查研究里表明,约有 50% 的听力障碍儿童描述自己是一个相对独立的群体,很多时候感到孤独和不快乐,缺乏友谊和社会认同感。

听力障碍儿童时常感到自卑、沮丧、退缩。尤其是后天致聋的人,这些感受尤为明显。对有攻击和破坏性行为听力障碍儿童的调查研究表明:他们的情绪行为表现与语言水平呈正比。也就是说,学生的听力语言发展水平越低,他们在学校中出现行为问题的可能性越大。

第二节　早期训练与指导的内容和一般方法

针对聋儿在听觉、发音及语言方面存在的问题,进行科学的、有计划的训练,称为聋儿听觉言语康复训练。它包括 3 个方面:听觉训练、发音训练、语言训练。

一、听觉训练

在听觉障碍儿童中绝大多数仍有不同程度的残余听力,它是聋儿习得有声语言的必要条件。在一般情况下,听觉障碍儿童虽然听不清或听不到正常人的言语和环境声,但利用残余听力仍可听到一些不同频段的声音,如果这些聋儿能够及早被发现诊断,并及时地进行听力补偿和专业的听觉言语训练,那么这些听力障碍儿童就有可能发展其听觉能力,最终达到语言康复的目的。随着科学技术的发展,助听技术也得到进一步的发展,助听器可以使有残余听力的儿童得到听力补偿,人工电子耳蜗植入可以使双耳极重度聋或全聋的孩子得到听力重建,有效的听力补偿和听力重建为听障儿童习得有声语言奠定了基础。

听觉训练就是帮助聋儿充分利用残余听力,通过听力补偿和听力重建的手段,使其对各种声音,尤其是对语音进行反复的认识、辨别、记忆、理解,建立正确的听觉概念,在培养聆听的兴趣和习惯的同时,提高听觉的敏感度,即提高听觉能力,以达到与人进行听说交往的目的。

(一) 听觉发展 8 个阶段

听力和听觉能力是两个完全不同的概念,听力是先天具有的,而听觉能力是后天习得的,听障儿童通过助听设备进行听力补偿,虽然具备了对声音的感受能力(即听力),但并不代表他就能听懂声音(即听觉能力),这种对声音的听觉能力,包括对声音的感知、辨别、定向、评价、记忆、理解、联想、储存等方面的能力,需要在训练和使用过程中获得并提高。这种听觉能力与人的大脑有紧密联系,与人们的知识和经验有关,也与人的智力发展水平有关。一般来说,正常人的听觉发育是分阶段的,具体可以分为听觉察知、听觉注意、听觉定向、听觉辨别、听觉记忆、听觉选择和听觉反馈,最后形成听觉概念,对声音信息做出正确的反应,这几个阶段是互相联系,互相促进的。

1. 听觉察知　就是判断声音的有无,是人耳对不同频率,不是音强,不同音色声音的感受能力。

2. 听觉注意　是指为满足某种心理需要而对声音倾注、聆听的活动。听障儿童因为对声音知之甚少,而且缺乏对声音意义的认识,因此常常是听而不闻,需要训练者将声音与其意义联系起来,有意识地培养他们聆听的兴趣和习惯。

3. 听觉定向　就是辨别声音的方向,即寻找声源的一种能力。这种能力需要建立在听觉感知和听觉注意的基础之上。

4. 听觉识别　是指对声音进行区别的能力,它需要听觉与大脑协同配合作用。听障儿童听觉识别能力的提高,有赖于听觉察知、注意、定向等能力的培养,有利于丰富听障儿童的听觉经验。帮助听障儿童学会把生活中不同的声音及其代表的不同事物联系起来,是培养听觉识别能力的基本任务。

5. 听觉记忆　是在辨别声音的基础上,声音信号在大脑中的储存。

6. 听觉选择　是在两种以上的声音中,或者在噪声环境中选择性听取自己需要的或感兴趣的、有吸引力的声音的一种能力。

7. 听觉反馈　是人们听到声音或语言后出现的一种自我调节反应,例如在模仿发音时,不断通过听觉反馈自我调节,直到准确无误地发音为止。听障儿童听觉反馈对于学习有声语言,克服言语发音不清等问题具有极为重要的作用。

8. 听觉概念　是在以上各个阶段熟练的基础上,经过大脑的思维活动,对声音信号所反映出的事物本质的认识。

以上 8 个阶段是相互联系、互相依存的。在对听障儿童进行听觉训练时应遵循由易到难、由浅入深的原则,采取特殊的途径进行专门的听觉训练。同时,不能忽视让听障儿童在生活中通过自然途径获得听觉概念的过程,要善于引导听障儿童在生活当中学会聆听。

(二) 听觉训练遵循的原则

1. 对听力障碍儿童进行听力补偿是进行听力训练的前提和基础　听力补偿过程如下:听力检测→助听设备验配→佩戴助听器→评估→调试或更换助听设备。

2. 听觉训练要选择有意义的声音,并与日常生活相结合　在听觉训练时,不仅要通过敲击物体让听障儿童感知声音的有无,更重要的是让其多听丰富并有实际意义的声音,这样才能使他们将声音与事物很好地结合,从而发展其听觉能力。对刚开始接受听觉能力训练的听障儿童,所选择的内容应以生活中出现频率较高的声音、自然环境声、音乐声、人体声和动物的鸣叫声为主,然后逐渐增多对语音、语言的识别。

3. 要让聋儿感受丰富多彩的声音,无论是自然声响还是语言声　要注意在音调、音强、音长、音质等方面有丰富多彩的变化,让聋儿认识多种多样的声音,切忌单调的声音。如在讲故事的时候,有时频率较低的憨厚的声音模仿小熊;有时用频率较高的声音模仿狐狸等。

4. 听力训练应和语言训练相结合　言语声作为听觉能力训练的重要内容,它的作用和地位是不容小视的。听力语言训练的最终目标是使听力障碍儿童掌握有声语言,并运用与人进行交往和交流,使其身心健康发展,最终回归主流社会,所以听觉训练的内容要选择大量的有声语言,从而使听力和语言共同发展。

5. 听觉训练要以游戏的形式进行,坚持每天进行　听力障碍儿童首先是儿童,其次才是有听力障碍的儿童,根据学前儿童的生理和心理特点,各种学习和训练活动都应以游戏的形式进行,让教师在玩中教,让孩子在玩中学,而且这样的听觉游戏活动要每天进行,这样才能使康复训练取得更好的效果。

6. 在进行听觉训练的过程中,要尽量减少视觉的辅助作用　如手势或口型的提示。由于听力障碍儿童的听力损失,他们很快就会学会手势或唇读。有些聋儿在佩戴助听设备后,虽然能够听到不少语音,但由于他们已习惯于唇读,因此会忽略听觉信号,这样就不能把残余听力很好地利用起来。通过听觉训练,就要让聋儿最大限度地通过"听"来获得信息。

7. 听觉训练要循序渐进,设定合理的阶段发展目标　听觉训练要遵循由易到难的原则,听力障碍儿童只有在感知声音有无的基础上,才能进行音长、音高、音强等的辨别;只有在熟识各种声音的基础上,才能对这些声音进行辨别;只有在语音理解的基础上,才能进行语音表达;只有在进行语音表达的基础上才能进行语音交流,这就是循序渐进的原则。

8. 听觉训练要因人而异　听力障碍儿童个体间存在较大差异,他们有着不同的听力、认知及语言发展水平等,因此,在对他们进行听觉能力训练时,要确立不同的训练目标,提出不同的训练要求,设置不同的训练内容,选取不同的训练方法等,要充分考虑到听力障碍儿童裸耳和进行听力补偿后的听力情况,设定个体发展目标。

(三) 听觉训练目的

听觉训练的目的是听力障碍儿童在进行听力补偿和听力重建的基础上,通过有目的、有计划的听觉能力训练,让听障儿童最大限度地开发、利用自己的残余听力或重建听觉系统,培养其良好的聆听习惯,以及感知、识别、记忆和理解声音的能力,从而培养他们的听觉言语能力,进而获得有声语言。

听觉训练的目的包括以下4个方面:①帮助听障儿童建立音响的概念,使其认识生活环境中的各种声音。②提高听障儿童利用残余听力鉴别不同声音能力。③配合言语训练,让听障儿童在开始学习说话或与周围人交往时使用听觉。④帮助听障儿童建立有声语言,养成聆听习惯,并学会利用听觉反馈进一步学习语言。

(四) 听觉训练意义

(1) 听觉训练对听力障碍儿童而言是其发展听觉能力的必要途径,它是对听障儿童的听觉器官进行有计划的声响刺激,并建立刺激联系,从而逐渐形成听觉概念的一种训练。它可以刺激听障儿童意识到声音的存在及其重要性,越来越习惯于使用听觉去感知、认识周围事物,从而促进听觉功能的发展。

(2) "听"是"说"的前提,只有听得清楚才能说得明白,因此,听觉训练是听障儿童形成和发展有声语言的必要基础。

(3) 听力损失限制了听障儿童感知觉活动的深度和广度;听觉训练能帮助听障儿童全面、正确地认识周围世界。

(4) 听觉训练对丰富和陶冶听障儿童的情感具有不可忽视的作用。

(五) 听觉训练内容

对听障儿童进行听觉训练,首先应了解对于听障儿童来说哪些听觉技能是应该掌握的,然后要知道选择哪些声音信息对他们进行训练。听觉言语治疗专家把听障儿童听觉训练的内容归纳为以下5个方面。

图 2-1 听觉能力训练

1. 判断声音有无的能力 即听觉察知的能力。有目的、有计划地运用各种声音及相应的辅具,帮助听力障碍儿童感知声音的有无,辨别声音的不同,对声做出反应的能力。并教会听力障碍儿童运用表情、手势、动作或语言等方式,对听到的声音有所表示,这是听觉训练的基础。

2. 听觉注意能力的培养 即对声音的区分能力。听觉注意能力好坏直接影响到听力障碍儿童聆听习惯的培养。在进行听觉能力训练时,引导听障儿童注意听自己名字,充分调动他们注意听取各种声音,引导注意倾听别人的文化与交谈的意识和技巧,逐步养成聆听的好习惯(图 2-1)。聆听习惯的培养不仅是听觉训练的重要内容,而且贯穿于听觉训练的始终。

3. 对分辨不同声音能力的培养 即对声音的识别水平。通过演示、对比、操作等手段帮助听障儿童分辨各种不同的声音,尤其是语言声及其代表的含义。能够识别超音段音位,包括识别语音韵律,例如声音的大小、长短、高低、快慢、节律、语调,并能识别男女声和小孩子声音,识别音段音位,包括识别拟声词、不同音节的词汇、音节相同但声韵不同的词汇、辅音相同但元音不同的词汇,以及元音相同但辅音不同的词汇,能听辨短语中的两个关键成分等等,以培养聋儿的听觉定向、听觉辨别、听觉记忆,形成听觉概念的能力。特别强调的是分辨语言声是听觉训练的主要内容,指导聋儿利用听觉反馈指导言语语音的能力,这对聋儿更具有实际意义。

4. 选择性听取能力的培养 对已学过的、熟悉的内容在一定的背景声下进行听取练习,以提高聋儿在日常环境噪声下捕捉有用信息的能力。

5. 听觉反馈能力的培养 帮助听障儿童逐步学会注意倾听自己的声音、语言表达与运用是否正确、恰当,并对错误及时地加以纠正。

一般来说,生活中的任何声音都可以作为听觉训练的内容,如自然环境声、音乐声、动物鸣叫声、敲打物体声、交通工具声、言语声等。在这些声音当中,言语声是听觉训练的重中之重,这是因为对听力障碍儿童实施听力训练的目的是发展其听觉能力，从而具备对言语进行察知、区分、辨别和理解的能力，最终习得有声语言，具备运用语言与人进行沟通和交往的能力。

(六) 听觉训练方法

听觉训练方法的选择是由听力障碍儿童的听力补偿情况而定的，如果听力补偿效果为最适，则选择"单一法"进行听觉能力训练；如果听力补偿效果一般，则选择"多感官共同参与法"或"多感官共同参与法和单一法"相结合的方法进行训练，并注意将声音信号与事物对号。对于新知识、新内容用多感官共同参与法进行训练，通过视觉、听觉、触觉、嗅觉、味觉等多感官的参与，加深听障儿童对所学知识音、形、义的理解，使其了解某一声音是由某一物体发出的或代表某一意思。然后用单一法进行强化听觉训练，形成听觉概念。经反复练习，达到对此声音的认识，即一听到此声就知道是什么或应该干什么。在与听障儿童进行言语交往时，仍需要其视、听、触、嗅、味等多感官的参与。

阅读延伸

婴幼儿听觉发展

心理学家在研究的基础上把婴幼儿听觉发展能力描述为以下过程：

1～2 个月：在睡眠中突然听到声音会出现惊跳反射，上下肢抖动。

3 个月：开始出现区别不同声音的能力和情绪反应。如喜欢听音乐，对妈妈的声音特别敏感。

4 个月：开始寻找声源，出现听觉注意。

5 个月：能感知熟悉的声音，习惯言语声。

6 个月：呼唤时能面向发声发向，出现听觉定向。

7 个月：开始注意说话者的口型，有了言语听觉。

8 个月：开始对声音进行自我调节。

9 个月：开始"懂话"。

10 个月：能利用听觉模仿学习语言，学习说话。

11 个月：可以随着音乐摆手，出现对音乐的欣赏能力。

12 个月：能寻找视野以外的声音，主动听取声音的能力大大增强。

1 岁～1 岁半：能寻找隔壁房间的声音，询问熟悉的画面名称，对语言的理解逐渐增多，从听词和短语发展到听简单句和较长的句子，并开始喜欢听有简单情节的故事。

2 岁：理解语言记忆进一步增多，表达能力有了发展，开始有简单的对话能力，能按要求干力所能及的事。

3～4 岁：听觉记忆增强，能依次说出物体的名称开始学习简单的常见字词。

5 岁：听觉的理解能力及语言能力大大提高，为 6 岁读书、识字、进入小学做准备。

二、发音训练

发音训练是听障儿童进行语言训练的基础，它主要是锻炼听障儿童发音、构音器官的协调性，培养其控制发音、构音器官的能力，从而掌握发音技巧，能够正确、流畅地发音，最终具备言语表达的能力。

听障儿童的听觉能力要通过后天训练获得，同样他们的发音能力也需要训练得到发展。由于听力障碍儿童长期不用语言进行交流，使他们的发音器官出现僵硬、无力、不灵活、运动不协调的现象，导致他们即便发展了听觉能力，但进行发音时仍会出现发音不准、走调及不流畅等问题；有些听力损失较重且听力补偿效果不佳的听障儿童，由于缺乏听觉反馈，对于自己的错误发音不能及时、有效地纠正与调节，因此需要科学的发音训练来帮助聋儿正确地发音，流畅地说话。

(一) 发音训练遵循的原则

(1) 发音训练是一个长期的、持久的过程，因此要坚持每天进行发音训练，这是使听障儿童获得语言能力必不可少的条件。

（2）发音器官的成熟是一个逐步发展的过程,发音器官的成熟度是影响发音清晰度的原因之一,健听儿童语音清晰度从1岁的30％,发展到4岁才接近健听成人的水平,听障儿童言语清晰度的发展亦遵循此规律,加之听障儿童的听觉、言语障碍,对于观察不到的发音器官的活动及协调性一时难于掌握,因此对听障儿童的发音训练不能急于求成,要注意分析影响发音的主要原因,找出本发音阶段的主要矛盾,给予适当的训练,建立正确的发音运动感觉,切不可一味地纠正发音,挫伤其学习语言的兴趣。

（3）充分利用和调动视、触、味、嗅等多种感官参与到发音训练中来,尤其充分利用残余听力来学习语言,并纠正发音。

（4）教师、家长的语音示范要正确、规范、到位,注意随时纠正聋儿已掌握的、但没发清楚的语音,养成其正确发音的好习惯。

（二）发音训练基本内容

发音基本功训练包括嗓音训练、呼吸训练、口舌训练。

1. 嗓音训练 正确地运用声带是正确发音的基础,通过基本元音的发音训练可帮助聋儿了解、感受声带的紧张、松弛,体会正确发音的感觉,从而逐步学会自如地控制声带运动。

2. 呼吸训练 呼吸是发音的动力,说话时呼吸量不足或控制不好都会影响语言的清晰度和流畅度。通过做呼吸操、呼吸游戏等可帮助聋儿掌握呼吸要领,增强肺活量,自如地控制呼吸,为发出洪亮有力的声音打下基础(图2-2)。

要让孩子发音清楚,必须学会运用呼吸控制气流。在训练时,双脚分开站稳,双手自然放下,胸部自然挺起,两唇微微靠拢,舌体放平,吸气前将肺里余气吐净,用鼻子吸气的同时,两手臂向前平行上举,上举速度与吸气速度相同,当吸气停止时两臂正好举到头部最高点,呼气时两臂与气流同等速度于身体两侧慢慢下垂,当呼吸停止时两臂正好于身体两侧放下。初训练时,呼和吸速度同等,当训练到一定程度时,吸气速度尽量快而深,呼出的气流要慢、平稳而有力量,呼气的时间要长,呼和吸要避免有摩擦音。

图2-2 呼吸练习

3. 口舌训练 口舌的运动是区别各种因素的关键,口舌的细微变化致使发出的音有所不同,它决定发音的清晰度。通过口舌操的练习,帮助聋儿体验口型、舌位的各种变化,增强聋儿口舌的力量和灵活性,为发出正确、清晰的音打好基础。

（三）基本正音方法

1. 正音方法

（1）喉部按摩法:用手指按压甲状软骨,向上后轻推,声带长度缩短,会帮助把音调降低,纠正假声;相反,向下轻拉,会帮助音调变高,改善声音过于低沉的状况。

（2）咀嚼法:让聋儿模仿张大嘴咀嚼食物的动作,这会促进声带的调整,特别是对于说话时口型变化微小的聋儿有较大帮助,能培养他们说话时把嘴张开。

（3）打哈欠:在打哈欠的同时发出声音,这种方法对于消除硬起音和发音紧张有较大帮助。

（4）推提训练法:让聋儿提起较沉的物品,在迅速放下的同时发声;也可以让聋儿坐在椅子上,一边用手向下推压椅子,一边发音。这种方法主要针对声带闭合不好或发音微弱无力的患者。

通过帮助聋儿分析发音不清、不流畅的关键问题,不断地加以纠正,逐步培养聋儿掌握、利用多种感官来学习正确语音,并发现、纠正自己的发音问题。

2. 声音异常的矫治

（1）假声的矫治

1）硬起声法:声带先闭合,气流冲开声带而产生的声音。用硬起声法来矫治假声和气声。选出聋儿已学会的单韵母进行发音,依四声、三声、二声调顺序进行发音训练。

2)气音起声法:发声时,呼出的气流早于声带闭合,即声带振动之前,气流已呼出一部分。用气音法矫治假声,矫治过程是先把假声发音状态转变成气声状态,再把气声通过硬起声法矫治成正常发音状态。

3)软起声法:声带闭合瞬间与气流到达声门一致。通过气音、硬起声两种方法矫治过来的发音,再通过软起音法进行巩固性发音训练。

(2)语调异常的矫治:听力障碍儿童在进行语言表达时往往出现声调不正确、缺乏节奏感、平淡无生气等现象,这是由于语流的上升和下降相互协调性直接影响说话时的韵律感,即语调为了矫正语调的异常,在训练初期教师可将语言训练与手势动作相结合,引导听障儿童多感官参与,慢慢进行朗读训练,训练内容逐渐扩展到短句、短文、诗歌、儿歌等。

三、语言训练

语言训练就其实质来讲是帮助聋儿学习、理解词语,掌握基本语法规则,培养语言理解、语言表达及语言运用的能力,最终达到听说交往的目的。语言训练包括听话能力、看话能力和说话能力。因此,实际上也就是听话训练、看话训练和说话训练。

1. 听话训练 是指通过听觉途径对语言理解能力进行训练,重点是对日常会话理解的训练。对听力损失程度较重的儿童,听话训练要与看话训练相结合。听话训练的目的是使听障儿童对语音,尤其是日常会话能做出恰当的反应,为进行语言交流创造条件。看话训练即唇读练习,是指让听障儿童通过看说话者的口型、舌位、面部表情等来理解说话者所要表达的意思,从而为语言表达打下基础。尽管看话训练有一定的局限性,但对听力损失程度较重或听力补偿效果不好的儿童来讲,仍是进行语言理解训练的重要途径。

2. 说话训练 是指听障儿童在听(看)懂语言的基础上,进行语言的表达,即语言的运用过程,这也是进行听力语言训练的最终目的。

听障儿童由于听力障碍使得听觉、发音及语言的发展都远远落后于同龄健听儿童,要想在尽可能短的时间内帮助听障儿童理解词语所代表的含义、掌握词语的搭配、语句的排列、正确地加以运用等,必须要进行有计划、有步骤、科学的语言训练。

(一)言语训练原则

1. 创设最佳的语言环境 听是说的前提,在进行良好听力补偿的前提下,要尽量给听障儿童多的语言刺激,创设良好的语言环境,在条件允许的情况下,尽量选择口语的形式与听障儿童进行交流;为其提供与正常儿童游戏交往的机会,使其获得更多的语言刺激和语言交流,为日常的语言训练创造条件。

2. 注重语言的实用性,并创设情境进行练习 语言训练所选择的内容要与日常生活相结合,并具有实际意义与使用价值。这样在训练的过程中既运用了语言又锻炼了听障儿童与他人沟通交往的能力。例如:教听障儿童礼貌用语"谢谢"和"不谢"时,要创造大量的语言情境,最好有两个人分角色演示,以免概念混淆。

3. 遵循由低到高、由近及远、由简单到复杂的原则,并坚持不懈 语言学习是一个枯燥而漫长的过程,因此,在训练过程中不能过于急切,要根据听障儿童的现有水平,设定合理的阶段目标,有计划地开展。

4. 进行语言训练时首先让听障儿童理解语言的内容 在理解的基础上进行语言表达并强调句子的完整性。很多家长和一些不够专业的听力语言康复教师总是把训练的重点和关注点放在听障儿童对语言的表达上,往往忽略了孩子对语言的真正理解,导致很多接受过听了语言训练的儿童出现只会表达、不会运用的现象。我们在对听障儿童讲话时,应尽量以完整的语音形式出现,不要总是简化成一个个单词。即使在教单词时,也应将单词放在简短的句子中出现。

5. 语言训练的形式要直观、形象、生动,以增强训练的趣味性 在进行语言训练时,语言要与直观事物相匹配,以便听障儿童更好地理解语言的含义。此外,根据学龄前儿童身心发展的特点,语言训练形式要以游戏活动为主,这样才能取得事半功倍的效果。

6. 语言训练需要教师的讲解、演示,并反复进行,不断巩固 在进行语言训练的过程中,学习新语言内容的同时,要有意识地复习曾经学过的旧内容,做到新旧紧密衔接,这样才能帮助听障儿童不断巩固理解、掌握语言知识,并加以运用。如果一个语言内容只在一次教学中出现,然后就被扔到一边,那么听障儿童是不可能真正理解掌握的。任何知识的掌握都是一个反复再现的过程。

7. 增加听障儿童的词汇量 在教学中我们要有意识地不断丰富听障儿童的词汇量,不要从主观上限制其语言的发展。例如,如果听障儿童已经牢固地掌握了"喜欢"一词,就应有意识地引进"喜爱"这一新的词汇,但有些训练者在遇到"喜爱"一词时,认为听障儿童不理解,就用他掌握的"喜欢"一词来代替,这样就限制了其语言进一步的发展。

8. 在实际运用中进行语言训练 语言习得的目的是为了应用,过程基于目的,因此,在训练中要教给听障儿童使用语言进行交往的方法,令其掌握交往技巧,运用语言进行交往、交流。

(二) 语言训练基本内容

1. 积累基本词汇 词汇是语言的建筑材料,基本词汇又是生活中最常见的、语言中使用最频繁的、能够构造新词和词组的词汇。因此,帮助聋儿理解、掌握基本词汇是语言训练的基本内容,也是最先进行的内容。积累基本词汇为以后词汇的扩充、语言的发展奠定基础。

2. 对话能力的培养 对话是人们日常生活最基本的、最常用的交往形式。缺乏对话能力,其词汇的丰富与扩充,语法的理解与掌握以及思维的发展都将受到限制。因此要帮助聋儿逐步听懂、理解别人的提问,组织语言正常回答;逐步对自己感兴趣的事物提出问题,听懂、理解别人的解释;逐步学会与人进行交谈、交涉及讨论等。

3. 阅读能力的培养 阅读是扩大知识面、丰富语言、发展思维、想象力及培养儿童社会性的重要途径。由于聋儿的听觉言语发育落后于健听儿童,接受信息的途径也较健全儿童窄,通过阅读手段帮助聋儿进行语言的学习是较好的方法,培养阅读能力可以为今后聋儿的继续学习打下良好的基础。

(三) 语言训练方法

语言训练是一个相对复杂的过程,包括语言理解和语言表达两部分的内容,但口语表达的过程不仅仅是两者联系的过程,还包含将特定的言语运动器官的运动方式与之联系起来的过程。因此,语言训练即是将三者形成巩固联系的训练。

多年来,许多哲学观点、理论、特殊方法以及资源都为聋儿和健听儿童的教育做出不懈努力。其中大多数方法由他们的提倡者不断发展,同时也受到其他人的尖锐批评。事实上,100多年来人们都在为何种方法是针对聋儿实施语言训练的最好方法而不断进行争论。概括起来有以下 4 种学习语言的方法,即手语教学法、唇语教学法、口语法、综合交际法。

1. 手语教学法 即一种专为听障人设计的手语。理由是听觉受损儿童的视觉与触觉较常人更为敏感,因此,手语对他们更为适合。但这种方法也较易使听障儿童不能与其他正常人交流,因而产生距离。

2. 唇语教学法 即只教学生读唇技能,不允许手语与口语的混合。这一方法论的理由是任何手势交流与视觉交流(如读唇)的相互混合都会影响后期儿童的发展。另外,手语交流较其他都容易,会导致儿童无兴趣继续学习其他语言技能。

3. 口语法 这种方法首先强调说与理解的能力,因为这两方面是社会交际的关键要素。它是指在充分利用聋儿残余听力并已经对聋儿进行听力补偿的基础上,通过读唇和口语教学来发展听觉障碍儿童的语言。对语言言语的理解和生成训练贯穿于聋儿康复训练的每一个方面。在 20 世纪 70 年代的美国曾广泛使用没有手语交流的口语法。而如今,由于这种方法的效果受聋儿听力状况的影响较大,因此,近年来,聋儿语训教师对此方法的运用比例有所下降。

参加以口语法为主的教育计划的儿童通常会使用几种方法发展残余听力,并培养清晰的说话能力。该方法时常采用听觉、视觉、触觉的输入方式,教育者将大多数注意力都集中于放大声音、听觉训练、读唇、使用助听技术。总的来说,就是要让聋儿开口说话。一些学校和班级为了维持一个纯口语环境,甚至禁止聋儿用手指点事物、使用手势或拼出单词进行交流。在这种环境中,儿童只能使用言语表达自己的意图以及理解他人的谈话。其他口语训练也是强调言语与听力技巧,但形式更具多样化,并鼓励使用各种方法帮助学生理解和使用语言。

实践证明,运用口语法的教师普遍认为,对聋儿实施语言训练是一件比较困难的事情。教师、家长以及大多数学生都要花费很多时间。语言学习对聋儿而言是件非常困难的事情。但是,能够自如地进行口语交流也是值得人们为之努力的目标。

4. 综合交际法　指在进行语言训练的过程中,综合运用各种交际方法实施教学活动。对有些人来说,综合交际法即是手语及口语同时应用;而对另一些人来说,则强调先学会手语然后将手语作为基础去获得其他形式的语言。总的来说,运用综合交际法进行教学的人坚持在使用口语的同时使用手语交流。他们认为,这种方法能促使聋儿使用一种或两种交流方法。目前,这种方法已经成为聋儿康复中使用最广泛的方法。

在过去的几十年中,教听障人学习口语的方法论占主导地位。近几十年来,综合交际法逐渐成为听障儿童学习语言的主要方法。

第三节　聋儿康复评估

一、聋儿康复评估的内涵

运用聋儿听觉、言语评估工具和希-内儿童学习能力测试工具,对聋儿的听觉、言语、学习能力等情况进行综合评定,以了解其现有的水平及发展方向,为修改、调整训练目标、计划提供依据,使之更适合聋儿的需要,并为制订下一步训练目标、计划提供依据。

二、聋儿康复评估的意义

儿童发展有其阶段性,每个阶段的特点不同,而且每个儿童都存在着年龄、智力、个性及生活环境等方面的个体差异,聋儿也是如此,而且还存在着听力、语言差别,因此制订的训练目标、采取的训练方式、选择的训练内容等都需要有一定的依据,不能不顾聋儿的接受能力而生填硬灌,以至花费很大力气却达不到康复效果,因此,评估就成为聋儿康复过程中的重要环节。

三、聋儿康复评估的内容

(一) 听觉能力评估
包括数量评估和功能评估。

1. 数量评估　即运用一定的测试设备,测试聋儿裸耳和配戴助听器时各个频率的阈值,并对其值加以分析的过程。它主要反应耳蜗的功能。

2. 功能评估　即运用简单语言测试聋儿的言语分辨率,并对其结果加以分析的过程。它适用于有一定语言基础的聋儿,可以反映整个听觉通路的全过程,因此是常用的评估方法,不能够经常与数量评估相配合使用。

(二) 语言能力评估
主要以健听儿童的语言年龄作为参照,评估聋儿的发音水平、理解能力、词汇量等级分布、语言的使用及表达能力等方面的能力。

(三) 学习能力评估
主要以希-内学习能力测试为主要手段,评估聋儿手眼协调、视觉记忆、辨认、联想、空间推理、细节分析等方面的能力,为开发聋儿的智力潜能,发展其语言提供理论依据。

四、聋儿康复评估遵循的原则

(1) 学习能力评估要由专业人员来做,听觉、言语评估由相关人员接受培训后进行操作。
(2) 评估的目的在于指导,要与平时的观察相结合。
(3) 要定期评定。

第四节 融合教育与随班就读

一、随班就读概述

随班就读是指特殊儿童经过早期康复训练并取得良好效果后,进入到普通教育机构中接受教育的形式。随着我国特殊教育事业的快速发展,随班就读已作为特殊教育的一种重要形式快速发展起来。特殊儿童在普通教育机构中接受正常教育的同时,接受满足其特殊需要的个别化教育,这是随班就读得以生存和快速发展的必要条件。普通教育机构为听力障碍儿童提供了最佳的语言环境。在此,听障儿童可接受丰富的语言刺激,获得更多的交往机会,因此,随班就读对听障儿童语言、认知、社会性等方面的发展都有良好的促进作用。

教育要遵循因材施教原则,这是由个体间存在的差异所决定的。教师在组织和实施教育活动的过程中,要充分考虑到学生间的个体差异,并尽量满足其个别需求,使学生得到充分的、快速的发展。听障儿童与健听儿童相比,其听力水平、语言发展水平、认知发展水平、社会交往能力等方面都有较大的差异,但通过有效的教育和训练,根据听障儿童的身心特点设计适合其发展速度和水平的教育内容、方法和手段,则可以让听障儿童实现发展目标,使其在原有基础上得到更快速的发展。

二、随班就读学生的安置与管理

随班就读的有效教育手段是个别化教育。由于制订了个别化教学计划,普通班的教师必须在课堂教学中考虑不同的教育需求,这就对传统的以统一教材、统一要求、统一进度、统一考核为基础的课堂集体授课提出了挑战,迫使教师思考和采纳新的教育模式以提高课堂教学效率,这为合作教学、伙伴教学、程序教学等方法进入课堂提供了契机。个别化教学计划的实施为教师了解每个儿童的教育需要提供了工具和基础,为发展满足所有儿童需要的全纳性教育铺平了道路。

我们说真正的个别化教学计划的制订是一个有效的教育教学管理工具,通过它能有力地反映出教师的教育教学质量,能够明晰地觉察到教师工作的认真程度、真实程度。

个别化教学计划是从学生的个别差异出发,以满足学生课内、课外的特殊教育需要为特征,同时以国家规定的相应的教学内容为主线,单一或综合内容的教育教学计划或措施。

从学生差异出发意味着我们制定的教育教学目标应该有差异性,随班就读学生的教学目标与普通孩子是有差异的,同样我们的教育教学措施、方法、手段也是应该有差异的,我们的评价也是应该有差异的。

学生课内、课外的特殊需要是多层次、多方位的,他有获取知识技能的需要,有情感方面的需要,有交往沟通的需要,有提高适应能力的需要,最终他有回归主流社会的需要,因此,我们的教学目标还应该具有全面性,既要包括知识技能、过程与方法,还要包括情感、态度、价值观的培养,应该让学生在原有基础上得到全面发展,有助于提高他们的生存能力和社会适应能力。

三、随班就读的教学策略与方法

(一)课堂教学组织形式

我们提倡的随班就读课堂教学应该是以集体教学为主、小组学习、个别教学为辅的教学形式。多种教学形式在随班就读课堂教学中的运用模式是:班级授课,以学习基础知识为主;小组学习,以加深知识的理解和拓宽学习的范围;个别辅导,在完成集体教学的同时,教师可以在小组讨论、学生做作业时对听障儿童进行个别辅导。在随班就读课堂教学中我们既要照顾全体学生的发展,又要兼顾几个听障儿童的发展,这对我们教师来说要求非常高,怎样在课堂教学中合理有效地安排好时间,让全体同学都得到充分的发展,这是我们今后要致力于研究的课题。

(二)课堂教学策略方法

普通教育中的一些教学策略方法,有的也可以适用于随班就读学生,但由于随班就读学生的特殊性,在此重点介绍以下几种教学策略方法。

1. 策略

（1）提供先行组织者：在正式学习某项内容之前，先提供一些教学材料以增强新知识和学生已有知识间的联系。先行组织者可以以口语或书面语的形式呈现，关键使学生积极回忆已有的相关知识。

（2）以视觉的方式提供信息：信息的视觉呈现方式可以包括图表、模型、影像或数字材料等。以视觉的方式形象地概括在教学过程中出现的各种信息，帮助学生组织信息、掌握主要的知识点，有利于学生在已有知识与新知识间建立有意义的联系。

（3）提供学习指南：学习指南是指提供给学生的课堂教学所要掌握的主要内容的清单。目的是促使学生在学习过程中密切关注、积极思考核心信息。

（4）提供记忆帮助：教师单独提供或与学生共同整理所学的重要内容，以关键词、图片或其他的符号形式进行呈现，从而帮助学生识记、保持和回忆所学的知识。

2. 方法

（1）直观教学法：听力障碍儿童由于空间认识能力差，感知事物往往以直观形象为主。因此要尽量采用直观教学手段，利用多媒体手段，将比较抽象的知识以声音、图像的方式展现出来，化解一些随班就读学生难以理解的知识内容。也要利用好教具、学具，教学时尽可能地让听障学生观察、操作，从而减少其学习难度。

（2）心理暗示法：随班就读学生在平时的学习生活中更多的是失败的经验，久而久之，导致其缺乏自信，对学习没有兴趣，因此教师在课堂教学中要多鼓励、多表扬。

（3）任务分析法：它是把一种特定的、复杂的学习行为或技能分解为一个个简单的步骤，然后按照一定的顺序进行教学的方法。儿童的学习是一个累积性行为，对于随班就读学生来说，我们只有把复杂的目标行为分解为一个个简单的工序，才能使他们循序渐进地达到目标。如，你要儿童背诵课文中一段优美的语句，那你就要把目标分解成以下几个步骤：①读出这短话中的生字词语；②熟读这段话中的每个句子；③熟读这段话；④背出这段话。

（4）多重感觉教学法：也叫视—听—动—触教学法，它是一种充分调动和利用学生的各种感官，使学生通过多种渠道和途径，从多方面感受教材，接受信息，以获得最佳教学效果的方法。如，在词汇教学中，教师将生字写在黑板上，重点笔画用彩色粉笔描记（视觉刺激），教师进行领读，学生跟读（听觉刺激），学生正确发音后，要求抄写、组词造句（动觉和触觉刺激）。

（三）课外辅导

课外辅导也是实施个别化教学计划的重要途径与策略，由于听力损失限制了听障儿童感知觉活动的深度和广度，因此，有效的课外辅导不仅巩固了课上所学知识，同时使随班就读儿童的一些心理品质、交往沟通能力、生活生存技能也得到培养发展。

（四）家庭辅导

家长是执行随班就读儿童个别化教学计划的主体之一，这是由于：首先，家长与听障儿童相处的时间最长，接触的机会更多，因此要充分利用这样的时间和机会进行个别化训练；其次，家长是最了解、最熟悉孩子的人，因此，家长能提供更多的、更具体的有关孩子的详尽资料，能帮助我们一起探讨孩子如何能接受最有效的教育；再次，家长是教师的合作者，回家后家长对听障儿童在校所学习的内容进行巩固和复习，同时可将孩子在家中的情况反馈给教师，这样的"家校合作"、"家园合作"可以使个别化训练取得事半功倍的效果。

第五节　早期家庭和社区训练与指导

一、开展家庭康复训练的重要性

首先，家庭对每个人而言都是非常重要的，同样，它对听力障碍儿童听力语言康复训练的成败起到至关重要的作用。这是因为家庭是听障儿童生存和发展的第一环境,家庭对他们而言是最安全、最熟悉的环境,在这样的环境里听障儿童感受到的是轻松、自由与受保护;此外,家中的人、事、物不仅是听障儿童最熟悉的,同时也是生活中最普遍、最常见的,这些内容就是最适合进行康复训练的内容。

第二,听障儿童在听力语言康复训练中心接受训练的时间是有限的,其语言发展关键期中的绝大部分时间是在家中度过的,如不进行家庭康复训练,听障儿童在家中的这些时间就被白白地浪费了。语言发展的关键期与漫漫的人生长河相比是非常短暂的,若想取得良好的康复效果就必须进行家庭康复训练。

第三,听障儿童从成为社会上独立的人开始,最先接触的就是家长。孩子刚一出生就能听到声音,如果是听力正常的孩子,只要给他声音刺激,他就会做出反应。因此,只要家长了解一定的小儿生长、发育的知识,掌握一些简易的听力测试方法,大部分小儿听力障碍是可以在家庭中被早期发现的。事实证明,绝大多数的婴幼儿听力障碍都是由家长发现的,这就为早期配戴助听设备和早期进行康复训练提供了一个最基础的前提。家长都希望自己的孩子能像正常孩子一样活泼可爱,因此,他们对孩子能够回归主流社会的心情也是最迫切的,对待孩子的康复也是最有耐心的。

第四,要改变家长对听障儿童康复训练一些错误的观点和看法。有些家长认为只要给孩子配戴了助听设备,并送到康复机构进行语言训练就完成了任务,他们把所有的希望都寄托在康复机构和康复教师的身上,而忽视了自己也应付出的那份艰辛和努力。因此,在对听障儿童进行康复训练的同时,要告诉家长,他们才是孩子最好的康复教师。

二、开展家庭康复训练的方法

多数家长在发现孩子有听力障碍的时候,内心都是一片慌乱和茫然,即便知道对听障儿童实施康复教育是最有效的、最可行的、唯一的方法,但却不知从何处着手。因此,要教给家长一些必要的、可行的、有效的康复方法和正音手段。

首先,要教会家长做舌操、呼吸训练和声气结合的训练。这是为了让家长带领孩子更好地、不间断地灵活他们的发音和构音器官,使声和气能够更好地结合,减少在听障儿童语言形成的过程中出现难以纠正的错误。在康复训练中最基本的方法就是模仿法,模仿法就是让听障儿童简单地模仿发音。触摸法也是比较有效的一个语训方法,当家长在教听障儿童发音的时候,让听障儿童分别将手放在发音者的喉部、胸部或是腹部,让听障儿童感受在发音时各部位的震动和变化。

其次,家长要利用一切可以利用的场景进行语言康复训练。比如在吃饭时,家长可以让听障儿童做一些饭前准备工作,而多数孩子都是愿意帮大人做这类事的,家长就可以抓住这个机会教他说话,例如:"宝宝,把碗放到桌子上"、"这是米饭"、"给妈妈一个馒头"等。再如,当听障儿童准备睡觉的时候,家长可以反复地使用一些让孩子学会的表达方式和生词。当孩子脱衣服的时候,可以对孩子讲:"把衣服脱下来"、"把袜子脱下来"、"把枕头拿过来"等。还可以利用这个机会给孩子灌输一些孩子感兴趣的语言,比如:"宝贝真乖"、"真是妈妈的好儿子"等。睡觉前这段时间是最安静的,正是父母和孩子分享美好感情的最好时机,这样,可以使家长和孩子之间的感情更加亲密。

除了前面列举的两个情境外,家庭中还有很多情境可以进行语言康复训练,如散步时、做游戏时、洗衣服时,刷牙、洗脸时等。家长与孩子相处的时间最长、关系也最密切,因此,家长可以利用一切可能的时间、场景和方式,不失时机地对孩子实施康复训练。

案例评析

活动类型:延伸性

活动名称:交通工具

活动目标:1. 认识飞机、汽车、轮船在运行时发出的声音。

2. 认知飞机、汽车、轮船的运行空间。

活动方式:游戏、直接讲授、谈话分享、再现模仿。

活动准备:1. 环境准备:教室、桌椅。

　　　　　2. 材料准备:卡片。

　　　　　3. 实物玩具:飞机、汽车、轮船模型

　　　　　4. 手段准备:多媒体教学。

　　　　　5. 教学分工:教师引导。

活动重点:认识交通工具运行时发出的声音。

活动难点:认知飞机、汽车、轮船的运行空间。

活动过程:步骤和方法。

(一)开始部分

1. 导入　小朋友们,老师要问一下,你们是怎么来学校的? 是走路? 还是坐车? 有的小朋友是走路来的,有的小朋友是坐车来的。今天我们就来认识一下交通工具。

2. 复习发音　小朋友看一看,这是什么呀?(飞机),对了,这是飞机;那这是什么呀?(汽车),对了,这是汽车;那这是什么呀?(轮船),对了,这是轮船。

(二)进行部分

1. 展示课件　好了,小朋友们,接下来我们就去听一听,飞机、汽车和轮船在运行时分别会发出什么样的声音? 这是什么发出的声音呀?(飞机)好,那我们仔细听一听,飞机运行时会发出怎样的声音:嗡嗡嗡……,好,我们一起来模仿一下好不好?(好)嗡……。教师示范,引导学生模仿交通工具发出的声音。这又是什么发出的声音呀?(汽车)那我们一起去听一听,汽车运行时会发出什么样的声音:滴滴滴……,我们一起来模仿一下,滴……。最后看看这是什么?(轮船)好,我们听一听轮船运行时会发出什么样的声音:隆隆隆……,我们一起来模仿一下,隆……。

2. 继续展示课件　好了,小朋友们,现在我们已经认识了这些交通工具在运行时发出的声音,接下来我们就要去看一看,飞机、汽车和轮船它们是怎样运行,又是在哪里运行的呢? 引导学生熟悉背景图片。这是哪里?(天);这是哪?(地);这是哪?(海)。现在小朋友们要仔细看了,然后告诉老师你们都看到了什么?(飞机天上飞;汽车地上跑;轮船水上行)。

3. 现在我们一起做　飞机天上飞;汽车地上跑;轮船水上行(一起做动作)。

4. 在黑板上画上背景图,指示学生听指令完成动作(听声音将图片放到相应的位置)。

(三)结束部分

1. 总结。

2. 拓展延伸。

效果反馈:孩子能够理解、掌握教师所提出的问题,并做出回应。

活动建议:1. 延伸活动建议　通过认识交通工具,引导幼儿了解并遵守交通规则。

　　　　　2. 家庭作业建议　当家长带领孩子走在街道上的时候,利用情境,告诉孩子走在街道上的时候都应遵守的交通规则,学会独自过马路。

实践活动

项目一　观摩听力语言康复机构的教育教学活动

目标　1. 进一步明确听力语言教学活动的意义、目的及所要遵循的原则。

　　　2. 进一步掌握听力语言训练的内容、方法及教学活动的设计。

　　　3. 能够对活动方法、活动准备、活动过程和活动效果进行初步评析。

内容与要求　通过去教育机构观摩听力语言康复教学活动,观察记录活动的全过程,重点观摩活动过程中导课、结课、活动的组织形式、活动过程的实施和各环节之间的过渡,学习教师对教学方法的运用。结合本单元所学知识,谈谈如果你是那位教师,你将采用何种方式设计并组织教学活动。

项目二　根据见习班级,选择一个听力语言训练的内容,制订相应的教学方案

目标　1. 掌握听力语言训练的内容及方法。

　　　2. 制订听力语言训练教学方案。

内容与要求　在掌握语言训练的目的、意义、内容、原则的基础之上,根据听障儿童的基本特征,制订语言训练的教育方案。

项目三　选择一名聋儿,观察记录其典型的发音错误,制订相应的矫正计划

目标　1. 掌握听觉障碍儿童发音训练错误发音的矫正方法。

　　　2. 根据聋儿的错误发音,制订发音矫正计划。

内容与要求　在掌握听力训练的目的、意义、内容、原则的基础之上,根据听障儿童的错误发音,制订发音矫正方案。

拓展练习

目标　1. 进一步明确听力语言训练的目的、意义、原则。

　　　2. 掌握听力语言训练的内容、方法。

　　　3. 能够制订听力语言训练方案,组织和实施集体教学和个别教学中言语和语言训练。

内容与要求　学生以组为单位,深入特殊教育机构的各个班级,观摩听力语言训练的集体教学和个别教学活动,内容如下。

1. 通过观摩集体教学或个别教学活动,记录教学过程,了解聋儿情况。

2. 根据本人所在班级的聋儿状况,制订集体教学或个别教学活动方案。

要求学生在观摩过程中,根据观察、记录的内容,结合自身情况制订合理的教学活动方案。

智力障碍儿童的早期训练与指导

通过本单元的学习,将帮助你:

1. 理解智力障碍的含义,明确智力障碍儿童早期训练与指导的意义与作用。
2. 掌握智力障碍的分类及评估的相关内容。
3. 了解智力障碍儿童的心理和行为特征。
4. 掌握智力障碍儿童早期训练与教育的内容及方法。

　　实践证明,对智力障碍儿童应实行科学的、有效的、系统的、有针对性的"三早"康复教育,即早发现、早诊断、早康复。早期训练能够有效地促进其语言的发展,提高其生活自理能力、社会交往能力等。越早对其进行教育、干预和训练,效果就越好,并可使原已损伤的大脑结构和功能产生代偿性的改变。因此,了解并掌握智力障碍儿童身心发展特点、早期训练和指导的基本方法与途径,实施早期训练与指导,将会充分挖掘他们的潜能,提高其生活自理能力、社会交往能力,并为其独立生活、回归主流社会创造条件。

　　本单元将从智力障碍的概述、智力障碍儿童早期训练与指导技能技法、智力障碍儿童的随班就读及家庭与社区康复等方面进行阐述。

第一节　智力障碍基础知识

一、智力障碍的概念

　　由于不同学科领域对"智力障碍"研究的侧重点不同,因此对其概念的界定也是多种多样的,如智力落后、智力低下、智力缺陷、低能、弱智等,在我国较常使用的词有智力落后、智力残疾、弱智等,无论用哪个词来阐述,其目的都是为了表述事物的内涵,是否得到多数人的认同,从而起到交流意见的作用。

　　随着社会的进步、科学技术的发展,不同学科及领域对智力障碍概念的理解与界定已经取得进一步的共识,但仍没有统一的定义。

(一) 美国"智力落后协会"的定义

　　美国智力落后协会自 1921 年第 1 次提出弱智的诊断和分类系统后,先后进行了 9 次修订。在 1959 年之前,以 IQ 分数为标准,即 IQ 低于 70 为弱智。1959 年(第 5 版)的智力障碍定义,除智商外,增加了适应行为,要求必须同时具有低 IQ 和适应行为障碍才能被诊断为智力障碍。自此,对智力障碍的判断均以智力发展的明显落后以及社会适应行为障碍作为两个重要的标准。

　　以下为美国智力落后协会 1983 年、1992 年和 2002 年对智力障碍所作的定义。

1. 美国智力落后协会 1983 年(第 8 版)的定义　智力障碍是指一般的智力功能明显低于平均水平,同时存在适应行为方面的障碍,并发生在发育时期。

2. 美国智力落后协会 1992 年(第 9 版)的定义　智力障碍是指个体现有的功能存在真实的局限,其特点是智力功能明显低于平均水平,同时伴有下列各项适当的适应技能中的两种或两种以上的局限:交往、自我照顾、居家生活、生活技能、社区运用、自我管理、卫生安全、实用的学科技能、休闲生活和工作。智力障碍发生在 18 岁以前。

3. 美国智力落后协会 2002 年(第 10 版)的定义　智力障碍是一种落后,其特征是在智力功能以及适应行为两个方面有显著限制,表现在概念、社会和实践性适应技能方面的落后。障碍发生在 18 岁以前。

(二) 我国 2006 年残疾人调查的定义

智力障碍是指智力显著低于一般人水平,并伴有适应性行为的障碍。此类残疾是由于神经系统结构、功能障碍,使个体活动和参与受到限制,需要环境提供全面、广泛、有限和间歇的支持。

智力障碍包括:在智力发育期间(18 岁之前),由于各种有害因素导致的精神发育不全或智力迟滞;或者智力发育成熟以后,由于各种有害因素导致的智力损害或智力明显衰退。

二、智力障碍的分类

智力障碍儿童的分类方式通常有医学、教育学和心理学 3 种。不同的分类方法均能对家长正确认识、教育孩子有帮助。医学上将导致智力障碍的病因分为产前因素、围产期因素和产后因素;教育学将智力障碍分为临界、可教育、可训练和养护 4 类。2006 年 4 月,我国第 2 次全国残疾人抽样调查领导小组在参照世界卫生组织和美国智力障碍协会标准的基础上制定了智力障碍的分级标准,见表 3-1。

表 3-1　智力障碍分级标准

智力障碍级别	分级标准			
	发展商(DQ)0~6 岁	智商(IQ)7 岁以上	适应性行为(AB)	WHO-DAS 分值
一级	≤25	<20	极重度	≥116
二级	26~39	20~34	重度	106~115
三级	40~54	35~49	中度	96~105
四级	55~75	50~69	轻度	52~95

注:WHO-DAS 是世界卫生组织《残疾评定量表》(Disability Assessment Schedule, DAS)的简称,它用来评定残疾人的功能情况。

目前国际上对智力障碍采取了一种新的、根据支持程度进行的分类,将智力障碍分为需要间歇性支持、有限支持、广泛支持和全面支持 4 类。新的分类方法为智力障碍儿童的康复提供了新思路,可以通过建立支持系统为智力障碍儿童的康复带来新的途径和方式,能够有效地改善康复训练和康复服务的效果,最终目的在于提高他们的生活质量。

三、智力障碍的原因及预防

(一) 原因

导致智力落后的原因很多,目前确定的就达 750 种以上。美国智力落后协会将智力障碍相关致病因素分为 3 类,即产前因素、围产期因素和产后因素。而导致这些智力障碍的病因又可以被划分为两大类,即生物医学因素与社会环境因素,两者并非独立存在,而是相互关联、相互影响的。

在某一项针对 13 项流行病学研究报道指出:在轻度智力障碍者当中,约有 30% 的患者找不出其致病的原因。即便如此,我们仍要积极地探索和研究导致智力障碍的原因,因为这是预防智力障碍发生和对智力障碍儿童实施早期训练与指导重要基础。

1. 生物医学因素　在众多重度和极重度智力障碍患者中,大约半数以上被认为是由某些特定的生物医学因素导致的,如染色体畸变、先天性代谢异常、大脑发育不良、单基因异常、母亲怀孕期间患病等,由这些生物学因素所导致的病症并不能说是导致智力障碍的绝对原因,但这些病症患有可能导致智力功能的缺陷以及适应性能力的缺陷,从而造成智力障碍。任何危险因素,比如出生时体重过低或唐氏综合征(21-三体综合征),只有在导致功能以及适应性能力的障碍并且达到诊断智力障碍的标准时,才算是其导致了智力落后(表3-2)。

表3-2 一些与智力落后有关的产前因素

综合征	定义/成因	备注/特征
唐氏综合征(21-三体综合征, Down syndrome)	由染色体异常所致;在常染色体三体型中,最常见的是21-三体型,它是由于第21号染色体增加了一条,即由1对变为3条所致。通常本综合征造成大多数患者中度智力落后,也有一部分患者属于轻度或重度智力落后。约每1000个活产儿中1例本综合征;当母龄达到45岁时,子女患有唐氏综合征的危险率有可能增加到约1:30	在与智力落后有关的生物医学因素中,本综合征是人们最熟悉的,也是目前研究比较深入的;占智力落后总数的5%~6%。躯体症状与特殊面容表现为:身材矮小;面部平而圆,耳朵、鼻子小;眼角向上斜吊;嘴小且牙槽骨缺失,由于舌常外伸而可能导致发音障碍;肌张力低下(肌肉松弛);常伴有心脏病;容易感染听力以及呼吸系统的疾病。年长者患阿尔兹海默病的危险系数高
胎儿酒精中毒综合征(Fetal alcohol syndrome, FAS。又称胎儿乙醇中毒综合征)	母亲在怀孕期间嗜酒过度会对胎儿产生毒性作用,从而造成胎儿身体的缺陷以及发育迟滞。该综合征的诊断标准为:儿童具有两处或两处以上的颅面部缺陷,并且身高及体重的发育水平也位于所有儿童的第十区间内,即发育水平要落后于90%的儿童。另外,那些满足FSA诊断标准中的一部分但并未表现出全部症状的、那些在出生前有过酒精接触史的儿童则被诊断为胎儿酒精效应(fetal alcohol effect, FAE)。所表现的问题通常有多动症以及学习困难	FAS是导致智力落后的重要因素之一,他的出现率甚至比唐氏综合征以及脑瘫还要高。除了认知缺陷以外,一些孩子还会出现睡眠不安稳、运动系统功能失调、应急性过度、具有攻击性以及一系列行为问题。虽然FAS在妇女怀孕的前3个月对胎儿的影响最大。但是孕妇应在孕期的任何时候都避免饮酒
脆性X染色体综合征(Fragile X syndrome)	一种出现在X染色体上的具有连锁性以及重复性的突变,这种突变阻碍了脑神经发育所必需的FMR-Ⅰ蛋白的生成。大多数男性患者在儿童时期表现为中度智力落后,而到了成年期则呈现出中度到重度的缺陷。女性患者有可能将携带的X脆性染色体遗传给下一代,但是相对于男性来讲,女性受到此疾病影响的概率较小	约每4000个男性有1例本综合征;在造成智力落后临床类型中数量仅次于唐氏综合征。特征主要有社会性焦虑及回避(回避眼神交流、触觉防御、面对面交流是将身体转向另一边、行为刻板化、打招呼仪式化)、单调的语言中通常包括词汇及语句的不断重复
先天性睾丸发育不全综合征(Klinefelter syndrome, 又称克兰费尔综合征)(染色体为XXY)	本病患者是多了一条X染色体的男性。表现为无生育能力,男性性器官发育不良,并且通常伴有女性的第二性征;有时认知水平呈中度智力落后	XXY男性通常在社会技能、听觉、语言等方面存在问题,有时在认知能力方面呈中度智力落后;但更多的则表现为学习方面的障碍
苯丙酮尿症(Phenylketonuria, PKU)	一种先天性遗传疾病,患者的体内缺少一种重要的酶,无法正常代谢大多数食物中都含有的氨基酸,即苯丙氨酸;这种氨基酸的异常代谢产物会损害大脑从而造成攻击性行为、多动症以及重度的智力落后	经过广泛的筛查,在美国,由PKU所导致的智力落后实质上已经消失了。医生可以通过分析新生儿血浆中苯丙氨酸的含量来诊断PKU的儿童在及早地接受了低苯丙氨酸的饮食控制之后,智力发育基本都能够达到正常水平
帕德维利综合征(Prader-Willi syndrome, 俗称小胖威力)	该综合征是由第15号染色体部分缺失所导致。起初,婴儿会表现出肌张力低下(肌肉松弛)以及喂养困难。在接下来的儿童时期则会发展为无法满足的食欲;患儿体重剧增而造成危及生命的过度肥胖。此病症在新生儿中的出现率为1/2 500~1/10 000	该综合征可能会造成以下一些问题:轻度智力落后以及学习障碍;易冲动、攻击性、脾气暴躁、强迫症等一些普遍的行为问题;某些形式的自残行为,如用尖锐物割皮肤;运动技能发展迟缓、身体矮小、小手足以及性器官发育不良

综合征	定义/成因	备注/特征
威廉姆斯综合征(Williams syndrome，又称高钙血综合征)	该综合征是由 7 号染色体某些物质的缺失所导致；认知能力的水平从正常到轻、中度的智力落后不等	患者呈现出小妖精般的典型面容；身体和行为方式的表达都散发出无比的活力与快乐；被描述为"过分的友善"，对陌生人缺乏防范；各种技能的水平通常都不均衡，具有词汇和讲故事的天赋，但视觉—空间方面的技能比较薄弱；通常都表现为多动，很难对某项事物进行长时间的关注，并且对挫折或戏弄缺乏容忍

资料来源:William L. Heward 著.肖非等译.特殊需要儿童教育导论.北京:中国轻工出版,2007,134.

2. 环境因素　在众多的轻度智力障碍患者中，绝大部分并没有明显的器质性病变。经专家研究表明，这些患者的智力损伤可能是由社会和文化环境在他们的成长过程中造成了负面的影响。发展性智力落后也同社会心理处境不利一样，被用来描述那些主要是由环境因素所引起的智力落后，如长期遭受虐待和忽视、受到强烈的刺激、在缺乏语言的环境中长大、剥夺感知觉刺激或限制其感知觉活动等，这些都是环境因素影响的表现。尽管目前并没有直接证据表明社会环境剥夺会造成智力障碍，但是，普遍观点仍然认为社会剥削是造成轻度智力落后的主要原因。

(二) 智力障碍的预防

随着社会的进步，医疗水平的提高，智力障碍的预防工作也得到了空前的提高。母体在妊娠期间，通过筛查与诊断测验，可以检测出胎儿是否患有遗传性疾病。对于高危孕妇，医生通常会对其进行常规检查，为她们提供非侵害性的筛查，诸如超声波检查以及母体血清中胎甲球蛋白检测等，以鉴别唐氏综合征、脊柱裂等一些疾病的高危孕妇。

侵害性的诊断测验可以用来对各种病症的存在进行确诊，如羊膜穿刺术以及羊膜绒毛取样法等。羊膜穿刺术需要从胎儿周围的羊膜囊取出一定的羊水样品，通常在妊娠的第 14～17 周之间进行。将胎儿的细胞从羊水中取出，放入细胞培养基中培养 2 周左右。2 周之后，这些细胞便会接受染色体以及酶等情况的检查分析，从而诊断出胎儿是否存在异常。通过羊膜穿刺术能够在胎儿出生之前就检查出约 80 种特定的先天性疾病，而这些疾病大多与智力落后有关，如唐氏综合征等。

有一种产期诊断测验也许能够最终代替羊膜穿刺术，那就是绒毛取样法。只要少量的绒毛膜组织(即胎儿发育成胎盘的组成部分)进行检测就可以了。与羊膜穿刺术相比，绒毛取样法最显著的优势在于它能够更早地检测出胎儿的异常(在妊娠第 8～10 周内)。因为在绒毛膜内胎儿的细胞数量相对较大，足以立即对其进行分析而不需要 2～3 周的时间等待他们生长。尽管绒毛取样法已经越来越多地被运用到产前检查中来，但是在每 1 000 个接受该检查的孕妇中却会有 10 个出现流产(相比之下，羊膜穿刺术的流产比率为 2.5‰)。因此，绒毛取样法至今仍处于实验阶段。

除上述的筛查和诊断测验能够有效地预防智力障碍外，母体在妊娠期间，不滥用药物、远离环境中的污染物质及辐射等，都可在一定程度上预防胎儿智力障碍的发生。美国智力落后总统委员会于 1976 年指出：随着医学的进步，那些由于已知的生物学因素所导致的智力落后已经明显减少，但是要将由生物医学因素导致的智力落后的出现率减少 50%，确实还有很长的路要走。

据调查研究显示，智力障碍儿童中，绝大多数属轻度智力障碍范畴，因此对导致轻度智力障碍病因的研究是从业人员工作的重要内容之一。至今为止，对于他们发展性迟滞的病因，还没有一个明确的结论。通常认为，这些孩子的智力障碍主要是因为其年幼时没有一个良好的生存、发展环境所致，也有可能是由于贫穷、疾病、不良饮食以及其他许多家长无法控制的因素所造成的。通过由苯丙酮尿症导致的智力障碍儿童数量的减少就可以评价其预防措施的水平，但是要想评价那些针对社会心理因素造成的智力障碍的预防措施却要难得多。尽管如此，这些方案的初步成果还是非常令人鼓舞的，一些有效的早期训练与指导的典型案例也已经被人们确定并认可。

(三) 智力障碍的发生率

智力障碍的发生率一直在一个变化的过程中前进,至今仍没有一个得到各界人士普遍认可的数据,造成这个结果的原因是多方面的,如,没有统一的智力障碍的定义、轻度智力障碍儿童不容易被轻易发现、评估与鉴定的方法不统一等。据美国教育部统计,2003 年,3～5 岁年龄段智力障碍儿童的出现率为 0.19%;6～17 岁年龄段智力障碍儿童的出现率为 1.04%,其中出现率最低的为新泽西州 0.37%,出现率最高的为西弗吉尼亚州 3.07%。世界卫生组织估计,智力障碍的出现率为 1%～3%,全世界约有 1.93 亿智力障碍人士。

根据 2006 年第 2 次全国残疾人抽样调查数据推算,到 2006 年 4 月 1 日,我国总人口数为 130 948 万人,全国各类残疾人的综述为 8 296 万人,智力障碍总人数为 554 万人,智力障碍占残疾人的比例为 6.68%,占总人口的 0.24%。

四、智力障碍儿童的心理和行为特征

智力障碍儿童的社会适应、认知水平、语言发展、社会交往等方面的能力较正常儿童而言有较大差距,即便接受过康复训练的儿童,在各方面能力水平都有所提高,甚至能够很好地、独立地生活,但是,他们中的大多数还是会终身受到智力障碍的限制和影响。

(一) 智力障碍儿童的心理特征

智力障碍儿童在认知功能方面的缺陷以及在学习策略方面的特征主要包括以下几个方面:记忆力有限、学习速度缓慢、注意力存在问题、知识的迁移存在困难以及缺乏必要的动机。感知速度减慢,接受视觉通路的刺激比听觉刺激容易些。

1. 感知觉 智力损伤限制了智力障碍儿童感知觉活动的深度和广度。虽然智力障碍儿童不存在感觉器官的损伤,但由于大脑神经中枢的原因,使得他们的大脑神经通常有一种惰性,心理上缺乏需要、追求和期待,因而感知觉的主动选择功能较差,不会积极主动地去观察周围世界,往往会被事物的外部特征所吸引,而忘记了自己认知的主要任务。他们的知觉速度缓慢,知觉范围狭窄,感知信息容量小。他们感知事物时区分能力差,通常很难将感知的对象从背景中区分出来,把相似的对象区分出来。

2. 注意力 智力障碍儿童的注意力容易分散,注意范围非常狭窄,注意分配困难,如:上课时,他们很难听、说、读、写同时进行,甚至更容易将注意力放在外界的无关刺激上。另外,智力障碍儿童通常也很难将注意力持续维持在某一特定的学习任务上。他们的注意转移不灵活,注意稳定性差,上课走神之后很难收回来。这些注意力的问题共同存在,一并给智力障碍儿童对新知识以及新技能的习得、记忆和归纳增加难度。

3. 记忆力 智力障碍儿童在记忆力方面存在记忆过程缓慢、记忆容量小、记忆持续时间短等方面的特点。他们在记忆某一知识或事物时,需经无数次重复方能形成记忆,若不重复学习,将会很快忘掉。正如我们所设想的那样,个体的认知功能受到损伤的程度越高,记忆力的缺乏也就越严重,特别是他们的短时记忆。有关研究已经证明,智力障碍儿童在通过短时记忆保存信息时存在困难。相关报道指出:智力障碍儿童在自动回忆信息时需要比正常的同龄人花费更多的时间,因此在一次性掌握大量的认知信息时就会存在更多的困难。早期的一些研究认为,如果智力障碍儿童对某一信息的掌握能够充分到将其转化为长时记忆,也就是几天或几周之后仍然能够将其回忆起来的时候,那么,他们保留该信息的时间将会和其他没有智力障碍的人一样长。

4. 语言 智力障碍儿童的语言发展水平要明显滞后于同龄正常儿童的水平。他们的语言发展速度相对缓慢,大部分儿童 3 岁以后才能开始说话,随着年龄的增长和不断地学习,他们的语言水平会有所提高,但仍存在词汇贫乏、对词义掌握不好、语法结构不规范的现象。多数智障儿童的词汇仅限于一些常用的动词、名词,句子则局限于常用日常会话。有的十几岁的孩子甚至不能说出一个完整的句子。此外,一些儿童还伴发音、构音方面的障碍。

5. 思维 智力障碍儿童的思维过程缓慢、不灵活、概括能力差,他们既不善于通过思维的间接性去把握事物的本质属性,也不善于把事物的本质属性从具体的个别事物中抽取出来。他们对概念理解困难,使用紊乱。由此导致一系列的问题,如学习新知识和新技能的速度要远远低于正常儿童,当一个正常儿童需要 1～2 次的尝试来完成某项任务时,智力障碍儿童也许需要 10～20 次,有时甚至需要比这数量更多的重复才能完成相同的任务。

(二) 智力障碍儿童的行为特征

通过智力障碍的定义我们了解到：智力障碍儿童在适应性行为方面存在实质性缺陷,而这些限制有可能以各种不同的形式出现在行为功能的各个领域。自理能力方面的限制、社会交往方面的限制以及过激行为等,都是智力障碍的普遍特征。

1. 生活自理能力　智力障碍儿童早期训练与指导所要解决的最基本问题就是其生活自理能力差的问题。绝大多数智力障碍儿童在吃饭、穿衣、大小便等基本的生活方面都需要经过特别的训练与指导才能够达到自理的程度。这些生活自理能力方面的早期训练与指导,能够改善智力障碍儿童在适应性行为方面的缺陷,以至不会严重地限制他们生活的质量。大多数轻度或处于边缘状态的智力障碍的儿童都能够学会如何处理自己的基本需要,但是,他们通常只有在受到自我管理能力的专门训练之后,才有可能最终达到独立生活的水平。

2. 社会性发展　智力障碍儿童普遍存在社会性发展水平低、社会交往能力差的特点,这是由认知处理能力低、语言发展水平差、存在不正常或不适宜的行为等方面原因造成的。在社会交往中,他们有自我中心的倾向,缺乏自知与自制能力,而且缺乏必要的人际交往能力和技巧。

3. 意志和情感　智力障碍儿童存在意志力薄弱、高级情感发展迟缓的特点。在一些困难面前,如饥饿、疲劳、炎热、寒冷、辛苦等,他们往往会表现出惧怕、退缩,缺乏坚持到底、克服困难的毅力。智力障碍儿童的高级情感,如义务感、责任感、集体荣誉感等,产生晚、发展迟,其情感极易受外界情境所影响,易变化、多冲动。在情感调节与控制方面,主要受机体需要支配,难以用社会道德标准来约定。

4. 过激和挑衅行为　智力障碍儿童表现出行为问题的比例要远远高于正常儿童。在对智力障碍儿童进行研究时,经常会发现他们难以接受批评、自我控制能力有限,并且还有攻击性及自伤行为等不良行为。一些与智力障碍并存的遗传性疾病往往也伴随有异常行为的表现(例如,患有 Prader-Willi 综合征的孩子通常都会伴随有自伤或强迫行为的问题)。一般来说,智力障碍的程度越严重,问题行为发生的可能性也越大。

(三) 优秀特质

在对智力障碍儿童的心智功能以及适应性行为描述时,焦点主要集中在他们所存在的限制及缺陷上。人们通常把他们想象成一个统一的群体,而这个群体是以优秀品质的缺失为其最主要特征的。实际上,智力障碍者身上都存在着各自独特的品质及特征,所谓智力障碍的群体也是由这些迥异的人所组成的庞大而又多样的群体。许多智力障碍的儿童和成年人都能够在学习上表现得坚韧不拔且好奇心十足,在人际交往方面他们也有可能处理得很好,有些智力障碍者甚至会对他们周围的人起到积极的正面影响。

第二节　早期训练与指导技能技法

智力障碍儿童的早期训练与指导已经成为国内外高度关注的问题。此项工作已成为我国儿童事业发展的重要标志。对智力障碍儿童综合地应用医学、社会和教育等领域的方法进行系统的、科学的早期训练与指导,尽最大可能挖掘其智力潜能、补偿其身心缺陷,使其智力水平、生活自理能力、语言发展、社会交往等方面的能力得到提高,为使他们更好地适应社会生活、自食其力创造条件。

一、早期训练与指导的目的及意义

(一) 早期训练与指导的目的

对智力障碍儿童开展早期训练与指导,其目的在于根据智力障碍儿童的生理、心理特点,开展科学的、系统的、有效的教育训练,使他们在体、智、德、美各方面全面发展,尽一切努力补偿其发展中的缺陷,培养其基本生活自理能力、认知能力、交往能力及社会适应能力,为他们更好地适应社会,进入小学,接受教育创造条件。

(1) 提高其生活自理能力,发展和改善身体运动和感觉功能。通过专业的训练与指导,帮助智力障碍儿童掌握穿衣、吃饭、大小便和简单的劳动技能等,使其能够独立地生活。通过训练和游戏促进神经、肌肉、感觉、运动的功能发育，保持和增大关节活动范围，增加肌力，改善平衡和运动协调性或重新建立适当的运动方式，以完成日常生活活动。

（2）发展其社会性，提高其社会交往能力，改善其不良行为的发生等。社会交往能力是个体立足于社会的必要条件，通过早期的康复训练可以有效地改善其不良行为，提高其社会交往能力。

（3）培养智力障碍儿童良好的心理素质，增强自信心，克服自卑感。

（4）促进其感知觉、认知、语言等方面能力的发展。

（二）早期训练与指导的意义

我国是世界上人口最多的国家，也是残疾人口数量最大的国家，智力障碍儿童则占据了其中很大一部分。那么，如何能让这些智力障碍儿童自食其力，过上有质量的生活呢？实践证明，对这些儿童适时地开展有效的康复训练，是实现这一目标的有效途径，也是必由之路。日本学者木村久一认为，儿童的潜在能力存在一种递减规律。他认为，具有 100 分能力的人，若从 5 岁开始教育，即使是很理想的教育，也只能成为具有80 分能力的人。若从 10 岁开始教育，只能成为具有 60 分能力的人。换言之，教育越晚，潜在能力发挥的比例也就越小。所以，不失时机地进行早期训练与指导，对智力障碍儿童自身及其家庭，乃至整个社会都有着重要的意义。

1. 对智力障碍儿童自身的意义　智力障碍儿童迫切需要通过早期训练与指导，改善功能，提高生活自理能力和社会适应能力，通过系统的、科学的、长期的康复训练与服务，能够有效地降低由于智力障碍给儿童自身带来的各项影响，从而提高其生活自理能力，促进其语言和思维的发展，使其能尽其所能参与社会、自食其力。

2. 对家庭的意义　"康复一人，造福一家。"有智力障碍儿童的家庭都有不同程度的精神与经济负担，这种负担是正常家庭所想象不到的。这些家庭的家长，不但要考虑儿童眼前的困难，而且还更多地考虑其今后面临的困难，考虑如何使孩子今后能独立生活、能够自食其力。如果对其康复达到预期的目的，使他们今后能够独立生活、更进一步地组成自己的家庭，过正常的生活，那么可以说是造福了一家。

3. 对社会的意义　早期训练与指导是智力障碍儿童恢复和补偿功能、提高生存质量、增强参与社会能力的重要途径，也是广大智力障碍儿童的迫切需要。做好智力障碍儿童的早期训练与指导工作有利于减轻社会负担，促进生产力发展，有利于提高人权保障水平，促进社会文明进步，有利于经济、社会协调发展，维护社会稳定，是促进社会公平、提高社会文明程度的具体体现，对于构建社会主义和谐社会具有重要意义，也是社会主义制度优越性的具体体现。

（三）早期训练与指导的一般原则

目前由于国内外尚缺乏特殊有效的药物治疗，因此加强对智力障碍儿童的教育和训练，激发他们所残存的天赋潜能，培养他们适应环境能力和训练他们从事简单劳动的技能，减少他们对父母、社会的依赖，显得十分重要。智力障碍儿童和正常儿童不同，如果应用教育正常儿童的方法来教育他们，往往收效不大，因而我们应当结合智力障碍儿童身心发展的特殊性，采取特殊教育方法。总的来说，智力障碍儿童早期训练与指导所要遵循的原则归纳如下。

1. 全面发展原则　智力障碍儿童教育的目标是把智力障碍儿童培养成为有理想、有道德、有文化、有纪律各方面都得到发展的社会主义劳动者。智力障碍儿童自身的各种障碍妨碍了上述目标和任务的实现。为了顺利地完成训练任务，促进智力障碍儿童的全面发展，必须注意利用教学本身的各种可能性，矫正他们的缺陷，发展他们的潜能。全面发展的教育包括德育、智育、体育、美育和劳动技术教育等，在训练中应充分挖掘和发挥教师及智力障碍儿童的主观能动性，创造优良的康复训练环境，科学、合理地利用训练的仪器和设备等，促进智力障碍儿童身心问题的克服和矫正，使他们得到全面发展。

2. 个别化教育原则　个别化教育即从学生的实际出发，有针对性地进行教育。智力障碍儿童之间个体差异很大，因此在康复训练中要求最大限度地个别化，要求在进行训练之前，教师充分了解和考虑每个学生的具体特点和需要，如身体情况、智力水平、学习类型、个性特性等，制订基本适合学生的教学计划。同时，要为每一个学生制订出一份个别化教学计划。在课程设置、教学内容、教学方法等方面，也应充分考虑每个学生的不同需要。另外，教师应随时了解每个学生在学习过程中出现的困难，分析产生困难的原因，及时进行个别指导和辅助，及时检查教学效果，修订教学计划。

3. 激励性原则　康复训练过程是一个教师和学生双方互动的过程。因此,如何激发智力障碍儿童训练的积极性、强化训练动机,是智力障碍儿童康复训练的一个重要课题。首先要创造一个充满爱与快乐的训练环境,教师要爱护他们、关心他们。其次,要为儿童提供尽可能多的成功机会和体验。在训练内容的选择上,教师应尽可能照顾到每个学生的实际水平,使他们通过努力能够完成训练任务,实现训练目标。在教学活动的设计上,教师应给予学生各种机会,鼓励他们发言、表演、创作。此外,教师要善于发现学生的"闪光点",对他们所取得的进步,哪怕是微小的进步,都应及时给予鼓励和表扬。只有这样,才能增强学生的自信心,调动学生的积极性。

4. 直观性原则　指在教育中利用学生的多种感官和已有的经验,通过各种形式的感知,丰富学生的直接经验和感性知识,使学生获得生动的表象,从而比较全面、深刻地掌握知识,并使认识能力得到较好的发展。直观性原则的运用,需要根据学生的实际情况和具体的教学任务进行。直观教具是直观教学的主要工具和手段。直观教具有实物直观、图像直观和模型直观 3 种。可利用幻灯、电视、电影等来作为直观手段,也可组织学生外出参观,组织他们到大自然或社会中参观。应鼓励和提倡教师自制教具,教师事先进行充分的准备,对教具种类、大小、多少、教具的准确性、教具演示的重点、演示顺序,都要精心设计。直观手段的运用还包括教师的语言直观和示范动作。教师在训练过程中语言要形象、具体、生动、有趣。必要时,教师还可加用手势或身体的动作示范,帮助学生理解和掌握所学的内容。

5. 小步骤训练原则　指把训练的内容分解成细小的步骤,按照预定的目标一步一步有计划地进行训练,最后达到目标的实现。在对训练内容做小步骤程序的分解过程中,首先要注意训练内容的内在联系与规律,一小步一小步地分解与编排,需服从内容本身的系统性,而不是凭主观任意来分解。应由易到难,由浅入深,循序渐进。其次是注意儿童的接受能力。对所设训练的内容分解成多少步,要针对儿童的实际发展水平来确定。对重度智力障碍儿童分解的步骤要更细一些,对轻度智力障碍儿童可以粗一些,步骤可以大些,当然这一点与所学内容的难易也有关。在训练时,要求教师要仔细观察和思考,帮助学生克服难点,想办法使学生易于接受。

6. 巩固性原则　要求在康复训练中使学生牢固地掌握知识技能和技巧,并持久地保持在记忆中,能在实践中随时加以应用。因此,教师在指导智力障碍儿童训练时,对所学的内容要运用各种方法,从各种不同角度充分练习,利用一切机会不断加强巩固。这是教育获得效果的关键。所谓充分练习,就是同样的学习内容,智力障碍儿童需要比正常儿童增加几倍的练习。教师的训练内容要尽可能让学生理解,要给学生留下鲜明的印象,针对智力障碍儿童易遗忘的特点,需要重点突出每堂课学习内容,延长练习时间,坚持每堂练习,加强巩固。

7. 基础性和系统性原则　所谓基础性是指为掌握某方面知识、技能所应该有的起始水平,如儿童进入小学需学习书面语言,但这必须有比较好的口头语言作为发展基础。另外是对进一步的学习内容具有基础的意义,如汉语拼音是掌握书面语的一个基础。所谓系统性是指教育内容要有计划地安排,首尾呼应,循序渐进。智力障碍儿童的教育内容应特别强调基础性和系统性。只有这样,才能使智力障碍儿童的智力缺陷及由智力缺陷造成的行为障碍得到补偿和矫治,才能使他们有比较好的发展。

8. 游戏性原则　是指根据儿童身心发展的特点,设计以游戏为主的康复训练活动,努力创造一个和谐、愉快的训练环境,使教师在"玩"中教,儿童在"玩"中学。游戏是以活动为特点的课程,虽无单列,但它寓于各科教学之中,根据训练内容,组织各种游戏。教师应为学生创造一个愉快的学习环境,教师语言要亲切、婉转、动听,有时可抚摸学生,使他们感到愉快,解除畏惧、胆怯的心理。

9. 补偿性原则　要使智力障碍儿童获得全面发展,还必须对其身心缺陷进行有针对性的补偿和矫正。首先,要求教师对学生的身心缺陷状况和程度有较全面的了解,并在此基础上制订适合每个学生特点的补偿和矫正计划。其次,要求教师学习相关的知识和技能。缺陷的补偿和矫正是一项复杂和细致的工作,要有长期工作的思想准备,防止急躁情绪,只有经过长期的努力,智力障碍儿童的缺陷才能得到较好的补偿和矫正。

让智力障碍儿童与正常儿童尽可能地在同一教室中接受教育,使特殊教育的"支流"重新回归到普通教育的"主流"中去。这对缩小障碍儿童与社会之间的距离、补偿和矫正缺陷、身心健康正常发展和今后参与社会生活都有重要作用。这也是"回归主流社会"这一特殊教育思想和形式的具体体现。

第三节　早期训练与指导的一般方法

对学龄前智力障碍儿童要实施以康复为主导的早期训练。"早期",含有两层意思:从年龄上来讲,是指出生到上学前这段时间,也就是人生的最初阶段;从智力障碍的角度讲,是指可能导致智力障碍疾病发生的初期或智力障碍发生的初期。"训练",包括医疗和保健、营养、训练、教育、康复、社会服务、心理咨询及家长育儿指导等综合性服务。

一、早期训练指导常用方法

智力障碍儿童早期训练与指导是在训练原则指导下,为达到训练目的、实现训练内容所运用的训练方法、手段和提供的支持与服务。它对于实现训练目的和完成训练任务有着重要意义。正确地选择和合理地运用训练方法,就能激发儿童学习的主动性、积极性,使儿童在获得知识的同时,发展智力,培养能力。而训练方法不恰当,则可能导致儿童厌恶康复训练,甚至扼杀其智慧的火花。因此,为了更好地完成训练任务,教师必须重视对其训练方法的选择和研究。

根据教学过程的基本规律,结合智力障碍儿童的身心特点,智力障碍儿童早期训练中常用的方法如下。

(一) 在真实的情境中进行模仿教学

对智力障碍儿童实施早期训练的内容是多方面的,我们应从最基础的做起。在进行训练的过程中,首先要选择真实的情境,如卫生间、超市、客厅、厨房、教室等,这些情境是对智力障碍儿童实施生活技能和社会交往能力训练的最佳场所,家长或教师可以创造更多的机会让儿童在真实情境中使用这些技能。在这些情境中进行训练最常采用的一种方法就是模仿法。模仿法就是在训练过程中,通过让智障儿童模仿教师或家长的语言或动作,促进其生活自理、社会交往等方面能力的发展,从而实现训练的目标。

在真实的情境中进行模仿训练,是智力障碍儿童早期训练的一种常用的、主要的方法。由于智力障碍儿童的理解力差,如果希望能像正常儿童那样在理解的基础上掌握知识,从而使他们的智力得到发展是困难的。智力障碍儿童的认知主要靠模仿和记忆,而真实的情境有利于其更好地理解和掌握训练的内容。

(二) 矫正智力障碍儿童的不良行为

智力障碍儿童由于生理或智力发育不全,存在很多异于常人的心理和行为特征,如情绪不稳定、暴躁易怒、攻击性行为、尖叫吵闹、肢体不协调等,而这些行为特征,严重影响着他们的发展,同时,这也是他们难于融入正常人学习和生活中去的主要原因之一。因此,异常行为的矫正对智力障碍儿童来讲有着非常重要的意义,也是对其实施早期训练的重要内容之一。专家建议,教师应该结合功能性行为评估和积极的行为干预与支持减少或消除这些行为。通过对其不良行为的积极干预,促进其身心的快速发展。

值得注意的是,对智力障碍儿童实施行为矫正,要注意行为矫正过程实施的节奏,所定目标要符合其身心发展的特点,切忌所定目标过高,心理过于急切,要正确面对他们改正不良行为速度缓慢的现实。

(三) 反复训练不断强化

智力障碍儿童的理解能力、记忆的深度广度和牢固性整体较差,对于所学知识或技能比正常儿童更容易遗忘,因此,对他们实施的训练要一遍一遍地不断重复,反复强化,使其逐步、有效地掌握某项行为或技能,最终才能达到促进其能力发展的目的,如训练儿童系扣子,教师通过反复的示范,不断地指导,儿童通过多次的训练,才能使他们掌握系扣子的技能,阶段性训练后,仍要创造机会,设置情境让他们不断练习,最终才能达到掌握技能并熟练运用的目的。

这种反复训练的方法适合智力障碍儿童早期训练的全部内容,如生活技能训练、大小肌肉群的训练、语言训练、认知发展训练、记忆力的训练、注意力的训练等。

(四) 带动智力障碍儿童身边的每一个人对其进行指导

智力障碍儿童的早期康复训练是一个漫长的、持久的过程,因此,要充分利用有效的时间、空间和人对其进行训练和指导,如亲戚、朋友、自己的伙伴、随班就读的同学等。因为智力障碍儿童和普通儿童一样,除了需要教师和家长等成年人的关怀、照顾外,还需要同龄伙伴的帮助,并且有时儿童愿意接受家长和教师以外的人所提出的要求和建议,因为这些要求和建议不带有强制性。

以同伴指导为例,首先,教师应充分了解智障儿童各方面情况,将智力水平、缺陷行为、兴趣爱好等相同或相似的学生组成小组,让他们学习、生活在一起互相帮助;其次,教师根据不同小组的具体情况提出具体、明确的要求,向他们讲明小组要共同实现的目标,让他们感到自己是小组的一员,有责任为了实现目标严格要求自己,同时帮助他人。由于教师要照顾全班学生,没有精力只注意帮助某一个智力障碍儿童,这样采用同伴指导的方法就可以既节省教师精力,更多地指导全班,又可以照顾到每一个接受训练的孩子;再次,教师要经常检查各小组完成目标的情况,督促和帮助他,以防止各小组的活动偏离训练目标。

(五)针对每个智力障碍儿童实施个别化训练

智力障碍儿童个体间存在较大的差异,集体训练不能满足所有孩子的个别需要,因此,个别化训练则显得尤为重要。它在康复训练中兼顾到每个智力障碍儿童的个体差异,提出不同的要求,给予不同的指导,使每个孩子都得到最大化的发展。

在实施个别化训练之前,教师要对智力障碍儿童进行全面的、系统的评估,了解其个别需求,为制订个别化教育方案做准备;其次,在进行全面的、系统的评估基础上,根据智力障碍儿童的个别需求制订个别化训练方案;再次,实施个别化训练方案。值得注意的是,方案实施后,仍要对智力障碍儿童进行评估,验证训练效果,并及时调整方案。

此外,个别化教育与集体教学相结合。个别化教育与集体教学应是互为补充的统一体,二者结合的目的在于保证每个儿童都能适应班级教学水平和教学进度,在知识上、智力上获得较好的发展,避免由于个别儿童生理、心理的某些缺陷造成某些方面的落后。当然也包括对班级内智力水平相对较高的学生适当开开"小灶",给予较多的知识,提出更高的要求。

(六)游戏法

游戏法,就是在教学过程中通过游戏的形式,使儿童在玩中学、在玩中得到发展,增加训练中愉悦气氛的方法。

形式多样的游戏有助于调动智力障碍儿童训练的积极性,发挥其主动性,并且有助于儿童对知识的理解和记忆。在训练中,教师应根据训练目的和训练内容的需要,创造性地设计一些游戏,达到寓教于乐的目的。

运用游戏法的基本要求:①教师应明确游戏不是目的,而是手段,游戏的目的是为了智力障碍儿童的早期康复,开发智力,提高兴趣,调动学习积极性,达到在玩中教,在玩中学的目的。②设计游戏要兼顾教学内容和学生兴趣。由于智力障碍儿童理解能力差,为了帮助他们理解知识、学习知识、巩固知识,教师结合教学内容组织学生做一些新颖、有趣的游戏,将会大大提高教学效果和质量。比如,通过"过家家"的游戏,让智力障碍儿童担任不同的角色,培养儿童的生活自理能力,促进其语言发展。通过游戏的训练形式,不仅提高了其训练的兴趣,同时达到了训练的目的。③游戏一定要安全。

二、智力障碍儿童评估

对智力障碍儿童的评估应是全方位、多领域的。特殊教育工作者或其他专业人员尤其应该评估学生的学业技能、适应性行为技能,以及生活质量。以下我们会提供适合监控学生进步及评估学生成果的评估范例,并讨论适当的调整和替代性评估方法。

(一)监控

1. 学业技能的进步监控 课程本位测量是对学习普通教育课程的智力障碍学生实施进步监控的一种适当的方法。抽取一分钟的阅读样本测量口头阅读流畅性;教师绘图表示一分钟内正确读出的单词数。教师对学生进行每周一次或两次的评估以确定增长情况,并调整教学以确保实现目标。

2. 适应性行为技能的进步监控 大多数适应性行为测量工具是标准化的,不能很好地用于进步监控。但应该将适应性行为评估和干预相结合,以便在基于数据的决策框架内发挥作用。访谈、观察以及自陈技术都有助于监控学生适应性技能的进步。文兰适应性行为量表有一个称作"筛子"的简易版测验,可以监控学生在适应性行为领域的进步。

(二)成果测量

1. 学业技能的成果测量 通常使用一些标准化学业成就测验来评估智力障碍学生的学业技能。伍德柯克—约翰逊成就测验第 3 版(WJ-Ⅲ)是一个全面的标准化学业成就测验的范例。WJ-Ⅲ测量学生在阅读、数学、拼写、书面表达、社会故事、科学以及人文科学这些领域的学业成就。考夫曼教育成就测验也评估数学、阅读和拼写这些领域的学业成就。

一些智力障碍儿童可以学习一种关注功能性学业的替代性课程,例如阅读烹饪菜谱或找零钱等。功能性阅读和数学关注日常活动中所需要的技能。考夫曼功能性学业技能测验是测量智力障碍青少年和成年人功能性算术和阅读的标准化工具。

2. 适应性行为技能的成果测量 通常特殊教育工作者或其他专业人员间接地测量适应性行为,即一名"知情者"通过评定量表或访谈提供信息。知情者应该非常熟悉学生,通常是父母、祖父母、教师或其他主要照顾者。文兰适应性行为量表第 2 版是一种测量个体从出生到 18 岁适应性行为的常用工具。它包括如下领域:沟通、日常生活技能、社会化、动作技能以及适应不良行为。

3. 生活质量的成果测量 因为当前非常重视自我决定,越来越多的专业人员开始关注测量智力障碍者的生活质量。但生活质量的测量面临着一个问题,即特定个体所感知到的生活质量可能与社会大环境所感知到的不同。因此,生活质量的成果测量应该包括客观性和主观性的测量,既考虑社会对生活质量的看法也考虑个体对生活质量的满意度。

常用于评估智力障碍青少年及成年人的一个测量工具是生活质量问卷。它探讨如下 5 个因素:满意度、幸福、社会归属感、自尊以及授权(或控制)。一种更为客观的量表是生活经历核查表,它测量个体在多大程度上拥有普通生活经历,包括 5 个领域,即家庭、关系、自由、休闲,以及自我提升的机会。

(三) 测验调整与替代性评估

为智力障碍学生提供的标准化测验调整包括调整时间安排、呈现格式,以及反应格式。常见的时间安排调整包括延时或不限时,或将评估内容分成几天内完成的更小、更易管理的部分。一种常见的呈现格式调整是给学生读指导语和问题。一些智力障碍学生可能有肢体障碍因而需要反应方面的调整。例如,学生可以口述答案或使用一种单词处理器。

即使为无法使用传统方法进行测验的学生提供了测验调整,也还可以给他们提供替代性评估。学习替代性课程(如生活技能、职业技能)的智力障碍学生可以接受替代性评估。替代性评估应该测量真实的技能,涵盖多种领域,包括历时性的多种测量。它们可以包括对特定行为的直接观察、核查表、评定量表,以及课程本位测量。应该涵盖的一些领域包括功能性识字、沟通、休闲娱乐技能、家居技能及职业技能等。

第四节 融合教育与随班就读

随着社会的进步,经济的发展,我国特殊需要儿童早期康复教育随之迅速发展,特殊儿童随班就读已成为发展特殊教育的一项重要措施和特殊教育体系中的重要组成部分。早期康复教育与学龄教育衔接是早期康复教育工作的延续、深化,也是检验早期康复教育成功与否的关键环节。事实证明,随班就读是智力障碍儿童获得全面发展的途径之一。

一、实施随班就读的价值与意义

(一) 符合我国国情,顺应教育发展的趋势

"随班就读"是指将智力障碍儿童安置到正常儿童学习的班级中去学习,这是目前世界上许多国家所采取的教学模式。智力障碍儿童的教育,经历了由分离式教育向融合式教育发展的一个过程,许多国家抛弃了将所有智力障碍儿童单独安置在特殊教育机构学习的模式,采用与正常儿童共班学习的教育模式。尽量让智力障碍儿童与正常儿童在一起接受教育,儿童在最少受限制的环境中接受教育。

(二) 有利于智力障碍儿童形成完善的人格,回归主流社会

具备一定的知识,能够自立于社会。智力障碍儿童长大后如果不能够融入社会,没有自立的能力,必将会被社会抛弃,必将成为弱势群体中的弱势,也必将成为家庭、社会、国家的负担。教育的终极目的就是使

智力障碍儿童有一个完善的人格,具备一定的知识,将来能够自立于社会。智力障碍儿童与正常儿童共班学习,为智力障碍儿童搭建了一个与正常人交流、交往的平台。共班学习,他们不仅学到了知识,学会与正常人交流、交往,更重要的是使他们能够完善人格,增强适应社会的能力,成为能够完全自立,对社会有用的人。

二、随班就读智力障碍儿童的评估

(一) 学业成绩评估

学业评估主要是文化成绩的评估,这是随班就读的重要制约因素。不改变随读生沦为后进生后就被打入"另册"的状况,随班就读生与正常学生取得学业上的同等地位就是一句空话。同时,文化成绩的好差,对随班就读生的兴趣及任课教师的教学态度也有很大的影响。

文化成绩的考核可通过抽样测试、随堂听课、查阅资料等方式进行,考核时应以全班正常学生考试的人均成绩为参照,以残疾少年的残疾程度为依据,按照残疾少年与全班正常学生同试卷内容、同评分标准的考核结果进行分类评估。计算的参考公式是:实际考分(S)×一定系数(a)=残疾儿童的学业成绩(s,≤100),列入全班总分统计,参与评估合格率、优秀率。同时作为残疾儿童少年毕业和升学成绩的依据。并将此成绩划分为:优秀、良好、及格和不及格,填入学生成绩报告单。对于系数 a 的确定,可以采用以下方法:

1. 残疾程度系数法 对随班就读的智力障碍儿童,应根据其智力障碍程度的不同确定障碍程度系数:轻度智力障碍,a=1.6;中度智力障碍,a=2.0。

2. 难度系数法 采用这种方法时,我们把满分 100 分与均分的比值定为难度系数:一般来说,均分高,难度系数小;均分低,难度系数大。根据这种方法:a=100/均分。

一般来说,在班均分高的情况下,随班就读生分数也不一定很低,反之亦然。这种方法也能保证合格率,但因为难度的偶然性大,也难以客观地评价随班就读生学习情况。

(二) 缺陷补偿与行为矫正的评估

随班就读生的评估,不能只停留在学业成绩的单一评估上,还应对其缺陷补偿与行为矫正进行科学的评估。

对随班就读的智力障碍儿童来说,应着重评估其语言发展水平和异常行为的矫正。对于异常行为的矫正,着重从自闭、冲动性和攻击性反应、退缩反应、多动、情绪问题引起的缺陷行为这几个方面的矫正效果进行评估。

(三) 适应性行为能力的评估

适应性行为能力是指一个人对社会的反应以及在社会环境中求生存即适应环境的能力。大致包括以下几个方面:感觉、交际能力、自助能力、社会化、学习能力、推理和判断能力、社会技能、职业和社会责任感。

对随班就读障碍儿童应着重从个人适应能力(如生活自理能力)、职业适应能力(如劳动技能、个人特长)和社会适应能力这 3 个方面进行系统评估。生活自理能力的评估指标包括:饮水、餐具使用技巧、排便能力、穿衣与脱衣、穿鞋与脱鞋、洗手洗脸、洗澡、综合处理能力等。劳动技能主要评估指标包括:准备就餐、房间卫生、一般家务、洗折衣服、洗餐具、煮饭菜、职业工作等。个人特长主要评估指标包括:舞蹈、绘画、书法、音乐、体育等。社会适应能力主要评估指标包括:学校适应能力、家庭适应能力、社区适应能力。主要从随班就读学生对人、对事、对己在认识、情感和行为等方面的表现来评估。

对随班就读的智力障碍儿童尤其要注重适应性行为能力的评估。由于智力障碍导致了他们在文化学习上存在巨大的困难。往往很难在学习上取得明显的成绩,因此教师平时注重他们的适应行为训练就显得尤为重要。

总之,建立科学、合理的评估机制是随班就读工作的重要保证和必要条件,是提高随班就读质量的重要措施之一。通过评估,能发现智力障碍学生的优势和不足,以便更好地因材施教;通过评估,能发现教师教学中的薄弱环节,以便更好地改进教学;通过评估,能加强对随班就读的管理,充分发挥随班就读的主体作用,有效地防止随班混读现象。

三、随班就读教育课程建设的基本取向

(一) 以人为本,促进随班就读生充分的发展

随班就读生虽然由于生理缺陷或智力水平低下等原因存在一些困难,在某些方面比同龄的正常学生发展缓慢。但是,随班就读生也是处于不断发展中的个体,也有发展的可能性。而教育是促进个体发展的重要条件之一。因此,应为他们提供高质量的教育,充分开发他们的潜能,使他们能发展到尽可能高的水平。

(二) 加强融合,提高随班就读生适应社会的能力

教育要为社会培养人,学校培养的人都要面临社会生活。随班就读的目的是给特殊学生提供与正常儿童一起学习、成长的机会,使他们具有健康的情感和适应生活的能力。因此,随班就读生的课程建设应以提高特殊学生适应社会的能力为目标。当然,提高社会适应能力并不是以牺牲学生的充分发展为代价的,而是以学生在各方面的充分发展为基础的。只有学生包括学业在内的各方面的能力得到充分的发展,他们才能更好地适应社会、适应将来的生活。

(三) 一般课程和特殊课程相结合,促进随班就读生的整体发展

随班就读生和正常学生一样都是处于发展中的儿童,有很多共性。但是,由于各种原因,随班就读生还是有特殊性的。整体发展的随班就读生既需要和正常儿童一起学习普通教育的课程,也需要学习针对特殊性的特殊课程,即一般课程和特殊课程相结合。由于融合教育的需要,随班就读生大量的时间是在正常班级中学习普通教育的课程,因此,真正融入普教课程、提高随班就读生学习普教课程的收获,是随班就读课程建设的关键。

(四) 显性课程与隐性课程并重,创设积极的教育环境

显性课程是学校教育中有计划、有组织地实施的课程。隐性课程是学生在学习环境中学习到的非预期性或非计划性的知识、价值观念、规范、态度。与显性课程共同构成学校"实际课程"的隐性课程对随班就读生的价值、态度、人格等的发展具有重要影响。为了培养随班就读生形成健康的人格、积极的个性,学校和教师应该创设宽松、自由、健康的教育环境和教学情境。

(五) 学校课程与校外课程整合,利用一切教育资源

随班就读的根本目的是为了使特殊学生更好地适应社会生活。单单的学校环境是无法替代鲜活的社会的。因此,随班就读生的课程应是学校课程与校外课程的整合,学校、家庭、社区共同发挥教育作用。

四、随班就读课程的基本范式

随班就读的目的是为了使特殊学生与正常学生一起接受高质量的教育。为此,不仅要对特殊学生提供一些特殊教育服务以满足他们的特殊需要,更为重要的是要让他们融入普通教育课程,在与正常学生共同学习的过程中获得较好的发展。因此,随班就读的课程基本上可以归为两大范式:与普通教育基本一致的课程,为随班就读生特别设置的课程。

(一) 普通教育基本一致的课程

随班就读智力障碍儿童在普通教育机构的大部分时间是在普通班级中与正常儿童一起学习普通教育课程。普通教育教师和特殊教育教师在采取措施促进特殊学生融入普通课程时会面临很多困难。仅仅把特殊学生"放"在普通班级或者只"盯住"学生的缺陷进行补偿等过于简单化的做法都是不恰当的。教师应改变教育观念,相信每个学生都会在普通教育的课程中获得成功。根据随班就读生的实际情况和普教课程的具体要求,随班就读生学习的课程与普通教育基本一致的可以分为适应普教课程和对普教课程进行调整两种情况。

(二) 对随班就读智力障碍儿童实施有区别的教育

随班就读生的发展还是有特殊性的。当普通教育课程无法满足学生的特殊教育需要时,应该为随班就读生特别设置课程。下面将介绍随班就读智力障碍儿童需要的特殊课程。

智力障碍儿童需要的特殊课程主要是社会和生活适应、语言训练等。智力障碍儿童在智力低下的同时伴有社会适应能力差、语言障碍、社会交往能力较弱等问题。开设社会和生活适应课程,可以培养智力障碍

儿童的生活自理能力、与人交往的能力、在社区中生存的能力以及初步的职业能力等,为智力障碍儿童离开学校后适应社会做准备。由于智力水平低下,大多数智力障碍儿童都有语言发展迟缓问题。有些智力障碍儿童还有构音障碍、语音障碍等语言问题。开设语言训练课程,就是要培养智力障碍儿童的语言理解和语言表达能力,促进他们在实际生活中运用语言的能力。

总之,随班就读的课程作为随班就读教育活动的核心成分,需要精心设计。随班就读课程主要分为与普通教育基本一致的课程和为随班就读生特别设置的课程。为了让随班就读生更多地与正常学生一起学习,随班就读课程应以与普通教育基本一致的课程为主。只有当普通教育课程无法满足学生的特殊教育需要时,才为他们设置特别的课程。随班就读生学习与普通教育基本一致的课程主要包括适应普教课程与调整普通教育课程。只有在不能适应普通教育课程的情况下,才应考虑对普通教育课程进行调整。

第五节　早期家庭和社区训练与指导

在智力障碍儿童的早期训练与指导中,家长的作用是至关重要的。

一、开展家庭康复教育的重要性

首先,家长是智力障碍儿童的第一任老师,他们是最早接触孩子、最了解孩子、与孩子接触时间最长、观察孩子最细致的人。因此,只要家长了解一定的小儿生长、发育的知识,关注孩子成长、发育的状况及行为,通过对儿童的外表形体、早期表现、发育速度等方面进行观察和比较,一旦发现孩子的异常,应及时到专业机构进行咨询、检查和治疗。事实证明,绝大多数智力障碍儿童都是由家长发现的,这就为智力障碍儿童的早期训练提供了可能。

其次,一旦将智障儿童送到早期训练机构,家长要主动向康复人员描述孩子的相关情况,包括家族病史、孩子的出生史、个人史、孩子生活的环境、孩子在家的行为表现、兴趣爱好等,为医疗和训练人员提供信息上的支持。

再次,参与智力障碍儿童的评估和鉴定,了解孩子目前的状况和应有的发展水平,与康复人员共同为智力障碍儿童制订适当的康复目标和康复训练计划。父母在智力障碍儿童评估和训练的过程中一定要积极配合。

最后,为取得更好的训练效果,家长要积极配合训练人员开展家庭康复训练,巩固、复习孩子在训练机构学习内容的同时,还要将孩子在家的训练情况、遇到的问题、困惑等及时地反映给专业人员,为调整训练计划做准备。

二、开展家庭康复训练的方法

多数家长在发现孩子有智力障碍的时候,内心都是一片慌乱和茫然,即便知道对智力障碍儿童实施早期训练是最有效的、最可行的方法,但却不知从何处着手。随着对智力障碍儿童康复训练知识了解的不断深入,越来越多的家长参与到早期训练计划的制订与实施中,因此,家长了解掌握一些必要的、可行的、有效的训练方法与手段是十分必要的。

(一)提供安全、自由、健康的家庭环境

家庭是智力障碍儿童生活、学习的第一环境,父母是保证儿童身心健康发展的第一人。儿童生活的家庭换环境和家长养育子女的态度,直接影响到儿童的发展情况。因此,家长要树立正确的养护观念,并为智力障碍儿童建立一个安全的、宽松的、能够促进儿童身心健康成长的优良环境。

(二)家庭是良好生活习惯培养与生活自理能力提高的最佳环境

家长对有障碍的子女往往存在一种愧疚心理,智力障碍儿童生活上的大事小事全部由家长替代完成,因此使他们错过了许多锻炼和发展的机会,阻碍了其良好生活习惯的形成和生活自理能力的提高。事实上,生活习惯形成与生活自理能力培养最好的锻炼场所就是家庭,家庭可以为这些方面的锻炼提供最真实的情境,创造更多的机会,提供更实用的内容,家长要利用一切场景对智力障碍儿童实施生活技能和社会交往训练。由此可见,家庭康复训练是智力障碍儿童早期康复训练的重要组成部分。

(三) 在专业训练人员的指导下,参与早期训练与指导

（1）智力障碍儿童除接受康复训练的时间外,几乎所有剩余时间都是和家长在一起的,家长对孩子有全方位的了解和把握,因此,要充分地利用家庭的时间、空间和人员,争取取得最好的康复效果。

（2）家长要积极配合早期训练机构的康复活动,提供直接支持与协助。首先为康复教师提供制订计划的相关信息,直接参与训练计划的制订;其次,配合康复教师训练活动的开展,回家巩固复习在校的训练内容,并将孩子在家的表现及时反映给康复教师。

（3）个别化教育是智力障碍儿童早期训练最有效、最适合的教育方式。家长直接地参与个别化教育计划的制订、实施、评估,可有效地提高个别化教育的教学效果,促进智力障碍儿童的良好发展。

三、社区训练与指导

(一) 重视社区力量,发挥协同作用

在智力障碍儿童的早期训练与指导中,社区的力量是不容忽视的。首先,社区具有人员流动大、信息传播快的特点,因此,可充分地利用社区的便利进行疾病预防和特殊儿童早期训练相关知识的普及与宣传活动;其次,开展帮扶活动,利用社区的现有资源,对随班就读智力障碍儿童进行个别辅导,促进其快速发展。社区不定期邀请顾问到活动中心给相关人员进行讲座、指导与咨询,普及特殊儿童教育知识,争取特教工作由经验育人向科学育人转变。

(二) 发挥居委会及社区老师的纽带桥梁作用

对于家庭教育中出现的难点问题,学校应争取居委会和社区老师的支持,协助学校出面解决,在学校和家庭中架起一座沟通的桥梁。积极带领智力障碍儿童参与社区开展的各项社会公益活动和体育活动。让智力障碍儿童在活动中感受社会的关爱、群体生活的乐趣,拉近和普通孩子的距离,和他们一起健康成长。

实践活动

项目一　观摩智力障碍儿童康复机构的教育教学活动

目标　1. 进一步明确智力障碍儿童早期康复教学活动的意义、目的及所要遵循的原则。

2. 进一步掌握智力障碍儿童早期训练与指导的内容、方法及教学活动的设计。

3. 能够对活动方法、活动准备、活动过程和活动效果进行初步评析。

内容与要求　通过观摩教育机构智力障碍儿童早期康复训练及教学活动,观察记录活动的全过程,重点观摩活动过程中导课、结课、活动的组织形式、活动过程的实施和各环节之间的过渡,学习教师对教学方法的运用。结合本单元所学知识,谈谈如果你是那位教师,你将采用何种方式设计并组织教学活动。

项目二　根据见习班级,自主选择内容,制订相应的教学方案

目标　1. 掌握进行生活技能训练的内容及方法。

2. 制订生活技能训练教学方案。

内容与要求　在掌握生活技能训练的目的、意义、内容、原则的基础之上,根据智力障碍儿童的基本特征,制订生活技能训练的教育方案。

项目三　选择一名智力障碍儿童,观察记录其典型的生活技能行为不足,制订相应的训练计划

目标　1. 掌握对智力障碍儿童实施生活技能训练的方法。

2. 根据智力障碍儿童生活自理能力差的特点,制订生活技能训练计划。

内容与要求　在掌握智力障碍儿童早期训练与指导的目的、内容、原则、意义的基础之上,根据智力障碍儿童的生活技能缺陷,制订生活技能训练方案。

拓展练习

目标 1.进一步明确生活技能训练的目的、意义、原则。

2.掌握生活技能训练的内容、方法。

3.能够制订生活技能训练方案,组织和实施集体教学和个别教学中的生活技能训练。

内容与要求 学生以组为单位,深入特殊教育机构的各个班级,观摩智力障碍儿童早期康复训练的集体教学和个别教学活动,内容:①通过观摩集体教学或个别教学活动,记录教学过程,了解智力障碍儿童情况;②根据本人所在班级的智力障碍儿童状况,制定集体教学或个别教学活动方案。

要求:学生在观摩过程中,根据观察、记录的内容,结合自身情况制订合理的教学活动方案。

视觉障碍
儿童的早期训练与指导

学习目标

通过本单元的学习,将帮助你:

1. 理解视觉障碍的含义,树立正确的特殊教育观。
2. 了解视觉障碍的分类、评估。
3. 明确视觉障碍儿童的心理特点。
4. 掌握视觉障碍儿童早期训练与教育的内容及方法。

　　眼睛是心灵的窗户,是人类主要的感觉器官。人类接受外界刺激获得信息约80%来源于视觉。在人类生命的初期,视觉系统就开始执行探索世界的任务。据有关研究统计,不同程度视觉障碍人群占总人数约10%,但绝大多数人都可以通过配戴眼镜或手术等方法解决,对日常生活和学习不会带来很大影响。但是,仍有约1%的人群会因视觉障碍而使他们的生活与学习等方面受到很大影响。因此,对严重的视觉障碍儿童我们要利用特殊的教育和训练技术进行教育,使其在语言、认知及社会适应等方面得到较好的发展,融入主流社会。

　　本单元将从视觉障碍的概述、视觉障碍儿童早期训练与指导、技能技法、视觉障碍儿童的随班就读及家庭与社区康复等方面进行阐述。

第一节　视觉障碍的概述

一、视觉障碍概念

　　世界各国对视觉障碍的概念有不同的界定,但基本大同小异。北美特殊教育法中有关条文规定:两眼中较好眼的最佳矫正视力在20/200以下或其中心视野在20度以下者均为盲。它表示某视力缺陷者在距离物体20 m的位置尚不能看清而正常人在200 m处便可看到的物体。低视力者的视力在20/70～20/200之间。

　　我国台湾《身心障碍及资赋优异学生鉴别原则与鉴别基准》(2002)将视觉障碍定义为:视觉障碍,是指由于先天或后天原因导致视觉器官的构造损失或功能发生部分或全部障碍,经矫正后对事物的视觉辨认仍有困难。

　　我国对视觉障碍的界定:视觉障碍,又称视觉缺陷、视力残疾。由于各种原因导致双眼不同程度的视力损失或视野缩小,难以从事正常人所能从事的工作、学习或其他活动。包括盲和低视力两类四级。2006年第2次全国残疾人抽样调查提出的定义:由于各种原因导致双眼视力低下并且不能矫正或视野缩小,以致影响其日常生活和社会参与,包括盲与低视力。对盲和低视力的分辨存在两种不同的标准。医学上的分辨比较准确,按照视锐敏度来区分。

二、视觉障碍的分类

为了便于统计和比较,世界卫生组织(WHO)统一标准,于1973年制定了盲和低视力的标准及分级,如表4-1所示。

表4-1 1973年WHO盲和低视力标准

视力残疾级别		优眼最佳矫正视力
低视力	1	<0.3~0.1
	2	<0.1~0.05(2.5 m指数)
盲	3	<0.05~0.02(1.0 m指数);或视野半径<10°
	4	<0.02~光感;或视野半径<5°
	5	无光感

1992年,WHO在泰国曼谷召开"儿童低视力处理"国际研讨会,在此基础上制定了新的低视力标准,1996年在西班牙马德里召开的"老年人低视力保健"国际研讨会重申并向全世界推荐此低视力标准,简称"曼谷—马德里标准"。

新标准提出:低视力是指一个患者即使经过治疗或标准的屈光矫正后仍有视功能损害,其视力为6/18(0.3)至光感,视野半径<10°,但仍能够或有可能应用其视力去安排或去做某项工作。

我国台湾地区则在《身心障碍及资赋优异学生鉴别原则与鉴别基准》(2002)中对视觉障碍作出如下鉴别标准:①视力经最佳矫正后,依万国式视力表所测定优眼视力未达0.3或视野在20°以内者。②无法以前款视力表测定时,以其他方式测定后认定者。

我国2006年第2次全国残疾人抽样调查残疾标准把视觉障碍分为盲和低视力两类,如表4-2所示。

表4-2 2006年我国视力障碍分类标准

类别	级别	最佳矫正视力
盲	一级	无光感~<0.02;或视野半径<5°
	二级	≥0.02~<0.05;或视野半径<10°
低视力	三级	≥0.05~<0.1
	四级	≥0.1~<0.3

注:1. 盲和低视力均指双眼而言,若双眼视力不同,则以视力较好的一眼为准。如果仅单眼为盲或低视力,另一眼的视力达到或优于0.3,则不属于视力残疾范畴。

2. 最佳矫正视力是指以适当镜片矫正所达到的最好视力,或以针孔镜所测得的视力。

3. 视野半径<10°者,不论其视力如何均属于盲。

我国采用的上述《视力残疾标准》基本上与WHO的标准保持一致。

三、视觉障碍的成因

眼睛作为人的视觉器官,由眼球及眼的附属器、视路和视觉中枢组成。其中任何一个部位受到伤害或功能失调都会造成视觉障碍。造成视觉障碍的原因是多方面的,大致可分为三大类:一是屈光不正,二是结构性视觉障碍,三是大脑皮质性视觉障碍。

(一) 屈光不正

屈光主要是指眼睛为能在视网膜上呈现清晰的物像而"弯曲"的过程。一般眼睛通过屈光来折射光线,无需其他方法。但生活中许多人的眼睛不具备对光线的折射能力,很难使光线清楚地聚焦在视网膜上,进而产生一定的视觉障碍。主要表现为近视、远视和散光。近视是由于眼球晶状体和视网膜的距离过长,或是晶状体屈光力过强,使进入眼睛的影像不能在视网膜上汇聚,而在视网膜之前形成焦点。表现为眼睛看不清远处物体,能看清近处物体。远视是指由于眼球晶状体和视网膜的距离过短,或是晶状体屈光力不强,使进入眼睛的影像不能在视网膜上汇聚,而在视网膜之后形成焦点。表现为眼睛看不清近处物体,能看清远处物体。散光是由于眼球各屈光面在各经线的屈光力不等,从而使外界光线不能在视网膜上形成清晰物像的一种现象。患者看远看近均不清楚,事物模糊,似有重影,因而时常眯着眼睛看物,以减少散光。常常会出现头晕、恶心、流泪等视疲劳症状。幼年期高度散光可造成弱视。

(二) 结构性视觉障碍

眼睛的光学、肌肉、神经系统中的任何一个部位遭到伤害或功能失调,都会造成视觉障碍。眼睛自身的病变或损伤造成的视觉障碍的因素很多,其中以白内障和青光眼为典型。白内障是指由先天发育障碍或后天因素(如外伤、药物、营养代谢异常、中毒变性等)所致晶状体失去原有的透明性。其诊断以晶状体浑浊使视力减退至 0.7 以下为标准。分类可按病因、发生年龄、浑浊程度、浑浊部位及形状等多方面进行。青光眼指具有病理性高眼压或视乳头血流灌注不良和视功能障碍的复杂眼病。主要特征是高眼压、视乳头萎缩及凹陷、视野缺损及视力下降,是一种严重危及健康的致盲眼病。根据我国部分地区的调查结果,发病率为 0.89%～2.6%。可分为原发性青光眼、继发性青光眼、先天性青光眼和混合性青光眼 4 类。在世界上也为主要致盲病因之一。

(三) 大脑皮质性视觉障碍

大脑皮质性视觉障碍称皮质盲,是指由已知或未知原因导致的大脑中传递视觉信息的组织损伤所造成的视力降低或盲。产生皮质盲的原因有出生过程中缺氧、头部损伤、脑积水和中枢神经系统感染。

从人类的生长发育阶段来看,视觉障碍可发生在胚胎发育时、出生后的很短时间或在儿童生长的任何时期。因此,视觉障碍的成因可以归纳为两大类:一是先天性的,二是后天致病或外伤造成的。国外的调查资料表明,几乎一半的盲人是先天性因素造成的;后天致病有可能是中毒引起的,也可能是传染病和外伤引起的。随着我国医疗卫生事业的进步和广大人民生活水平的提高,后天致盲的比例会逐渐降低,先天因素将成为首要原因。

四、视觉障碍的发生率

视觉障碍的发生率是指在某特定时间内一定人口中视觉障碍者所占的比例。通常用实际发生的视觉障碍人数与年龄段总人数之比来表示,也称出现率。由于不同国家的卫生条件、医疗设施及判断标准等的不同,视觉障碍的发生情况也有所不同。美国实施了大量可预防儿童和青少年视觉障碍的措施。但仍有研究发现,学龄儿童视觉障碍的人数正在不断增加。2003～2004 学年,美国有 25 294 名 6～21 岁的视觉障碍儿童、青少年接受特殊教育。其原因是多方面的,但因生活贫困而无法接受良好的医疗服务导致视觉障碍占重要因素。

我国 2006 年全国残疾人抽样调查资料推算,我国 8 296 万残疾人中,视觉障碍为 1 233 万人,占残疾人总数约 15%。教育部统计我国接受教育的视觉障碍儿童有 41 520 人。

五、视觉障碍的评估与鉴定

准确有效地进行视觉障碍的评估是一项复杂而重要的工作,在评估中要考虑到多方面的因素。在我国,对视觉障碍儿童的视觉功能状况进行评估主要从两方面着手:①眼科视力检查,即通常所说的视觉的客观评估;②对视觉进行仔细观察,即通常所说的主观评估。从教育的角度来看,评估的目的是为了给视觉障碍儿童提供更好的教育和教育安置,因此,应主观评估与客观评估有机结合,促进视觉障碍儿童的教育和生活。

美国特殊教育对视觉障碍的评估和鉴定,建立完整的无歧视评估过程,其认为视觉障碍儿童的评估与鉴定应通过眼科医生、教师和家长三方面来完成。家长和教师的观察,初步发现儿童的视觉问题;眼科医生通过各种仪器来检查儿童视觉障碍的程度、位置及视觉障碍的原因等。这一评估与鉴定过程分为观察、医学检查、治疗和综合评估等不同阶段。

（一）观察

观察这一阶段主要包括：父母观察、医生观察和教师观察。父母观察到儿童可能没有眼睛的转动或对视觉刺激没有预期的反应；医生观察主要是新出生的婴儿有可诊断的视觉障碍；教师在教学中观察到学生有斜视或看上去讨厌光线，学生的眼睛流泪或是红的，学生经常撞东西等。

（二）医学检查

医学常用评估检查见表4－3。

表4－3　医学常用评估检查

评估手段	结果及对进一步评估的指示
眼科评估	医学检查显示：存在障碍或视觉功能降低，但不能通过手术或医学干预来提高到正常水平
功能性视觉评估	视觉障碍妨碍了学生从环境中附带学习的能力，并明确学生在完成任务时的视觉使用情况
低视力专家	专家的评估确认其视觉功能不能通过使用透镜（眼镜）改善到正常水平
学校视力筛查	由于在入校前低视力学生未被确认，所以筛查指明了进一步评估的需要

（三）治疗

治疗阶段包括：预备治疗安排和治疗安排两个过程。预备治疗安排，通常这些学生是不需要预备治疗安排这一步骤的，因为他们残疾的程度已经说明了特殊教育和相关服务的需要。治疗安排，视觉障碍儿童应该由医学人员或家长在幼儿期或学龄前的早期干预中进行治疗。儿童应该在进入学校以前在评估方面受到保护。教师应该把任何有可能有视觉障碍的学生立即送去进行评估。

（四）无歧视综合评估

常用无歧视综合评估见表4－4。

表4－4　常用无歧视综合评估方法

评估手段	结果和进一步评估的指示
个别智力测验	标准化的测验可能需要修改，因为学生的视觉障碍会妨碍完成任务的能力，因此，结果可能不能正确反映其能力。学生智力可能属于平均、偏上或偏下
个别成就测验	学生在一些概念形成和学科领域不能获得与同伴相似的成就。同样，由于视觉障碍，这些标准化的测验无法得以使用，因此这些测验需要修订后才能施用于视觉障碍学生。结果致使这些测验可能不能正确反映学生成就
适应的行为量表	学生由于视觉障碍在自我照顾、家务、社交技能等方面存在困难
定向和行走评估	学生在环境中定位和去想去的地方的能力可能是有限的
事件记录	学生可能不参与家庭、社区或学校的与年龄相适应的自我帮助、社交活动和娱乐活动
以课程为基础的评估	学生可能不掌握与年龄相应的交流、日常生活、职业认知、知觉和良好的动作、社交和自主方面的知识和技能
直接的观察—学习工具的评估	学生不使用放大的事物或代替工具时不能或难以对印刷媒质作出反应或学生较长时间不能确认课文中的阅读内容

通过以上的评估，无歧视评估小组对儿童视觉障碍情况及特殊教育和相关服务的需要作出决定。最终确定其合适的教育。

六、视觉障碍儿童的心理和行为特征

（一）心理特征

视觉障碍儿童心理发展的特点与明眼儿童基本一致，视觉障碍儿童的心理发展规律和明眼儿童趋势完全相同，均遵循由简单到复杂，由具体到抽象，由被动到主动，由零乱到成体系的过程。但由于接受外界信息的途径不同,形成了视觉障碍儿童心理发展和行为的特殊性。

1. 感知觉　视觉障碍儿童由于视觉的缺陷,听觉与触觉成为他们感知世界的主要途径。所以了解视觉障碍儿童的听觉与触觉特点,训练其有效进行缺陷补偿,对视觉障碍儿童的教育与发展至关重要。

加强听觉训练,有效进行缺陷补偿。视觉障碍儿童可以通过听觉获得明眼人视觉可以得到的信息。视觉障碍儿童可以通过听觉进行空间定位,利用声音判断方向。可以通过听觉了解和熟悉生活和学习的环境。例如:"当明眼人进入房间的时候,他可以一目了然地看到房间的大小,有没有人,有什么家具,是地板还是水泥地面? 而盲童则不可能看到这些。但是,盲童凭听觉,通过自己走路发出的声音和在房间中的回声来了解这个屋子的大小、地板的性质等。有时地上铺有地毯或其他原因而不能听到自己的脚步回声的时候,盲童还可以听自己的拍手或发出的微小声音的回声或从室内原有人、物发出的声音来判断新环境中的情况和自己的空间位置。"可见,视觉障碍儿童的听觉非常灵敏。但是,这些超出一般人的能力并非是天生使然。研究表明,最初视觉障碍儿童和视觉明眼儿童并没有明显的区别,盲童的听觉灵敏完全是在失去视觉的环境下,经过长期的训练和实践而形成的。在生活中,视觉障碍儿童比明眼儿童更经常、更善于应用听觉信息。因为视觉的缺失,让他们更加关注缺陷的补偿。

增进触觉训练,补偿视觉缺失。视觉障碍儿童的触觉非常灵敏。触觉也是其认识世界的途径之一。国内外的相关研究表明,视觉障碍儿童的触觉感受性要比明眼人高,视觉障碍儿童与明眼人手指尖两点阈限的平均值为 1.02 mm 和 1.97 mm。视觉障碍儿童利用较高的触觉能力在一定程度上代替了视觉功能。视觉障碍儿童不仅可以学会六点盲文,还可以通过触觉认识到有限物体的形状、大小,体会其温度、重量、光滑程度等。这对视觉障碍儿童形成正确的概念和思维发挥着重要作用。但是,触觉也有许多不利之处。如,"盲人摸象"的故事就生动形象地说明盲人通过触觉认识事物所存在的缺陷;再如,有些事物如云彩、炊烟等盲人是触摸不到的。

总之,听觉和触觉是视觉障碍儿童认识世界的主要手段,在一定程度上可以弥补视觉上的缺失。因此,家长和教育工作者应加强听觉、触觉训练,提高听觉与触觉的利用程度。

视觉障碍儿童在其他方面的认知上存在较大的困难,表现在:形状知觉、空间知觉、空间关系的认知等显著迟钝于明眼儿童,特别是对距离的准确知觉和深度知觉方面。因此,视觉障碍儿童在知觉的发展上仍有较大空间。

2. 语言与思维　语言与思维紧密相连,语言是思维发展的一个重要表征,是思维的工具。分析语言与思维的关系,一方面,语言离不开思维,任何一种语言都有词汇和语法规则构成的符号系统,词汇和语法规则又是思维的成果,而语言的语法规则是逻辑思维的表现;另一方面,思维也离不开语言,语言是思维活动的物质基础,是它的"物质外壳",而思维活动是借助语言来实现的。语言与思维相互影响,共同发展。

国内外大量研究表明,视觉障碍本身并不影响儿童语言的发展,但随着后天的发展,视觉障碍儿童与明眼儿童相比,语言发展会存在差异,一般表现在说话时的姿势、体态等方面,更重要的是视觉障碍儿童的语言问题会影响思维的发展。卡特福斯(Cutsforth,1951)等专家认为盲童的语言发展与普通儿童不一样,虽然盲童的语言发展并不是生来就差,但是一些因素确实影响到盲童的思维方式,为此他根据盲人的语言现象提出了"语意不符的表达(verbalism)"这一专业术语。我国学者汤盛钦认为,视觉障碍儿童虽然靠听觉能通过自然交往途经掌握语言,但是离开视觉功能的积极配合,其语言发展总要受到一定的影响,也必然影响思维。

语言障碍影响视觉障碍儿童的思维。对于广大视觉障碍的儿童,由于缺乏视觉器官的帮助,主要依靠听觉来反映,所以在一定程度上会造成他们语言的障碍。视觉障碍儿童比较容易发生构音方面的问题,构音障碍在明眼儿童中屡见不鲜,大多是由器质性因素造成的;而对于视觉障碍儿童而言,大多是由病理性因素所导致的,主要表现为有些音长期发不准。而且,他们因为不能通过观察别人脸部、看别人说话时口形的变化,只凭听觉去模仿学习,还会有高出现率的口吃、颤音等其他语音方面的障碍。但是,在语音方面的问题通过早期的干预也是可以克服的。

用词不当影响视觉障碍儿童的思维。视觉障碍儿童语言发展最为突出的表现就是使用的词汇缺乏感性基础,缺少视觉形象,常出现词汇与视觉形象相互脱节,不能准确地把握一些视觉词汇的内涵现象。分析产生这一现象的具体原因,视觉障碍儿童由于视力上不同程度的缺陷,与明眼儿童相比,在词义的理解上缺乏视觉形象及其他感性经验的支持,造成视觉经验和语言统合存在一定的困难。视觉障碍儿童日常的语言通过与周围的人进行交往的方式来获得,所以他们在词汇的积累上比较迅速。与此同时,语言表达与事物表象之间的脱节现象也明显暴露出来。

视觉障碍儿童由于用词不恰当严重影响思维的发展。儿童思维的基本特征是以具体形象思维为主要形式过渡到以抽象逻辑思维为主要形式,但这种逻辑思维在很大程度上仍然是直接与感性经验相联系的,仍然具有很大成分的具体形象性。而视觉障碍儿童由于视觉的缺陷,缺少感知经验,缺乏对事物直观的、形象的、外在特征的认知。对一些具体事物,他们的头脑中很难形成具体的形象思维,因而形成抽象逻辑思维也是极为困难的。所以我们会发现视觉障碍儿童在描述某一事物时,如白云、小鸟等,由于只能通过别人的介绍来认识它们,在意识中很难形成真实的具体形象,所以在抽象的概括过程中他们会出现用词不当的现象。可见,培养视觉障碍儿童良好的思维能力,对用词的准确性有极大的作用。

概念理解不完整、不全面影响视觉障碍儿童的思维。视觉障碍儿童主要凭借听觉和触觉来认识世界,而认识到的只能是一些不全面的、不具体的信息,信息的不完整对于整合成一个完整的概念必然有一定的困难。从概念的界定来看,人们在积累大量的感性材料的基础上把同类事物共同的属性抽象概括就成了概念。视觉障碍儿童正是由于缺少这一方面的基础,他们根据自己掌握的知识及有限的经验,进行简单的概括,形成不完整或错误的概念。凯法特(Kaphart)和施瓦茨(Schwartz)1974 年曾对 5～7 岁的盲童进行调查,并与同龄存在视力问题的儿童进行比较,他们要求儿童说出画人和房屋应该画哪些部分。调查结果表明,盲童对身体和房屋的认识明显低于存在视力问题的儿童。他们不能够完整地说出房屋和人体各个部分的名称,甚至有半数以上的 7 岁盲童不能说出应该画手指、耳朵或眼睛的部分。这反映了视觉障碍儿童对形成较复杂的概念比较困难。形成概念困难也会造成联想、推理与判断的失误,会不同程度地影响语言、思维的发展。例如,视觉障碍儿童会错误地把人和鸡归为是同类,把人生孩子与鸡下蛋看成一回事,从而定义为人下孩子。以上说明了视觉障碍儿童词汇概念理解不完整、不全面对思维的发展具有较大的影响。视觉的缺陷对视觉障碍儿童的分析、综合、抽象和概括等思维活动的发展有一定的影响,限制了思维活动的发展。概括水平是掌握概念的前提,概括水平低妨碍着概念的掌握和发展。视觉障碍儿童要获得间接的经验,就必须掌握概念,了解其内涵。进行合乎逻辑的推理,这样才能促进思维的发展。

语言缺少体态语的辅助影响视觉障碍儿童的思维。面部表情、形体动作、手势以及目光交流构成了人类语言交往形式之外的体态语,人们可以通过体态语来表达个人的思想、情感和态度。它对传递信息的效果起很重要的作用,通常和语言一起使用。作为一个明眼人,说话时一般离不开目光交流,因为通过目光可以相互交换信息、传达彼此的看法。但是,由于视觉器官的缺陷,目光的交流对于他们来说是不存在的。而形体动作、手势和面部表情对与视觉障碍者也是极为少见的。视觉障碍者体态语的缺乏会伴随他们终身,在一定程度上对语言的发展造成障碍。例如,视觉障碍儿童在进行足球运动时,由于视觉的缺陷,他们不能像明眼儿童一样通过体态语来向其他人传达信息,表达自己的意图,因而他们也不能把体态语通过语言表达出来。

由于缺少体态语的辅助,视觉障碍儿童的某些方面的语言表达必然存在一定的弱势,进而对思维发展也会产生一定的影响。因为没有体态语的辅助,视觉障碍儿童不能对输入的信息进行深层次的加工,在一定的问题情境中,也难以在头脑中形成问题解决的策略。进而,也不能通过语言这一物质外壳表达出来。可见,视觉障碍儿童缺少体态语的辅助,对其思维的发展存在影响。

3. 注意与记忆　视觉障碍儿童虽然在认知上存在一定的滞后性,但是有较强的注意和记忆能力。其注意主要表现为有意注意的能力。视觉障碍儿童由于视觉的障碍,使其来自视觉通道的干扰很少或全无,因此,在听觉、嗅觉和触觉的注意上存在一定的优势,通过不断地强化,有意注意得到较大的发展。在记忆方面,主要表现为机械记忆和听觉记忆较强。由于视觉经验的匮乏,难以形成视觉表现,儿童表现出以机械记忆为主的特点;但视觉障碍儿童有较强的听觉记忆。在工作记忆方面,年龄较小的视觉障碍儿童明显落后于明眼儿童。但随着年龄的增长,这种差异逐渐消失。

(二) 行为特征

视觉障碍儿童,由于视觉的缺失,大部分时间处于黑暗与孤寂的状态。其行为表现有别于明眼儿童,主要表现为:视觉行为、动作行为及亲社会行为等的不足。儿童要学会以上行为,需要付出巨大的努力。因此,缺乏自信心、焦虑及挫折感成为其主要存在的问题。

1. 情绪特征与社会适应 视觉障碍儿童的情绪、情感的深刻性较好,通过适当的心理疏导与教育可以形成较稳定的、深刻的情感体验。但是,视觉障碍儿童的情绪倾向多呈现出消极被动状态,即缺乏积极、热情及乐观的情绪,更多倾向是消沉、颓废、灰心和焦虑不安等消极状态。这主要是由于视觉障碍儿童需求不能得到满足,行为目标难以实现,进而产生挫折感。如家庭和教育能给予积极的引导和及时的满足,会使其挫折感与焦虑感逐渐降低,向积极乐观的方向发展,养成坚强的性格,敢于面对困难,不骄不躁,培养战胜困难的决心等;如果教育与引导不当,其消沉感、挫折感加强,可能逐渐向冷漠、自我封闭甚至反社会的方向发展。

2. 社会适应与互动 与明眼儿童相比,视觉障碍儿童在自主时间内互动很少。他们的社会技能发展较为迟钝。一些视力障碍儿童在接受和表达情感时存在一定的困难,而其情感和行为有助于社会交往能力的发展。视觉障碍儿童由于视觉的缺失,使其具有孤寂感,所以,他们显得比明眼儿童更需要结交朋友或维持伙伴关系。

然而,影响视觉障碍儿童的社会化因素使他们看不到社会信号,不能进行及时有效的反馈,这就降低了他们与他人互动的机会。例如,在交流中,视觉障碍儿童看不到他人的面目表情、肢体语言等变化,这将阻碍其了解他人的信息。这些消极的、被动的行为表面上是对同伴的交流缺乏兴趣,实际上这种行为可能成为影响视觉障碍儿童社会交往发展的重要因素。因此,为了使视觉障碍儿童更好地适应社会,学校和家庭应为其提供更多适合其发展的互动环境,例如,鼓励视觉障碍儿童参加社区活动、视觉障碍儿童随班就读等,促进其社会适应行为的发展。

第二节 早期训练与指导

视觉障碍儿童的早期训练是根据儿童视觉障碍的程度及其所具备的能力进行组织安排的。其早期训练的内容主要包括学习技能训练、定向行走、听技能训练及功能性生活技能训练等,通过以上的训练可为其更好地学习和生活服务。

一、听技能训练与指导

视觉障碍儿童由于视觉的缺陷,他们必须通过倾听以获取大量的信息。而视觉障碍儿童本身并没用优于明眼人的听觉,因此,正确的听觉训练,可以使视觉障碍儿童更有效地使用他们的听力。

听觉技能的训练是每个视觉障碍儿童教育计划中一个非常重要的组成部分。倾听是视觉障碍儿童获得外界信息的主要手段之一,因此,发展视觉障碍儿童的倾听能力至关重要。倾听主要包括:感知声音、辨别声音、确定生源及声音与意义进行正确匹配。

辨音训练是倾听训练的重要组成部分,能促进视觉障碍儿童听和理解周围的各种声音。幼儿的辨音训练主要学习辨别简单的和复杂的、近处的和远处的、轻柔的和喧嚣的、高调的和低调的声音。在进行辨音训练的同时应尽可能结合触摸训练。例如:家长在训练幼儿辨别家庭成员时,可以通过不同的人发出的声音来认识其人。可以使幼儿先听到妈妈的声音,告诉他:"这是妈妈。"然后让他触摸妈妈的脸庞、头型、身高等特征认知妈妈。采用此种方法,幼儿便可认知熟悉、亲切的人。此外,幼儿还要对周围环境和出声事物进行训练,如风声、雨声、汽车声等。通过对环境和事物的辨别可以增强儿童对环境的适应能力。

听技能训练的指导思想是从易到难,从简单到复杂。具体体现在先在安静的环境中听,后在嘈杂环境中听;先静止地听,后在行走中听;先听静止的生源,后听运动的生源;先连续地听,后间断地听。注意训练不要过度,刺激不要太强,以免影响视觉障碍儿童生的听觉功能发展。

二、定向行走训练与指导

(一)定向行走

定向行走又称定向移动。定向与行走是盲人独立行走两个相互依赖不可缺一的能力。盲人运用多种感官确定自己在一定环境中与环境及其他物体之间的相互位置关系的过程叫定向,从一地移动至另一地的能力叫行走,定向是行走的前提,行走前和行走过程中都需要根据环境中的各种信息不断地定向。定向行走训练是视觉障碍儿童教育的一项重要的内容,对视觉障碍儿童的生活和学习有重要的意义,掌握定向行走可以使学生能在各种环境中进行有目的、安全、有效、独立、自如的行动,扩大视觉障碍儿童的活动范围,为生活自理能力和独立上学打下基础,进而增强其自信心和独立性。

在对视觉障碍儿童进行定向行走训练时,视觉障碍儿童要有自我保护意识。在行走时应先把一手放在脸的前面,用来保护脸部;另一手放在身体的前面用来保护身体,小心行动。定向行走策略:沿物慢行、取直角、用胳膊当缓冲器等。注意:如有弯腰、鞠躬等行为时,用手挡住脸,以防碰到座椅。行走范围:从内到外、从近到远,逐步扩大,视觉障碍儿童先在房间内和小区域内活动,摸着墙壁和家具行走。行走训练时,要随时告诉其自身的位置,并使其记住自己的位置。

(二) 盲杖

对于独立行走的视觉障碍儿童,可以使用设备辅助其行走。盲杖便是最为常见和有用的设备。盲杖能够提高视觉障碍儿童行走与活动的能力。

视觉障碍儿童在行走过程中使用盲杖要注意:①视觉障碍儿童在行走前,在身体前方轻轻地扫过一个弧形,以此来获得前方道路的信息;②盲杖的长度和地面到视觉障碍者肘部的长度相等;③如果其行走的速度较快,步子较大,盲杖可以稍长一点;④盲杖应保持在视觉障碍者前方一步远的距离,一般盲杖点触在视觉障碍者的左(右)侧面时,视觉障碍者应相应的迈出右(左)腿。盲杖碰到不同的物体,会发出不同的声音,视觉障碍者可以根据其声音作出辨别。如果能够正确有效地使用盲杖,它既可以当做缓冲器,可以使个体远离障碍物,如门、交通标志牌等,又可以当做探测器,探索前方物体或状况,如上下坡路或路面状态等。

虽然盲杖的使用在很大程度上给视觉障碍儿童带来了帮助,提高了其独立性,但也存在一定的不足:①在较复杂的环境下,盲杖的作用会受到局限;②盲杖对于视觉障碍儿童来讲,是一种标签的体现。目前,盲杖的使用已经更多地得到人们的认可,学龄前视觉障碍儿童定向行走技术与盲杖的使用被关注,这也为其他行走辅助设备的发展奠定了基础。

(三) 导盲犬

导盲犬在视觉障碍人群中使用的比例极小。导盲犬的使用者必须具备良好的定向行走技能,选择路线,清楚周围的环境。导盲犬在特殊导盲犬中心进行一段时间的训练能听从指令,并且配有特别的背带,能够帮助视觉障碍者远离障碍物,确保其处于安全的环境。对于 18 岁以下,仍参加学校学习的个体很少接受使用导盲犬的训练。但是,视觉障碍幼儿应多与犬接触,产生与犬交往的体验,与犬建立良好的关系,为将来成为一名导盲犬使用者做好准备。

虽然拥有一条导盲犬可以解决外出的许多问题,但是也存在一定的不便。导盲犬可以提高视觉障碍者自己行走的自信心和独立性,而且可以提高与明眼人交流机会;然而,导盲犬和宠物不同,它如同视觉障碍者的工作伴侣,所以使用导盲犬时应注意:①没有经过视觉障碍者的同意,不可以随便抚摸、拥抱导盲犬;②不要握导盲犬的背带,造成视觉障碍者与导盲犬的不便;③如果一位和导盲犬同行的视觉障碍者需要帮助,要走到和导盲犬对面一侧(如导盲犬在左侧,帮助者要到右侧),询问其需要什么帮助。

(四) 电子行走设备

电子行走设备与盲杖、导盲犬一样,用来促进视觉障碍者定向行走。但是,一般电子行走设备都与盲杖、导盲犬结合使用。通过将激光等电子设备安装在盲杖上,将激光发出的红外线转化为声音,帮助视觉障碍者作出判断。定向行走训练器、音波向导等可以通过超声波来帮助视觉障碍者确定环境中障碍物的距离、方向和特征。

三、学习技能训练与指导

(一) 盲文

视觉障碍儿童与明眼儿童一样,要学习科学文化知识。盲文是视觉障碍儿童识字的基本方法。盲文的学习是一种相对艰苦和细致的活动,要靠触读和听读训练来进行。触读的内容是点字盲文,点字盲文的发明者是法国的盲人教师布莱尔。盲文由左右两排、上中下三行共 6 个点组成。中国盲文是在布莱尔盲文的基础上经过修订,进行本土化设计而成的。盲文的书写器具是点字板和点字笔,利用点字板和点字笔在特制的厚纸上从右向左进行点写,然后将纸翻面进行阅读。

盲文是视觉障碍儿童必备学习的一项技术;但完全熟练掌握盲文是需要较长一段时间训练的。而且,盲文阅读材料的制作与发行存在一定的困难,所以,视觉障碍儿童通常学习使用盲文打字机来书写盲文。盲文打字机是一种 6 个键的机器设备,与打字机有些相似。

(二) 盲人计算机

随着科学技术的发展,尤其是计算机的推广,使视觉障碍者的学习和生活条件有所改善。盲人计算机的问世,实现了视觉障碍者使用计算机进行交流、上网聊天、浏览信息等愿望,拓宽了视觉障碍者的生活空间,为视觉障碍者的教育、工作、交流及娱乐提供了大量的机会。

我国清华大学自动化系统成功地研制出适合盲人使用的清华盲人双星计算机。该系统使盲人实现了与明眼人进行文字交流、上网浏览信息、对汉字(英语)或盲文进行文字编辑等过去想都不敢想的愿望,拓展了盲人的生活空间,为盲人的生活和学习提供了便利。盲人双星计算机是专为盲人设计的盲用点字计算机。这种视觉计算机具有完备的语音功能,并具有能显示盲文点字的触感屏,盲人用此可以方便地编辑文件,摸读文字信息,实现和明眼人一样地享用现代信息技术所提供的资源。专为盲人设计的点字计算机有两种工作方式:一种是作为主机的外设,用来将主机屏幕上的所有文字信息转化成点字显现出来;另一种是作为独立的点字计算机,盲人可以用来操作输入文本和触摸文本内容。

四、功能性生活技能训练与指导

特殊教育的意义就是使学生的生活方式发生有意义的转变,是学生获得离校后适应环境的功能性生活技能。视觉障碍儿童日常生活技能训练主要包括如下内容:烹饪、饮食、购物、个人卫生、穿着打扮、经济管理、交通及娱乐等,这为视觉障碍儿童获得一个愉快而又独立生活奠定了基础。

(一) 饮食训练

饮食本是一件平常之事,但对于视觉障碍儿童而言却存在一定的困难,因此只有通过训练才能使视觉障碍儿童与普通儿童一样吃喝。训练前帮助视觉障碍儿童认知不同性质的食物,告诉视觉障碍儿童所吃的食物是什么,食物是什么形态、液体还是固体,品尝食物的味道,说出自己的感受等。注意:①吃喝训练时要教会视觉障碍儿童如何避免危险发生,如打翻水杯、开水烫伤等;②家庭、或学校就餐,应尽量给视觉障碍儿童选择固定的坐位,以便其作出正确的情景判断。

(二) 如厕训练

如厕对全盲的儿童来讲,是一件非常困难的事情。只有经过长期并且反复的训练才能使其独立完成。完成如厕需要嗅觉和触觉辅助完成。便后擦拭、整理衣物和洗手是视觉障碍儿童必须掌握的,以便保持个人卫生。同时,建议训练者或家长保持良好的耐心,支持并鼓励,增强其自信心。

生活技能训练是视觉障碍儿童成年后独立生活所必须具备的,通过训练可以进一步扩大其活动范围,增强其生活自理能力,减轻家庭与社会的负担,同时也为其更好地融入社会奠定基础。

总之,解决视觉障碍儿童生活和学习上问题最有效的方法是进行技能训练,使其尽早掌握各种技能,增强学习能力和生活能力,促进更好地适应社会。

第三节 视觉障碍儿童的教育

一、视觉障碍儿童教育的意义

随着人类文明的进步,科学技术的发展,特殊教育的发展已经成为衡量一个国家和地区综合实力和文明程度的重要标志,并在一定的程度上反映了时代要求。视觉障碍儿童教育是特殊教育的重要组成部分,正确看待视觉障碍儿童,积极探索其教育教学规律,使每一名视觉障碍儿童能得到较好的发展,已经成为今天视觉障碍所探讨的问题。这对于提高国民素质,促进社会的文明进步,具有十分重要的意义。

(一) 社会意义

我国是一个具有悠久历史的文明古国,政治、经济和文化随着国力的强大而不断地发展,社会的民主性也不断地增强,每个公民的权利得到更好的诠释。《中华人民共和国宪法》第45条明确规定:"国家和社会须帮助盲、聋、哑和其他有残疾的公民的劳动、生活和教育。"《中华人民共和国义务教育法》、《关于发展特殊教育的若干意见》、《残疾人教育条例》等都提到了关于残疾人的教育,说明我国特殊教育发展进入到法律层面。视觉障碍儿童教育体现教育平等的权利,视觉障碍儿童教育的发展程度从某种角度体现我国的教育、儿童保教、社会福利等方面的优越性,也体现公民的平等权利和国家对残疾人的关注。

视觉障碍儿童的教育对社会的发展至关重要。通过受教育视觉障碍儿童可以学习科学文化知识、健康成长,充分发挥其价值,成为对国家、社会有用人才,这样就可以减轻社会和家庭的负担,减轻因其残疾给父母和家庭带来的痛苦,从消极、被动的因素转变为积极力量;如果不经过教育,缺乏科学文化知识和基本的劳动技能,将成为家庭和社会的负担。从我国现有的经济状况来看,总体经济发展水平仍有待提升。所以,视觉障碍在内的残疾人得到全部的国家资助和社会福利的资源仍有限。但视觉障碍者在接受教育后,掌握一定的知识与技能,就可以培养成为创造财富的劳动者,成为一个自食其力的人。

(二) 儿童自身的意义

视觉障碍儿童的教育对自身的发展至关重要。由于视觉上的缺陷,使视觉障碍儿童在各方面发展滞后,通过接受教育视觉障碍儿童在语言发展、认知发展、社会交往等方面都会有所进步;利用现代化的科学技术,帮助视觉障碍儿童康复或弥补缺陷,使其能更好地融入社会。

视觉障碍儿童通过受教育,使其受教育权利得到体现,促进其更好地生活与发展。视觉障碍儿童由于自身存在的缺陷,长期处于缺乏关注的状态,自我表现为孤独、封闭、缺乏自信心等特点。通过接受教育,学习广泛的知识与文化、扩大自我的视野、思想得到开放,使其树立科学的世界观、人生观和价值观,为其更好的生活和发展创造条件。

二、视觉障碍儿童的教育目标

视觉障碍儿童的教育属于基础教育部分,是普及九年义务教育的组成部分。视觉障碍儿童的生长发育规律与明眼儿童基本相同,但由于视觉缺陷,使其具有一定的特殊性。因此,视觉障碍儿童的教育目标的设定整体遵从普通学校的教育目标,但有其自身的特点。

视觉障碍儿童教育的总目标:遵循教育必须为社会主义建设服务,社会主义建设必须依靠教育的指导思想,贯彻国家保障残疾儿童受教育权利的要求,从视觉障碍儿童的身心特点出发,使他们在德、智、体、美、劳诸方面都得到发展,成为有理想、有道德、有文化、有纪律的社会公民。

三、教育安置

根据视觉障碍儿童的身心特点和教育需要,对其进行合理的教育安置。在进行安置时要考虑到相关因素。首先,要考虑的是视觉障碍的程度;其次,要考虑儿童的年龄、视觉障碍出现的年龄、智力程度、学业成就水平、视觉障碍的心理适应、定向行走能力及有无其他障碍等。

视觉障碍儿童教育安置应该以是否使视觉障碍儿童获得最大程度上的满足为目的。因此,视觉障碍儿童的教育安置是富有弹性的。我国现阶段,视觉障碍儿童安置有专门学校、特殊班和随班就读3种类型。

(一) 专门学校

我国一些较大城市设有视觉障碍儿童专门的学校即盲校。招收视觉障碍儿童,实行集体教育。盲校的学生一般实行寄宿制,只有少部分走读。

(二) 特殊班

特殊班主要是指在一般学校中专门为视觉障碍儿童开设的班级。

(三) 随班就读

随班就读是我国融合教育的一种形式,是将视觉障碍儿童安置在普通班级中,同普通儿童一起接受教育的一种形式。

四、盲校教育

盲校的教育是义务教育的组成部分,是大部分视觉障碍儿童教育的主要场所之一。为了更好地促进视觉障碍儿童的发展,教育部 2007 年 2 月颁布了《盲校义务教育课程设置实验方案》,该方案规定了视觉障碍儿童的培养目标、课程设置等方面的内容来完善盲校教育。

(一)视觉障碍儿童的培养目标

全面贯彻党的教育方针,促进视力残疾学生全面发展,尊重个性发展,开发各种潜能,补偿视觉障碍,克服残疾带来的种种困难,适应现代生活需要。使学生具有爱国主义、集体主义精神和民族精神,热爱社会主义,继承和发扬中华民族的优秀传统和革命传统;具有社会主义民主法制意识,遵守国家法律和社会公德,依法维权;逐步形成正确的世界观、人生观、价值观;正确地认识和对待残疾,具有乐观进取、自尊、自信、自强、自立、立志成才的精神、顽强的意志以及平等参与的公民意识;具有社会责任感,努力为人民服务;具有初步的创新精神、实践能力、科学和人文素养以及环境意识;具有适应终身学习的基础知识、基本技能和方法;身体健康,具有良好的心理素质,养成健康的审美情趣和生活方式,学会交流与合作,初步具有独立生活能力、社会适应能力和人生规划意识,成为有理想、有道德、有文化、有纪律的一代新人。

(二)视觉障碍学生课程设置的原则

视觉障碍学生除了应遵循普通义务教育课程设置的原则外,还应具有适应本群体的原则。

1. 普遍性与特殊性相结合的原则 贯彻国家基础教育课程改革精神,坚持视力残疾儿童教育与普通儿童教育共性的同时,从视力残疾儿童身心发展的特点出发,注重学生的潜能开发和缺陷补偿,调整教育内容、课时数,已达到与普通教育相应的目标,促进视力残疾儿童全面发展。

2. 继承、借鉴与发展相结合的原则 结合国情,总结并继承我国各地视力残疾儿童教育的成功经验,立足全面发展、注重潜能开发和补偿缺陷、加强劳动教育、强调适应社会;借鉴与吸收国外视力残疾儿童教育的有益经验,力求教育与医疗、教育与康复、教育与训练、教育与心理辅导等相结合,让学生学会学习、学会做事、学会共处、学会做人。

3. 面向全体与照顾差异相结合的原则 从多数视力残疾儿童的教育需要出发,合理均衡地设置课程,同时针对视力残疾儿童个体间差异,根据地方和学校的实际以及学生的特殊需要,进行适度调整,力求面向全体、因材施教。

4. 综合课程与分科课程相结合的原则 依据视力残疾学生身心发展的特点和学科知识的内在逻辑,整体设置义务教育阶段课程;重视学科知识,社会生活和学生经验的整合;课程门类方面,低年级以综合课程为主,高年级以分科课程为主,同时做好各年级课程之间的衔接与过渡。

(三)盲校课程设置

盲校实施九年义务教育课程,分为低、中、高年级 3 类。其中低、中年级阶段以综合课程为主,高年级阶段设置分科与综合相结合的课程,开设思想品德(低年级考设品德与生活,高年级开设思想品德)、语文、数学、外语(三年级开始)、体育与健康、艺术(或分科选择音乐、美工)、科学(高年级或分科选择生物、物理、化学)、历史与社会(或分科选择历史、地理)、康复(低年级开设综合康复,低、中年级开设定向行走,中、高年级开设社会适应)、信息技术应用、综合实践活动等课程,见表 4-5。

表 4-5　盲校义务教育课程课时设置表

课程		年级									百分比(%)
		一	二	三	四	五	六	七	八	九	
课程门类	品德与生活	2	2								6.3
	品德与社会			2	2	2	2				
	思想品德							2	2	2	

课程门类	课程		一	二	三	四	五	六	七	八	九	百分比(%)
课程门类	历史与社会*	历史							2	2	2	3.5
		地理							2	2		
	科学*	科学			2	2	2	2				7.8
		生物							2	2		
		物理								3	3	
		化学									4	
	语文		7	7	6	6	6	6	6	6	6	18.3
	数学		5	5	5	5	5	5	6	6	6	16.9
	外语				2	2	2	4	4	4	4	7.8
	体育与健康		2	2	2	2	2	2	2	2	2	6.3
	艺术*	美工	2	2	2	2	2	2	1	1	1	10.6
		音乐	2	2	2	2	2	2	1	1	1	
	康复	综合康复	3	2	1							7.4
		定向行走	1	1	1	2	2	2				
		社会适应				1	1	1	1	1	1	
	信息技术应用		1	1	1	1	1	1	1	1	1	15.1
	综合实践活动		1	2	2	3	3	3	2	1	1	
	学校课程		2	2	2	2	2	2	2	1	1	
	周总课数(节)		28	28	30	32	32	33	33	34	34	284
	学年总时(节)		980	980	1 050	1 120	1 120	1 155	1 155	1 190	1 122	9 872

说明:带＊的课程为积极倡导选择的综合课程,条件不足的也可选择分科课程。

(四) 课程设置的有关说明

1. 关于课程的实施　本课程方案所规定的课程门类、教学内容、教学要求、课时分配,体现了国家对全日制盲校义务教育的基本要求,是各级教育部门和盲校组织、安排教学活动的依据,制定各科课程标准、编写教材的依据和督导、评估盲校教学工作的依据。在本方案的指导下,各省、自治区、直辖市教育厅(教委)可结合本地区的实际情况进行适当调整,并对地方安排课程的设置、课时分配等做出明确规定。调整后的课程方案下发当地盲校严格执行,并报国家教育部门备案。

盲校学制为九年一贯制。入学年龄一般与当地普通小学相同,在特殊情况下课适当放宽。盲校每班班额以8~12人为宜,如有视力残疾兼多重残疾学生,班级人数可适当降低。每学年上课时间35周。学习机动时间2周,由学校视具体情况自行安排,如学校传统活动、文化节、运动会、远足等。复习考试时间2周(九年级的第二学期毕业复习考试时间增加2周)。低年级每天安排6节课,中高年级每天安排7节课。每天安排广播操20分钟;对低视力学生应安排眼保健操,上下午各1次。统筹安排体育课和体育活动,保证学生每天有1小时体育锻炼时间。每节课时原则上为45分钟;低年级阶段,应当在每节课的中间安排5分钟的休息或活动。

盲校对盲生和低视力学生应当实行分类教学。为低视力学生举办低视力班,对于人数不足以编班的低视力学生,可以和盲生混合编班,但应积极创造条件同班分类教学。盲校应创建低视力无障碍环境,为低视生配置助视器械、大字课本、适宜灯具等有关设备,学习和使用明眼印刷文字,注意并鼓励低视生利用其剩余视力,并传授有效使用和保护剩余视力的技巧,提供其运用视觉的能力。低视力班的教学安排,可参照普通学校课程设置方案,进行适当调整。普通学校可参照本方案对随班就读的视力残疾学生实施特殊教育。对于有其他障碍的视力残疾学生,也应采取相应的措施给予专门指导。

各门课程均应结合本学科特点,有机地进行思想、道德、环境、心理健康、国防、安全等教育,进行无神论和破除封建迷信的教育以及转变旧习俗、树立新风尚的教育。各门课程均应结合本学科的特点,注重调动盲生多重感官参与学习。高年级阶段可继续进行定向行走训练。定向行走课程教学应结合盲校寄宿制的特点,安排在学校集体教学之余进行,并注意课上与课外相结合、集中指导与个别矫正相结合。盲校应对有个别矫正需要的学生实施个别矫正。

根据学生的学习成绩、特长和志愿,高年级时学校可实行分流教学;对于不准备升学的学生,可安排较多的时间进行社会生活和劳动技术教育;对于准备升学的学生,可安排较多的时间学习文化课。在最后一年,应安排必要的时间对学生进行升学、就业的教育和指导。

2. 关于课程的评价 实行学生学业成绩与成长记录相结合的综合评价方式。学校应根据目标多元、方式多样、注重过程的评价原则,综合运用观察、交流、测验、实际操作、作品展示、自评与互评等多种方式,为学生建立综合、动态的成长记录手册,全面反映学生的成长历程。

学期、学年和毕业的终结性考察,考试是对学生学习水平的考核。要在教育教学的全过程中采用多样的、开放式的评价方法(如行为观察、情景测验、学生成长记录等)了解每个学生的优点、潜能、不足以及发展的需要。

考试是评价的主要方式之一,考试应与其他评价方式相结合;要根据考试的目的、兴致、内容和对象,选择相应的考试方法;通过考试促进每个学生的进步。

每学期、学年结束时学校要对每个学生进行阶段性评价。评价内容包括各学科的学业状况和教师的评语。评语应在教师对搜集到的学生资料进行分析,并与同学、家长交流、沟通的基础上产生。评语应多采用激励性的语言,客观描述学生的进步、潜能及不足。同时要制订明确、简要的促进学生发展的改进计划,帮助学生认识自我,树立自信。

考试、考查采用闭卷、开卷、口试、操作等多种方式,学习成绩评定采用等级制或评语制,不得将学生成绩排队、公布。

考核要全面,通过对学科知识和能力的考核,促进学生整体素质的提高和特长的发展。

初中毕业、升学考试命题必须依据国家课题标准,杜绝设置偏题、怪题,要采用形式多样的考试方式,使学生在考试中有展示特长和潜能的机会。参加当地初中毕业、升学统一考试时,考试时间为普通考试时间的1.5倍,对视力残疾学生不可感知或超出视力残疾学生能力的题,原则上按得分题的比例折算弥补追加。

参加当地教育主管部门确定考试科目和命题考试合格即准予毕业。

五、随班就读教育

随班就读就是在普通教育机构对特殊学生实施教育的一种形式,即把特殊儿童安置在普通学校的普通班级里,让他们和正常儿童一起接受教育。它不是将特殊儿童简单地放在普通班级里,而是要创造条件,为特殊儿童提供适宜的服务。

视觉障碍儿童随班就读的目的是实现视觉障碍儿童与明眼儿童在同一环境下共同接受高质量的教育。随班就读的视觉障碍儿童可以与明眼儿童享受同一的教育环境、课程、师资及教学资源等,但可根据视觉儿童的需要,学校提供特别的帮助。

(一) 随班就读的课程

随班就读的视觉障碍儿童一般和明眼儿童一起学习普通教育课程,但视觉障碍儿童由于视觉的缺陷,会影响其学习普通课程。因此,课程适应的策略有所改变。

1. 改变学生获得知识的方式 通过改变知识的呈现方式或视觉障碍儿童的学习方式,有效地进行缺陷补偿,从而降低学生学习普通教育课程的难度。例如,教师可以将视觉展现的教学内容转变为听觉的材料,使视觉障碍学生通过听、记来掌握知识。

2. 调整课程的内容 要想使视觉障碍儿童能更好地适应课程,调整课程的内容也是十分有效的方法。第一,调整课程的数量与内容。如果视觉障碍儿童无法完全适应普通教育课程的所有内容,则可以适当调整课程的内容和数量。在保留课程的基本结构的同时,教师应在学生的学习能力和学习水平的基础上保留课程的核心知识与体系,对不会影响课程体系的又较难掌握的内容,选择适当的删减。在学习核心知识时,教师可以适当地减少视觉障碍儿童学习内容的数量,做到学的少而精。第二,调整课程的深度与难度。这种调整方式是使视觉障碍儿童与明眼儿童学习相同的内容,但考虑视觉障碍儿童的认知缺陷,特别是抽象思维的学习内容,降低视觉障碍儿童的难度与深度,即"同教材、同进度、异要求"。教师不能随便调整课程的难度与深度,做到不改变逻辑与体系。对于核心知识的学习,视觉障碍儿童即使达不到正常学生的水平,也要学生掌握基本内容。总之,教师应恰当地运用教学策略,做到深入浅出、化难为易,使视觉障碍儿童更好地掌握知识。

3. 设置特殊课程 视觉障碍儿童的随班就读具有一定的特殊性。当普通课程无法满足视觉障碍儿童需要时,应为其设立特殊课程。视觉障碍儿童的特殊课程主要有阅读、盲文、定向行走和生活指导等。阅读和书写盲文是视觉障碍儿童应具备的基本能力之一,开设专门的课程训练儿童摸读和盲文书写,使视觉障碍儿童尽快掌握摸读与盲文书写。定向行走的训练可以使视觉障碍儿童扩大活动范围,提高生活自理能力与自信心,更好地适应社会。通过为视觉障碍儿童开设生活指导课,可以使视觉障碍儿童提高生活自理与自立的能力。

总之,视觉障碍儿童随班就读的课程是随班就读教育的核心内容,需要仔细研究进行设计,使视觉障碍儿童与明眼儿童共同学习、共同进步。

(二) 随班就读的师资

视觉障碍儿童随班就读的成败除了取决于课程的安排、视觉障碍儿童个体智力与心理的发展水平等,更大程度取决于指导教师。指导教师在视觉障碍儿童随班就读实践教学中起到重要的作用。

第一,在社会活动方面,随班就读指导教师是视觉障碍儿童随班就读的积极宣传者。向普通学校和社会宣传正确的残疾儿童观、视觉障碍儿童随班就读的重要性及可行性,向人们介绍视觉障碍儿童的优点、才能及品质,使人们正确认识视觉障碍儿童,为其更好融入社会奠定基础。

第二,在教育方面,起到示范和指导的作用。向普通学校教师传播视觉障碍儿童教育的基本常识、视力残疾对儿童所造成的影响、在视觉障碍儿童教育中可能出现的问题以及在教学中如何照顾视觉障碍儿童的特殊需要等。

第三,在家庭方面,起到积极的引导作用。指导教师能指导家长与学校更好地配合,促进随班就读。使学校与家庭相互配合,促进随班就读的顺利进行。

第四节 家庭与社区康复

家庭和社区是视觉障碍儿童教育与生活的重要场所。仅依靠学校是不能完全满足视觉障碍儿童需要的,因此,视觉障碍儿童家庭与社区的教育至关重要。

一、家庭教育

(一) 家庭的责任

家庭是视觉障碍儿童生活与学习必不可分的场所。父母是儿童最亲近的人,与儿童接触的时间较多,大部分视觉障碍儿童早期的训练都是父母所教会的,如听技能训练、基本的生活技能的训练等。父母可以通过各种形式的活动训练视觉障碍儿童,为其更好地学习和生活服务。

(二) 家庭训练的原则

视觉障碍儿童家庭训练是烦琐而持久的,需要家长有足够的耐心与热情。切忌家长缺乏信心,进而造成视觉障碍儿童的自信心下降,降低学习适应生活的能力。在进行家庭训练时应遵循以下原则。

1. 安全性原则 保障视觉障碍儿童的安全是进行家庭训练的前提条件。由于视觉的缺陷,使视觉障碍儿童对周围的环境与物体不能正确清楚地认知,需要家长介绍视觉障碍儿童活动的环境,并保证活动场所的安全性。如某一环境的地面、楼梯、桌角等问题都需要家长仔细考虑确保视觉障碍儿童的安全。

2. 兴趣性原则　父母作为视觉障碍儿童的第一任教师,在对儿童进行训练时要讲求一定的训练原则,应选择在一个轻松愉快的氛围中进行,提高孩子的兴趣。因此,在训练时不要强迫孩子按照家长的意图训练,提高儿童活动的自主与兴趣,考虑儿童的情绪变化,使儿童在轻松、快乐的氛围中进行训练与学习。

3. 鼓励性原则　视觉障碍儿童与明眼儿童相比,表现为敏感、脆弱、孤僻等。所以,在训练时,家长应多给予表扬、鼓励,帮助儿童建立自信心,促进其更好地独立生活与学习。

4. 灵活性原则　视觉障碍儿童的家庭教育与训练要采用灵活性原则。一方面,要合理安排儿童训练的内容;另一方面,要保证训练的灵活性。如在特殊的环境下,要灵活安排或调整儿童的训练内容,做到恰到好处。

（三）家庭训练的内容及方法

进行视觉训练最方便、最可行的途径是日常生活活动,家庭环境是视觉障碍儿童进行日常生活活动有效的场所,因此,几乎所有的家庭活动都可以和视觉功能训练相联系。家长按照一定的科学原理和方法在家庭活动中对孩子进行有针对性的指导,在培养孩子生活技能的同时提高他们的视觉功能是具有重要意义的。在这些活动中要求家长应有足够的耐心,利用一切机会对孩子进行视觉训练,提高孩子的用眼能力,进而提高孩子的生活能力和认知能力。

1. 自我管理训练　与同龄普通儿童比较,视觉障碍儿童的自我管理能力较弱。有些儿童已达到上小学的年龄,仍不具备基本的生活自理能力。表现为不会刷牙、穿衣服,甚至个人卫生还是搞不好。这其中有视觉障碍儿童视觉残疾的影响因素,但主要原因还是儿童未形成良好的自我管理能力。视觉障碍儿童的自我管理训练主要包括自我服务能力训练、自给自足能力训练等。

自我服务能力训练是视觉障碍儿童的一项基本而又必要的训练,通过此训练有利于儿童更好地进行自我服务。例如,教儿童学习刷牙,家长可以让儿童选择自己喜欢的牙缸,通过感知能够辨认。在训练刷牙这一生活技能过程中,最困难与重要的是把牙膏挤在牙刷上,家长应通过反复训练,这样便于儿童更容易做到。要注意使牙刷毛和牙膏的颜色有所区别;自给自足能力训练是视觉障碍儿童必须具备的一项生活技能。作为家长应培养儿童自己吃饭、喝水、穿脱衣服等能力。例如:应培养儿童穿衣服的技巧与策略,使视觉障碍儿童快速、整齐地穿好衣服。

视觉障碍儿童的自我管理能力训练内容很多,在对儿童进行自我管理训练的同时,也要考虑到儿童的自身能力与特点,使儿童在舒适、轻松的家庭环境中实现自我管理。

2. 认知事物能力训练　对视觉障碍儿童进行认知事物训练,有利于儿童更好地适应生活。儿童需要认知的事物包括内部事物与外部事物。内部事物主要有家庭中的家具、玩具、日常的生活用品等。在日常生活中,利用身边触手可及的物品,随时对儿童进行视觉认知训练,增加儿童的视觉经验,逐渐使儿童通过物体的轮廓就能大概估计出物体的名称。外部事物主要有认识外部世界、认识周围环境等。在日常生活中,家长可以带儿童走到户外感受外界事物。这样,一方面有利于儿童更好地认识周围的环境;另一方面也促进家长与子女之间的沟通。

3. 文字训练　盲校存在一些低视力儿童,能够看汉字,甚至不用助视器也能看到常用字号的汉字。由于家长缺乏正确的认识,认为不利于用眼卫生,不主张儿童学习汉字,坚持让儿童学盲文。

视觉障碍儿童学习常用汉字,可以提高儿童的生活质量。简单来讲,去超市购物,他们可以自己看价签,选择合适的商品;外出时,可以通过助视器,自己看站牌,选择自己的乘车路线;需要自己签名时,可以拿过笔来就签。总之,视觉障碍儿童学习常用汉字,在提高孩子的用眼能力的同时,能够使孩子更好地融入社会。儿童学习汉字的桌面应光线充足,一般应配有可调节亮度和高度的护眼台灯。儿童最好使用黑色粗水笔、白纸写字。这样字的颜色和纸的颜色反差比较大,便于孩子辨认。

总之,视觉障碍儿童家庭训练的内容和方法,受儿童认知能力与身心发展水平的影响,在家庭中对儿童进行训练应有效地运用各种方法,因人而异因材施教。

二、社区康复

1976 年 WHO 倡导社区康复,随后得到联合国儿童基金会、教科文等 5 个组织的支持。2002 年,国务院办公厅转发卫生部等 6 部门《关于进一步加强残疾人康复工作的意见》中提出:到 2010 年在城市和中等以上发达地区的农村拥有 70% 以上社区康复中心;2015 年,使健康服务自上而下落实到残疾人身上,真正实现残疾人"人人享有康复服务"。社区康复是建立在社区与家庭基础上,为残疾人提供的康复服务。其特点是覆盖范围广、经济有效、方便快捷、简便利行。有利于调动家庭、社区的力量及残疾人的积极性,使残疾人从中受益,回归到社会。随着残疾人康复工作的开展,我国的社区康复取得了长足的发展。

视觉障碍儿童作为残疾群体的组成部分,其生存与发展受到全社会的广泛关注,社区康复工作的深入开展,为视觉障碍儿童更好的发展提供了有力的保证。

视觉障碍儿童的社区康复对视觉障碍儿童的成长与发展至关重要。如何使视觉障碍儿童尽早地康复,充分发挥残存功能,像正常人那样生活和工作,最终实现回归社会,社区康复发挥了重要的作用。社区康复的作用主要表现为以下几方面:第一,促进视觉障碍儿童进行针对性的训练。社区可以根据每名视觉障碍儿童的个人需求爱好、潜在能力、残疾程度等采用不同的康复方法与措施。第二,促进家长有效进行训练。针对视觉障碍儿童的功能障碍对其家长进行有计划、有目的的康复技能培训,使其能够了解和掌握一些基本实用的康复手段及方法,并能在家庭中为视觉障碍儿童进行有效的康复训练,从而达到治疗残疾或防止残疾的发展,让视觉障碍儿童在功能方面得到进一步的改善与优化。第三,促进预防与治疗工作的开展。社区康复工作有利于对早期视觉障碍儿童进行干预,对于社区无法满足的视力残疾儿童向上级康复治疗中心进行转诊或转介,实现视觉障碍儿童的有效地预防与治疗工作的开展。

综上所述,社区康复对视觉障碍儿童的成长与发展起到至关重要的作用,通过社区为视觉障碍儿童提供的教育康复环境,促进视觉障碍儿童更好地康复。与此同时,社区康复也为视觉障碍儿童享有均等的教育机会与为其更好地融入社会奠定了基础。因此,我们应从视觉障碍儿童的需求出发,开展早期社区康复训练与指导。

案例评析

活动类型:定向行走技能训练
活动名称:跨越障碍走过来
活动目标:1. 使视觉障碍儿童越过障碍物,走到自己的位置。
　　　　　2. 培养儿童良好的定向行走能力。
　　　　　3. 完善视觉障碍儿童独立、勇敢的品质。
活动准备:1. 环境准备:较大的房间、地面平坦。
　　　　　2. 实物材料:课桌、椅子。
　　　　　3. 教学分工:教师引导。
活动过程:

1. 导入　今天,老师来和大家一起训练顺利走过一段路,回到自己的位置。看看谁最勇敢,通过训练,能很快独立行走。

2. 基本部分

(1) 教师带领一名视觉障碍儿童从房间的一个位置走到另一个位置,引起其他儿童渴望独立行走的愿望。

(2) 教师讲解:下面老师告诉大家如何安全行走,好不好? 首先,大家要了解和熟悉你的身体和周围的环境。第二,定向行走的方法:沿物慢行、取直角、用胳膊当缓冲器等。第三,具备自我保护意识。在行走时应先把一手放在脸的前面,用来保护脸部;另一手放在身体的前面用来保护身体,小心行动。注意:如有弯腰、鞠躬等行为时,用手挡住脸,以防碰到座椅。这样做,以后我们就可以自己安全地走路了,我们就成为最勇敢的人了。

(3) 教师引导示范:下面老师来和大家做个游戏,这个游戏叫《照镜子》,游戏是这样的,老师说怎么做你就怎么做,和老师一起走一走,做一做。

(4) 视觉障碍儿童尝试自己走到指定位置。

(5) 巩固练习。

3. 结束部分　这节课我们训练行走,大家做得都好棒,希望大家以后能够独立行走,成为一个独立、勇敢的人。

活动评析：

1. 活动选材分析　选择视觉障碍儿童训练的核心内容：定向行走，通过定向行走训练使视觉障碍儿童实现独立行走。

2. 活动目标的达成与分析　本次活动目标从认知目标、能力与情感 3 个维度进行设计，有利于培养视觉障碍儿童的定向行走；同时，也促进视觉障碍儿童形成独立、勇敢的品质。

3. 活动环境的创设分析　选择室内环境作为视觉障碍儿童训练的场所，便于儿童在头脑中正确定位，促进其行走。

4. 活动组织形式和方法分析　活动开始以老师引领一名视觉障碍儿童行走为切入点，引起儿童的兴趣，然后加深儿童对定向行走重要性的认识，通过教师的示范与引导，鼓励儿童独立行走。

5. 儿童体验与发展分析　在整个活动中视觉障碍儿童积极主动参与，通过定向行走训练，实现儿童独立行走。

实践活动

项目一　观摩视觉障碍儿童定向行走技能训练活动

目标　1. 进一步明确定向行走技能训练的意义、目的及所要遵循的原则。

2. 进一步掌握定向行走技能训练的内容、方法及教学活动的设计。

3. 能够对活动方法、活动准备、活动过程和活动效果进行初步评析。

内容与要求　通过观摩盲校的定向行走技能教学活动，观察记录活动的全过程，重点观摩活动过程中导课、结课、活动的组织形式、活动过程的实施和各环节之间的过渡，学习教师对教学方法的运用。结合本单元所学知识，谈谈如果你是一位康复训练教师，你将采用何种方式设计并组织教学活动。

项目二　根据见习班级选择一个定向行走技能训练的内容，制订相应的教学方案

目标　1. 掌握定向行走训练的内容及方法。

2. 制订定向行走训练教学方案。

内容与要求　在掌握定向行走训练的目的、意义、内容、原则的基础之上，根据视觉障碍儿童的基本特征，制订相应的训练方案。

项目三　选择一名视觉障碍儿童，根据其身心发展水平与认知特点，在社区内制订定向行走训练方案

目标　1. 掌握定向行走训练方法，能独立行走。

2. 根据视觉障碍儿童特点，制定训练方案。

内容与要求　在掌握定向行走训练的目的、意义、内容、原则的基础上，根据视觉障碍儿童特点，制订训练方案。

拓展练习

目标　1. 进一步明确定向行走训练的目的、意义、原则。

2. 掌握定向行走训练的内容、方法。

3. 能够制订定向行走训练方案，组织和实施集体教学和个别教学中定向行走训练。

内容与要求　学生以组为单位，深入盲校的各个班级，观摩定向行走训练的集体教学和个别教学活动。

内容：①通过观摩集体教学或个别教学活动，记录教学过程，了解程序；②根据本人所在班级的视觉障碍儿童的状况，制定集体教学或个别教学活动方案。

要求学生在观摩过程中，根据观察、记录的内容，结合自身情况制订合理的教学活动方案。

单 元 五

自闭症儿童
的早期训练与指导

学习目标

通过本单元的学习,将帮助你:

1. 了解自闭症的分类和自闭症儿童的心理和行为症状。

2. 理解自闭症儿童早期训练的目的以及所遵循的原则。

3. 掌握自闭症儿童早期训练与指导的内容及方法。

自闭症(autism)这个词源自希腊的"autos",也就是自我的含义。但一般人对自闭症儿童一词,常望文生义地以为是那种把自己封闭起来,不与人交往的儿童。实际上,自闭症孩子和其他孩子最明显的差异是自闭症孩子对社会环境及社会互动缺乏兴趣,对人缺乏反应,难以与身旁的人建立情感。而许多自闭症对各种感官刺激会有异常反应,也常表现出一成不变难以更改的行为模式,造成学校及生活适应上的困难。

本单元将重点介绍自闭症的分类和自闭症儿童的心理和行为症状,自闭症儿童早期训练与指导的内容及方法。

第一节 自闭症基础知识

一、自闭症概念

对自闭症进行详细的临床研究并发表第一篇研究论文的学者是美国的临床医学家里欧·坎纳。他通过对 11 名儿童的临床观察,于 1943 年发表了题为《情感交流的自闭性障碍》(*Autistic disturbances of affective contact*)的论文。在他的研究中,将 11 名儿童的共同特征总结如下:很难与他人发展人际关系;言语获得的迟缓或丧失曾发展良好的语言能力;有重复和刻板行为;缺乏想象;擅长机械记忆;强迫性地坚持某些惯例或常规;有正常的生理外表。

1991 年美国教育部门对自闭症所作的定义是:自闭症意味着一种发展性障碍,对言语性和非言语性的交流以及社会性相互作用都带来了显著影响。通常在 3 岁前症状已出现,广泛地影响教育成绩。自闭症的另一显著特点是他们喜好进行反复行为和刻板运动,抵抗环境的变化和日常生活规律的变化,并且总拘泥于一种感觉体验的反应。如果一般教育不能适应他们,孩子的教育成绩受到广泛影响的话,是因为孩子有严重的情绪障碍。所以,自闭症是一种广泛性发展障碍,以严重的、广泛的社会相互影响和沟通技能的损害以及刻板的行为、兴趣和活动为特征症状的精神疾病。

二、自闭症分类

（一）根据缺乏社会互动的程度分类

根据赢和固德的观点，自闭症儿童的主要特征是缺乏社会互动。由此依据缺乏社会互动的自闭程度将自闭症儿童分为三大类：即隔离型（aloof）、被动型（passive）和主动特异型（active but odd）。

1. 隔离型 主要是社会性缺损，特别在同伴关系，并且在靠近他人时变得激动。表现如下。

（1）口语表现：语文及非语文沟通均出现严重缺损，语言未被运用为社会互动的工具，即使婴儿期具有语言发展，他们也很少出现双向的交流。

（2）非语文能力：非语文能力严重缺损，极少视觉接触及缺乏脸部表情。

（3）主动接近：不会主动接近他人，但在寻求基本需求满足时会出现靠近，但缺乏外显的情感表现。

（4）游戏及兴趣：极少参与象征或假想游戏，并缺少明显的内心意象，具有刻板化的倾向，虽然此一倾向会随年龄而减少，但他们只是被其他更复杂的反复行为所取代。

2. 被动型 可能表现为：虽然这些孩子除了想满足需求外，不会主动接近他人，但他们在他人接近时不会出现反抗，他们模仿、语文沟通能力也较无损伤，因此较容易管理，无显著智力缺损，在学校表现不错。

3. 主动特异型 可能表现为：会主动接近他人，但出现古怪的幼稚或单向的表现，包括单向的沉溺在他们跟他人说话的局限兴趣中，出现冗长唠叨、反复、刻板的表达方式。随着年龄增加，此一方式会被更抽象但受限的兴趣行为所取代，他们很少将所学知识运用于日常生活。

（二）根据自闭核心症状的典型程度分类

根据自闭核心症状进行扩展定义的广泛意义上的自闭症，既包括典型自闭症，又包括不典型自闭症，还包括阿斯伯格综合征、自闭症边缘、自闭症疑似等症状，也有人将其统称为自闭症谱系障碍（autism spectrum disorder，ASD）。提出自闭症谱系障碍的概念，主要是根据临床上逐渐发现，很多自闭症患者未必会表现出明显的核心症状（比如未必有刻板的行为），够不上典型自闭症的诊断标准，但是在社会性和交流能力方面还是有比较明显的缺陷，难以用一个特定的"标签"来命名，所以引入"自闭症谱系障碍"这个概念，把自闭的相关行为表现看成是一个谱系，程度由低到高，低端的就是典型自闭症，高端的就逐渐接近普通人群，即高功能自闭症。引入谱系概念之后，所谓的自闭症，只要具备了核心症状的一部分，就没有"是与不是"的概念，更确切的是"在谱系内的缺损程度有多深"。根据此种分类，常见的类型及其区别如表5-1。

表5-1 常见自闭症谱系障碍比较

诊断标准	自闭症	高功能自闭症	阿斯伯格综合征
在社会性互动方面有质的缺陷，如：以非语言行为来协助社会互动的能力有障碍、缺乏社交或情绪的交互作用等	★	★	★
在沟通上有质的缺陷，如：口语迟缓，并且没有尝试以另外的沟通方式（如手势）来补偿、刻板或特异字句、与他人维持话题的能力	★	★	有沟通上的困难，但不明显（如谈话过度集中相同的主题；不了解笑话或暗喻）
在行为、兴趣、活动方面有局限的、刻板的、重复的形式	★	★	★
3岁以前，至少下列领域有一项以上的迟缓： 1. 社会互动 2. 使用语言为社交工具 3. 象征或想象的游戏	★	★	
此障碍造成社会、职业或其他重要领域的功能临床上重大损失	★	★	★
智力表现	约80%有智能障碍：30% IQ分数落在50～70之间，50% IQ分数<50	智力落在正常范围	智力落在正常范围，但1/4～1/3有认知上的困难

　　自闭症儿童是特殊教育中增长最快的一类。在2003～2004学年,美国有140 473名年龄为6～12岁的学生接受了联邦《残疾人教育法》规定的自闭症种类的特殊教育服务,而这个数字是7年前接受自闭症服务学生人数34 101人的4倍多。法国的调查结果显示,流行率为5.35/万,若包括其他广泛发展障碍为16.3/万。所有研究均表明,在自闭症儿童中,男性多于女性。虽然我国至今尚无全国性的自闭症流行病学调查资料,但若按国际上保守的24/万推算(注:我国内地部分省市的流行病学调查结果显示出现率为1‰),全国就有几十万自闭症患者。目前,在我国约有50万自闭症患儿,男女比例为(2.6～5.7)∶1。

三、自闭症儿童的心理和行为特征

(一) 核心症状具体表现

自闭症的表现主要有以下三大核心症状群。

1. 社交功能障碍　社交功能障碍是从坎纳开始描述且以后一直被广泛认同的核心症状,其具体表现在不同年龄阶段有所不同。

(1) 婴儿期(1岁内):突出的表现是回避与他人的眼神接触,对说话声音不感兴趣,对亲昵动作反应淡漠;很少有相应的眼神、表情或姿势反应。这些现象很容易让家长怀疑孩子存在听力问题。

(2) 幼儿期(1～3岁):除了眼神接触方面的缺陷外,依恋行为的发展逐渐显露出异常。一般孩子在这个年龄段一方面会形成与亲人(特别是母亲)之间的依恋;另一方面在见到陌生人时会表现出对陌生人的恐惧。自闭症儿童往往亲疏不分,他们不会像正常孩子那样在与母亲分别时表现得依恋不舍,在与陌生人接触时也很少有胆怯不安的反应。

(3) 学龄前期(3～6岁):行为孤僻,经常独自玩耍,对同伴交往或集体活动缺乏兴趣。少数儿童虽然可能与父母、与同伴之间建立起一定的互动和感情联系,但依然不主动参加同伴之间的集体活动。个别儿童虽然看上去能够与小朋友待在一起,但在玩耍或游戏活动中多是被动参与,缺乏互动,也不会与他人分享玩具或食物。

病情较轻的大龄儿童可能有与人交往的愿望,或主动与其他小朋友接近,但由于在活动兴趣或情绪反应上不能与人产生互动,加之缺乏交往技巧,行为常不适宜,因而难以建立同伴关系。

2. 言语发展和交流障碍

(1) 言语发展障碍是自闭症的另一核心症状,主要体现在语言运用能力的损害。最突出的表现是言语发展迟滞,即言语发展的速度慢于同龄儿童,词汇量有限。部分自闭症儿童还可表现为言语功能的退化,即在2～3岁之前会说话,但随着年龄增长,口语反而减少了。约1/3的自闭症儿童终身没有口语能力,不能进行任何语言表达。

(2) 发展顺序异常是自闭症言语发展的另一特点。一般儿童言语发展的顺序是语言理解先于语言表达,说话从简单到复杂,句子从短到长。但是,自闭症儿童的言语发展可以完全违背这些规律。他们可能不经过单词句、双词句阶段,在还不会叫"爸爸"、"妈妈"时,却说出相当长的句子。

(3) 病情较轻、年龄较大的自闭症儿童可能有一定程度的口语发展,但即使这些言语功能发展相对较好的儿童,也很少主动向别人提问,难以维持交谈,且常有词语运用不当。他们说话往往漏掉相关的介词、连词和代词,对人称代词的使用尤为困难,分不清"你"、"我"、"他"的含义,反而经常出现一些无实际交流意义的刻板、重复和模仿语言。说话的语调非常平淡,缺乏抑扬顿挫,也少有表情配合。

(4) 语言理解能力也明显受损,主要表现在听不懂指令。轻者还能借助于背景信息或讲话人的手势明白某些简单语义,受影响的仅仅是对抽象概念和词义差别的准确理解;重者根本不能领会他人说话的意思,即使在模仿或重复他人的话,也不能完全理解其含义。

(5) 言语表达和理解困难必然影响交流活动。此外,非言语交流一般也明显受损。最突出的表现是不会利用身体姿势、手势或模仿与他人沟通。比如不会用点头、摇头来表示"是"、"否"的意思;想要东西时,通常就拉着大人直接走向目标,既不会用语言,也不会用手势表达。

3. 兴趣与行为异常

(1)自闭症儿童兴趣狭窄、局限且非常奇特。一般来说,他们对有生命的物体不感兴趣,对非生命物体表现得强烈好奇;对正常儿童喜欢的玩具和游戏活动大多不感兴趣,对个别玩具或某些物品的依恋却又异常固执,时刻不肯丢下;对物体的整体属性和功能不感兴趣,却喜欢反复摆弄物体的某些部件。

(2)自闭症的运动技能一般发育正常,但动作行为常常表现刻板、生硬、笨拙。例如:喜欢旋转、跳跃;经常摆头或摇晃身体;出门要走固定的路线;毫无意义地重复问同样的问题;反复嗅闻、触摸物体等。他们的生活习惯以及对环境的要求同样带有鲜明的刻板色彩,如长期严重偏食,玩具或物品的摆放必须固定在某一位置,换了床铺就无法入睡等。

由于这种刻板特性,当环境和生活情况发生改变时,自闭症儿童往往极不适应而出现严重的情绪反应。很多儿童在进入陌生的场所或环境时会暴怒或号啕大哭,无论如何哄劝都难以平息。

(3)部分自闭症儿童过度好动,有些还表现出破坏、攻击及自伤行为。

(二)其他心理与行为特征

除以上核心症状外,自闭症儿童在心理和行为的其他方面往往存在明显的发育异常。

1. 智力障碍

(1)多数(约75%)自闭症儿童的智力水平低于正常范围,其中,中、重度以上智力障碍者占50%,轻度智力障碍者占25%。另外25%智力水平正常者,即高功能自闭症。

(2)不论智力水平是否正常,他们的智力结构往往表现出明显的不均衡。一般来说操作智商高于言语智商,视觉空间能力、记忆力高于理解能力。因此,与同等智商水平的弱智儿童相比,他们的操作能力要好得多,记忆力更为惊人。

(3)尽管不同智力水平的自闭症儿童在核心症状方面没有太大差别,但低智者较多伴发癫痫,社交技能损害往往更为严重,容易出现伤人、自伤等攻击行为,预后也更差。

(4)由于智力和学习能力低下,自闭症儿童的生活处理能力一般也比正常同龄儿童差。

(5)有些自闭症儿童的一般智力水平很低,但在某些方面的能力却明显高于正常儿童,表现为"特殊天才"的现象。这些特殊能力主要表现在机械记忆、计算、音乐感知、绘画等方面。如坐公交车时能全部记住经过的站名和顺序;看到马路上驶过汽车的车牌号码能够过目不忘;只听过一次的乐曲就可以熟练地哼出来等。

2. 感知觉功能异常

(1)前庭觉异常:自闭症可能会出现以下一些表现:非常喜欢旋转,可以旋转多圈却不会头晕,常会拿着书包当作圆心不停的自转。身体不断摇晃,会没有目的地摇晃手、头或身体其他部位。

(2)压力觉不敏感:自闭症儿童有一些会躺在床上,要求父母压在他们身上,会用跳动来做自我刺激。有的自闭症儿童则会用牙齿咬东西,也喜欢咬指甲。

(3)触觉防御:自闭症儿童往往不喜欢别人碰触,会以手拨开或闪躲,害怕别人抱他,一抱他便会全身僵硬等。

(4)视觉异常:自闭症儿童喜欢看旋转的东西,如喜欢观看玩具车轮转动、冲马桶、看水的漩涡等。

(5)痛觉不敏感:当自闭症儿童跌倒,受伤了却没有疼痛反应。

(6)听觉异常:自闭症儿童对某些声音很敏感,某些声音则听而不闻。有时对周围很大的嘈杂声无反应,却对高频率声音无法忍受。有一部分则不喜欢突然巨响,无聊时,会跑去冲马桶、听水的声音等。

3. 注意力异常

(1)自闭症儿童在婴幼儿期普遍存在分享式注意缺陷,即不会跟随他人的眼神或手势,不去注视周围人关注的人或物。日常生活中,他们的注意力主要受兴趣的影响,当从事感兴趣的活动时,专注力可能强过正常儿童;但在学习过程中,大多存在注意力缺陷,难以专心听课或完成指令性任务。

(2)从注意的分配特点来看,自闭症儿童的视觉注意一般好于听觉注意,对物体的注意强于对人的注意,对图形的注意强于对文字的注意。

4. 情绪障碍 突出表现为情感平淡、不协调及情绪不稳。

（1）正如坎纳最初描述的那样，自闭症儿童很难与他人建立密切的情感联系，即便对家长，往往也视若旁人。

（2）自闭症儿童时常自娱自乐，不明原因地时哭时笑。对于真正危险的物体或场景，他们可能无动于衷；而一些并无伤害或危险的物体或场景，却让他们异常恐惧，以致表现出强烈的情绪反应。

5. 缺乏游戏能力　考察自闭症儿童游戏分为两部分：①与玩具互动部分；②与人互动部分。

（1）与玩具互动部分：自闭症儿童大部分是简单、重复、操弄性玩法，无法正确地使用玩具，如把玩具车颠倒过来玩。无法功能性使用玩具，通常是拿来在地上挥、磨、丢或是拿来敲出声音。玩玩具车时，一般排成一直线以及玩过隧道的游戏。游戏简单少有变化，大部分时间都只玩交通工具，特别是火车。

高功能或年纪较大的自闭症儿童，才会以比较正确的方法来玩玩具。依照玩具的性质而有适当的玩法。缺乏想象性的游戏。不会玩假装性的游戏和角色扮演的游戏，例如：扮家家的游戏。

（2）与人互动部分：自闭症儿童很少看别人怎么玩而跟着玩，常常自己一个人玩，不会模仿别人的动作。不会玩规则性游戏，只有部分高功能自闭症儿童可以玩简单规则的游戏。

总之，在认识自闭症时我们要牢牢把握三大核心症状，仔细观察儿童的社会互动行为的表现是十分重要的。假如一名幼儿园儿童始终不愿意按照老师的意思行事（虽然有时听指令，但并不回应），或根本无法表现出对教师行为的关注，说话声音又小又细，没有好奇心，不喜欢做同龄儿童喜欢的游戏，情感体验很不丰富（哭、笑的频率低，表情呆板），就要及时与家长沟通，尽早对孩子进行诊断和干预。

阅读延伸

美国精神医学会的《心理疾病诊断统计手册》第 4 版修正版（简称 DSM‐Ⅳ‐TR）对自闭症的诊断标准如下：

1. 在下列分属于（1）、（2）、（3）大项中的 12 个小项目至少具有 6 个或以上的项目，其中至少具有（1）中的 2 项，（2）中 1 项，（3）中 1 项。

（1）自社会互动中有质的缺陷，并至少具有下列之中的 2 项。

1）在多重非口语语言（如视线接触、面部表情、身体姿势、以姿势规范社会互动等）的使用上，有显著的障碍。

2）无法发展出适合其发展水准的同伴关系。

3）缺乏主动性寻求与人分享喜悦，兴趣或成就的行为（如很少拿自己喜欢的东西给别人看，或指出来）。

4）缺乏社会性、情绪性的交互关系。

（2）在沟通方面有质的缺陷并至少具有下列中的一种。

1）完全没有口语或口语发展迟缓。

2）有语言能力者，在启动或持续会话的能力上有显著缺陷。

3）使用刻板的、重复的语言或隐喻式的语言。

4）缺乏符合其发展年龄的、富变化的、自发性的假装性游戏或社会性模仿游戏。

（3）在行为兴趣或动作方面有局限的、刻板的、重复的形式，并至少具有下列 1 项。

1）有兴趣方面，有一种或一种以上刻板的、有限的形式，其强度与焦点均异于常人。

2）对特别的、非功能性的常规或仪式有异常的坚持。

3）有刻板而重复的动作（如扭动手或手指、拍手、摆动身体等）。

4）经常沉迷于东西的某一部分。

2. 3 岁以前有下列领域中至少一种的发展性迟缓或功能性异常。

（1）社会互动。

（2）社会性沟通时的语言使用。

（3）象征性游戏或想象性游戏。

3. 此障碍无法用雷特症或儿童崩解症加以说明。

四、早期训练与指导的目的和原则

（一）早期训练与指导的目的

我们知道，自闭症儿童也是有思想、有情感、有语言、有需求、有独特交流沟通方式的，与其他儿童一样需要得到呵护和爱的。在生理发育方面与正常同龄儿童无明显差异，只是由于疾病的原因，从发病时起，他们神经系统的完善功能出现明显的问题。对于自闭症儿童的发病原因，医学和心理学研究从未停止过探索，但是目前还未找到真正的原因。但在实践过程中，我们清晰地看到，自闭症儿童只要经过系统的教育和康复训练，他们神经系统的完善功能会得到一定程度的改善，甚至可以达到同年龄正常儿童的水平。

对自闭症儿童的早期训练，根本目的在于改善他们社会性差的状况。而社会性体现在他们能正确地通过语言与别人交流；能够运用正确的表达方式与别人沟通；能适应环境的变化；能够有效地控制自己的情绪和行为，并能独立或与他人合作完成一项或者几项工作；能够遵守社会的法律法规；能够适应社会发展等。为此，我们必须根据以上内容设计早期训练的方案，明确长期目标和短期目标，明确并设计好早期训练的具体措施。有效地改善自闭症儿童社会性差的状况，绝不是在封闭环境中能够实现的。因此，我们认为自闭症儿童的早期训练必须采取开放的，并有利于他们实现早期训练目标的模式。

（二）早期训练与指导的原则

1. 重视个别差异　自闭症的诊断上有高功能自闭症与低功能自闭症的区分，并且约有40％的自闭症孩子伴随有智力障碍的情况。纵使同类型的自闭症儿童，个体在能力表现与未来发展上存在着非常大的个别差异，这些差异不仅来自于个人先天的智力表现，后天的成长背景、教育环境与家庭教养功能的影响都不能忽视。因此，教导自闭症儿童时，对每一位儿童的生理、心理发展现状、能力表现都应充分了解，再配合其特点，强调优势能力，发展弱势能力，激发潜能。

2. 以正向思考的方式看待孩子的行为　处理自闭症儿童的行为问题时，应该运用正向行为分析寻找孩子出现此行为的原因。因为，每一项行为的发生都有其前因和目的，所以要在环境、人、事、物等因素上找到促使该行为发生的原因及目的，才能决定处理的策略。其实，就是将儿童的行为表现视为其沟通表达的一种方式。因为多数自闭症儿童因沟通表达困难，多会利用肢体语言或行为来表达或满足自己的需求，如果老师一味地将自闭症儿童所表现的行为视为问题行为，而不探究行为背后所代表的沟通意图或促使行为表现的前因与欲达到的功能，则自闭症儿童的问题行为将层出不穷。

3. 重视训练的时机与情境　发展是循序渐进而非一蹴即成的，因此要了解与接受孩子目前的真实能力，提供给自闭症儿童具挑战但不困难的训练目标，注意并掌握时机，给孩子消化成长的时间与空间，不要操之过急。

除了时机，还要注意训练情境，由于自闭症儿童类化和举一反三的能力不好，因此不论是沟通表达、社会互动，或是任何技能、概念的训练，在最初都必须运用实物与真实情境，并采取逐步解说、视觉提示、提示减退、功能运用的方式来学习。唯有在真实的生活情境中学习，才能帮助自闭症儿童减少类化过程，直接应用于生活中，提高孩子与家长的生活品质。

4. 长期强化的原则　由于疾病的原因，自闭症儿童的教育康复将是长期的（通常18岁前）。自闭症儿童的"连续性"记忆能力（sequential memory）存在明显的欠缺，也就是说，即使是他十分熟悉的事物（如早晨起来刷牙、洗脸、吃饭、上学等），他也无法像一般小孩子把这些事情在他脑中编排顺序存放下来。由于不知道下一步会发生什么，因此他通常喜欢停留在他熟悉的环境或事物中，而拒绝去尝试新的活动或课程。这种自闭症儿童认知方面的特殊性（一般儿童的认知过程是从感知到表象再到概念，而自闭症儿童的认知过程恰恰相反），我们必须帮助他们建立起一个一个正确的、与之生存和发展相关的概念。而帮助他们建立相关的概念（无论是生活方面的还是知识技能方面的概念），这将是一个长期的、时时刻刻必须关注的过程。对于自闭症儿童来说，每个正确概念的建立不是一蹴而就的，而是需要我们反复地讲解、示范，反复地提醒、提示，是需要通过不断强化概念来实现的。这是每一位家长和教师、康复师所必须清醒认识的。

第二节　早期训练与指导的一般方法

一、结构化教学法

自闭症儿童的结构化教学法是由美国北卡罗来纳大学精神科学系提出的。结构化教学法（structured teaching），又称系统教学法，就是根据自闭症儿童的学习特点，有组织、有系统地安排学习环境、学习材料及学习程序，让自闭症儿童按照设计好的结构从中学习的一种教学方法。

结构化教学法的基本思想是把教学空间、教学设备、时间安排、交往方式、教学手段等方面作系统安排，形成一种模式，使教学的各种因素有机地形成一体，全方位地帮助自闭症儿童进行学习。

（一）执行方法

结构化教学法在执行时，必须运用视觉结构、环境结构、常规、程序时间表和个人工作系统等方法。

1. 视觉结构　视觉结构就是把学习环境、学习材料及工作程序作适当的安排，使自闭症儿童无需用语言，只用视觉的辨别便能明白和理解学习要求。视觉结构包括以下 3 个部分。

（1）视觉清晰显示：把学习中的重要资料或物件部分清晰显示出来，以便儿童辨认。用标签标出学习的重要资料或物体部分，是视觉清晰的重点。

（2）视觉组织：物件和空间的组织安排有序，使儿童能了解自己的工作范围和涉及的地点、材料、步骤等。

图 5-1　结构化教室示例

（3）视觉指示：利用文字、图片把要完成的工作安排成一个模式，说明工作的内容及步骤，以便儿童按照指示完成工作。图 5-1 为结构化教室示例。

2. 环境结构　是指将环境的用途与功能做清楚的规划，并且利用颜色、家具、摆饰等让儿童能轻易地区分环境的不同用途，如点心区、游戏区、个别学习区、休息区等，帮助儿童借由环境视觉的提示表现出适合情境、适合社会期待的行为。例如，休息区有地毯、大软垫或绒毛娃娃，表示是一个可以躺下的地方；在个别学习区里，以柜子区隔出数个独立的小空间，每个小空间里放置一套桌椅，表示儿童要安静地坐下来独自学习；在餐桌上放置印有食物或餐具的餐垫，代表用餐区和用餐时要准备的物品。

3. 常规　由于自闭症儿童无法理解他人、情境，乃至社会的要求，所以常常表现出不适宜的行为，因此必须帮助他们建立常规以达到社会化的目的，常用的常规包括排队，依指示工作、完成工作，依时间转换活动等。可以运用画在地上的排队脚印或是排队的图卡来协助儿童学会排队的常规；运用计时器来帮助儿童了解某一活动时间的开始与结束，或是到时间需要和同伴交换玩具；建立有事一定要告知老师的常规（可以举手、举牌或卡片，可以拉老师衣角……不同儿童做法有别），形成让某儿童一下课就找老师领任务的常规等。

4. 程序时间表　常见的程序时间表有两种：一种是全日流程时间表，即每日每项活动的时间表；另一种是个人工作时使用的工作程序表，这是针对自闭症儿童的特殊需要，按照个别教育计划制订的程序表。其目的在于帮助儿童了解每日活动的先后程序和开始与结束的时间，避免因活动转换的困难而引起的紧张、焦虑等情绪反应或是出现不适应行为。

程序时间表的呈现方式可以是多样化、个别化的，可以配合孩子的认知理解能力，用文字、图卡、照片等制作程序时间表，也可用实际物品来制作程序时间表，如用小朋友爱吃的一小片洋芋片代表点心时间等。

5. 个人工作系统　是综合运用前面所述各项结构化教学的方法，帮助自闭症儿童独立自主且有组织地完成工作。如图5-2的个人工作系统,可以让儿童清楚需要完成的工作内容是什么?工作量有多少?完成工作的标准是什么?工作完成后的报酬或是下一个活动是什么?除了借助视觉化的方式让儿童知道自己该做什么,在大人解说的过程里也可以帮助儿童将无法停驻的听觉信息转换成可保留的视觉信息,使自闭症儿童组织理解大人的指示,进而完成工作。

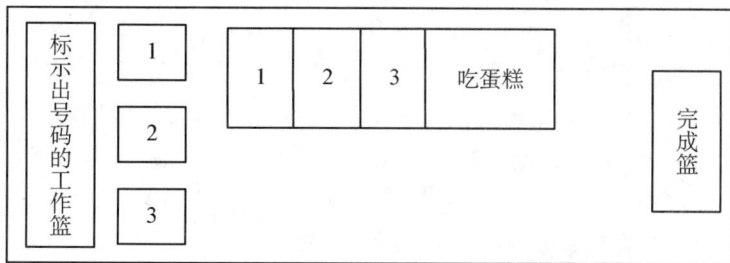

图5-2　个人工作系统示例

(资料来源:香港协康会.自闭症儿童训练指南:教学策略.1997)

由于结构化教学有组织、有系统地安排教学环境、材料及程序,具有视觉提示作用强、个人工作系统的针对性强,有利于独立自主完成学习的特点,在自闭症教学中被广泛使用。但该方法存在较大的局限性,如针对普遍缺乏交往能力、互动意识、自我规划意识等自闭症儿童,应用不好反而容易造成新的刻板行为,因此要配合情绪放松与诱导、人际互动的情境教学、自主意识行为训练等,在教学中可借鉴认知建构主义避免机械的结构化教学,在情感沟通和社会适应能力培养中要借鉴人本主义的有益经验,这样才能不断完善成为真正有助于自闭症儿童成长的好方法。

二、图片交换沟通系统

图片交换沟通系统(the picture exchange communication system,PECS)是在美国德纳瓦州自闭症学习计划中提出来的。此方法最初对象为自闭症和那些不能以言语进行社交沟通的学龄前儿童,以后经过修改进一步用于不同年龄有言语沟通障碍人士。它由训练者+可视性媒介(图卡、文字、沟通板)+设置的情境+被训练者构成。PECS分为以下几个阶段。

(一) 准备阶段

(1) 在运用PECS对儿童进行训练之前,应使儿童具有将图卡与实物配对的能力,还应有一定的辨别图卡的能力。

(2) 基本的学习技能是保证训练顺利进行的基础,这些技能包括能注意说话的人;能安静地坐一段时间;能模仿别人。如果不具备这些基本能力,那么在运用PECS对儿童进行沟通训练之前就要首先训练儿童获得这些基本学习能力。

(3) 选择合适的交换物品。老师通过观察,选择儿童最喜欢的食品、玩具和其他物品若干,并把这些物品绘成图卡或拍成相片,以便在最初的实物交换训练中使用。

(4) 设计好图卡设置的系统,包括放图卡的活页夹、沟通板;图卡类别及顺序编排;设计放置图卡的开工及位置。

(二) 主要实施阶段

(1) 第1阶段:实物交换。①协助儿童与老师沟通。此阶段需要两个老师来操作。一个担任指导者,另一个则担任儿童的模仿者。以汽车模型为例,具体做法如下:老师甲坐在儿童背后,老师乙坐在儿童的对面;桌面上放上儿童最喜欢的汽车模型和该物品的图卡;老师乙伸出拿着汽车模型的手说:"我有汽车",老师甲则把着儿童的手掌,协助他拿走桌上的汽车图卡,放在老师乙手中;老师乙拿汽车模型给儿童玩。②逐渐减少协助。训练的最终目的是使儿童发展出自主表达,因此对儿童的协助要根据情况逐渐减少。减少协助的程序为:把着儿童的手掌;轻托儿童的手肘;拍他的手臂提示;用手指指图卡指示;听到老师乙说:"我有××",就自动去拿图卡交换。

(2) 第2阶段:扩大主动性。这个阶段与上一阶段相同的地方是仍进行实物交换,所不同的是图卡的放置有变化,图卡是放在和儿童有一定距离的沟通板或活页夹上,需要儿童运动身体去取,这样就和真实的交往沟通更接近。另外,老师和儿童的位置也有变化。操作步骤:图卡贴在沟通板或活页夹上;仍由两个老师来协助完成沟通(方法如第1阶段);逐渐增加老师和儿童的距离,但沟通板仍在儿童附近;最后沟通板逐渐远离儿童。

(3)第3阶段:图卡辨别。这一阶段虽然仍是用图卡去换取物品,但逐渐增加了辨别难度,增加干扰因素,即要求儿童从多张图卡中选出正确的那张,同时物品已不在桌面上,而是放进了一个遮蔽了物品的地方。操作步骤:建立一个情境,让儿童作出要求。例如,让儿童坐在冰箱附近,冰箱里有儿童喜欢吃的冰淇淋。在此情境下,按如下步骤操作:①在沟通板上贴上一张空白图卡和一张冰淇淋图卡,儿童须拿取正确的图卡给老师才可以吃冰淇淋。②在沟通板上贴上一张与冰淇淋无关的图卡和一张冰淇淋的图卡,儿童须从两张图中作出选择。③在沟通板上贴多张图卡,儿童须从多张图卡中选取冰淇淋的图片。④当儿童能辨认8~10张图卡,便可把2张或3张儿童都认识的图卡在一起辨认,并且图卡尺寸要逐渐缩小。

(4)第4阶段:句子结构训练。前3个阶段的训练都是以一个物品的图卡来交换该物,都是儿童用不完整句表达的阶段。它是发展到用完整句表达必须经过的重要阶段。第4阶段正是在前3个阶段充分练习的基础上,进入到真正意义上的句子结构训练。这一阶段可借用媒介,除了图卡,还有字卡"我要"。训练步骤如下:①沟通板的左面固定地贴上"我要"字卡。沟通板右边离"我要"字卡稍远处贴上一物品的图卡(如饼干)。②老师甲协助儿童把要求的图卡(饼干)贴在"我要"的后面。③儿童把组成的句子"我要饼干"两个图卡一起取下,拿给老师乙才可能得到饼干。④变动字卡"我要"在沟通板的位置,儿童须找到它并仍贴在沟通板的左面,随后贴上饼干的图卡。

(5)第5阶段:对"你要什么?"作出回应。这一阶段由用完整句表达要求转入对提问作出回答,进入真正意义上的一来一往、一问一答式的沟通。训练步骤是:①老师指点"我要"字卡,同时问:"你要什么?"在老师甲的帮助下,儿童拿起"我要"字卡及要求物品的图卡作回应。②老师乙先看着儿童问:"你要什么?"老师甲帮助儿童指点"我要"字卡,然后取图卡放在"我要"后面,再一并把字卡和图卡给老师乙。③老师的提问及儿童的回答两者相隔的时间一秒一秒地延长,直到儿童不须再去看"我要"字卡,一听到老师问:"你要什么?"就能对老师的提问作出反应。

(6)第6阶段:回答性及主动性表达意见。此阶段是PECS最困难的阶段,也是很重要的阶段。回答"你看见什么?""你有什么?"等问题不同于回答"你要什么?"的问题,后者只是表达个人要求,而前者则是向别人叙述客观的事实,这类句型的背后含有把谈话继续下去的广阔空间。正是这几类句型奠定了表达自我需要和社会性交谈的基础。一旦儿童能较为自如地回答这些问题,当另一些成人或儿童试着跟该儿童说话时,他就知道如何去回答,接下来就能较容易地去学习其他问句的回答。这一阶段的练习方法和第5阶段大致相同。

PECS对于那些长时间没有发展出口语能力的自闭症儿童的沟通训练无疑是一种很好的代偿手段。因为PECS用图片和实物来教导儿童学习句子,导入比较容易;其操作简单易行,不需要复杂的教具和高难的技巧训练;在老师专门设置的社会情境中,儿童能学到有用的语文及正确的沟通方式。

PECS通过图卡、实物和沟通板来教导自闭症儿童学习沟通,但仍有它的局限性。在儿童用图卡和实物掌握了一些句子后,接下来就可以利用书本进一步练习。这时认字及写字就要及时跟上,以便最终教会儿童用文字的方式来沟通。同时要慎重选择训练对象,避免儿童产生因使用视觉沟通方式而忽略语言表达的现象,因此它可能只是沟通辅助工具(方法)、中介工具、暂时工具,具体定位应根据训练对象的情况而定。

三、任务分析法

工作分析法(task analysis)就是将复杂的行为细分为数个简单的行为,然后再将简单行为依照逻辑顺序教给儿童。也就是说教师应将学习目标或技能分析成具有逻辑顺序的、小步骤的行为目标,再让儿童依序学会每一小步骤,最后串联成一个技能。至于一个行为该细分成多少个简单行为,则应视儿童的能力而定。训练时可以让儿童由第一个步骤开始往后学习,也可以由最后一个步骤逐一地往前学。

例如,要教儿童如何进食,必须将进食行为细分为:一手握住汤匙,另一手扶住碗,用汤匙舀起食物,将汤匙放入口中,抿下汤匙上的食物,咀嚼食物,吞下食物等简单的行为。

工作分析法可以让自闭症儿童按部就班地学会复杂的行为,并且在过程中得到适当的协助,减少失败的机会,同时也学会顺序和因果关系观念,并建立起自信心。

四、应用行为分析

应用行为分析(applied behavior analysis,ABA)是行为训练的方法之一,也是目前在国内比较流行的方法。这一方法是 20 世纪 60 年代由美国加州大学洛杉矶分校的心理学教授洛瓦斯系统研究并引入到自闭症及其他发育性障碍的治疗教育中的,曾产生过一定的影响。

ABA 是以分解目标、强化和辅助为原则,以回合式操作教学法(discrete trials teaching,DTT,又称分解式操作法、离散教学法)作为具体操作方法(包括指令、个体反应、结果与停顿),采取由专家指导下的大学生、研究生或儿童的家长所组成的干预小组与自闭症儿童进行一对一的训练作为干预的主要形式。

(一) 行为训练的重要前提——功能分析法

行为心理学在近几十年中有了长足的发展,功能分析方法的提出与应用是其中的一个重要突破。实践已证明,功能分析方法能有效地提高治疗效果,运用功能分析法分析和解决自闭症儿童的问题行为,是行为训练的首要工作。

1. 功能分析法的定义　功能分析法即通过对环境条件、个人历史及其自身状况等方面的考察,而达到对问题行为的原因和功能的理解,进而为解决或改善问题行为提供有效途径。

2. 具体操作方法

(1) 观察与分析:要求把一个特定的行为放到前因后果中做系统的观察,对观察结果进行记录,并对记录的数据进行分析,从而掌握行为发生的规律性和引发行为的变数,以及该行为对行为者的特定功能或行为发生的目的。观察法包括专业人员的直接观察、与看护人员的访谈以及填写功能分析表,ABC 简表就是功能分析表之一(表 5-2)。

表 5-2　ABC 简表

时间范围	先行事件	问题行为	行为结果	备注

ABC 简表的功能就是试图去发现行为与环境事件的前后有怎样的关联。A、B、C 分别表示以下含义:①A(antecedents)即行为发生以前的事件:行为前发生了什么? ②B(behaviors)即行为本身。③C(consequences)即结果:行为后接着发生了什么?

在使用表 5-2 时,评估者首先要在左边一栏对时间幅度进行规定,如每小时为一个时间幅度;其次要对每一时间幅度发生的问题行为,及先行事件和行为结果进行记录;然后通过对所有数据加以分析,进而探索关于行为的影响条件和功能作用。

(2) 结论:功能分析的结果是要获得关于影响和控制儿童行为的有关条件的信息,包括影响行为的环境因素、诱发行为的先行条件、维系行为的内外结果和行为发生的时间规律。从表 5-3 中可以看出,学生打人行为出现的目的是逃避老师的要求,而老师的处理方式正迎合了学生的心理,助长了行为的再度发生。因此,该例中了解真正的行为原因,并根据原因采取改变处理方式很重要。

表 5-3　ABC 简表的使用

时间范围	先行事件	问题行为	行为结果	备注
9:00	老师要求学生拼板	学生打旁边的小朋友	老师让他出去	
9:20	老师要求学生排队	学生打前面的小朋友	老师让他到旁边罚站	
9:40	老师要求学生和小朋友手拉手做游戏	学生打小朋友	老师让他站在一边	

(二) ABA 训练的基本原则和方法

分解目标、强化和辅助是 ABA 的基本训练原则,回合式操作教学法、塑造法和连环法则体现了 ABA 的具体训练方法。训练方法的实施是以遵循训练原则为基准的;而训练原则正是在方法的实施过程中得以具体体现的。

分解目标(基本内容同"任务分析法")就是强调把每个能力分成细小的、简单的单元后再进行教学,它是运用连环法和塑造法的前提。连环法是将简单的单元行为连成链条,形成更复杂的行为;而每个单元行为的建立都要用塑造法来完成;在塑造的过程中要通过指令、强化、辅助所构成的一个个回合加以具体操作运用。因此,连环法的运用是以塑造法为基础的,而塑造法的完成是以一个个回合具体体现的。

1. 回合式操作教学法(DTT) 包括指令、个体反应、结果(强化或辅助)、停顿 4 个基本的元素。指令发出后,孩子出现正确反应马上强化,然后停顿,这预示着一个回合的结束。如果在指令后出现错误反应,停顿,进入下一个回合:重新发指令→辅助→强化→停顿。如果孩子在指令发出后 1~3 秒钟没有反应就认为是无反应,立刻重复指令,若仍失败,第 3 次发指令后立刻辅助。通过几个回合,帮助孩子注意到刺激;使老师和孩子马上知道反应是否正确;帮助老师以一致的方式要求孩子,以免引起孩子理解上的混乱,延误进步;帮助老师快而容易地辅助孩子的进步。

(1)指令:洛瓦斯认为由于自闭症儿童问题的出现同时发生在感觉输入和加工两个过程。信息进入大脑以后不能进行有效地过滤,以排除无关刺激的干扰。因此,发指令时要注意简明、扼要、突出重点,教者的声音大而自信以确保孩子接收到,做出我们所期望的反应。其次,指令要适合孩子的接受能力。自闭症儿童的个体差异性很大,不同的个体有不同的要求。同一个个体,在不同的发展阶段也有不同的要求。要根据孩子的接受能力,从简单到复杂。

重复指令是一种指令无效性的表现,也是很多教师初学时容易出现的错误。我们要求发出指令后给孩子一定的思考时间。等待过程是期待孩子独立做出反应的过程。"等待"强调反应是思考以后的结果。而重复指令,则剥夺了孩子的思考时间,干扰了孩子的加工过程。

通过指令,不仅可以帮助孩子理解语言,更主要的是使孩子明白自己和别人是有关系的。值得注意的是,听指令主要帮助儿童建立听和动作的关系,如指令儿童"拿起杯子",儿童以动作反应即为听指令,就可以得到奖励。它更有助于建立"听—动作"反应,而对于建立"听—说"的语言反应有一定影响。

(2)结果

1)强化:当儿童对指令做出正确反应后,要及时给予强化。强化的原理就是适当的行为因受到强化而继续出现;不适当的行为因没有受到强化而减弱乃至消失。一般强化的方式分为两种:正强化和负强化。

正强化:通过奖励性刺激促进正向行为的增加,以达到帮助自闭症儿童体验到与人交往的愉快,建立自信、体验成就感的目的。

负强化:通过移去儿童不喜欢的刺激物,促进正向行为的增加,以达到帮助自闭症儿童建立是非感、增强其自我控制能力的目的。

运用强化时的手段称为强化物。一般强化物有两类:生理性强化物和社会性物强化。生理性强化物包括食品、活动、儿童的依恋物,甚至可以是他们的自我刺激行为。社会性强化物包括夸奖、笑容、亲吻、拥抱等与人有关的行为。强化手段的运用关系到儿童社会性的发展。儿童对强化物需求的不同意味着其社会性程度的不同。强化不能停留在生理性强化的层面。为了让自闭症儿童将来能够理解社会性强化的意义,对于仍需要生理性强化的自闭症儿童,在运用强化时,两种强化物要同时使用,并且社会性强化物出现在生理性强化物之前,目的是让他在正确行为与社会性强化物之间建立联系。而很多家长只重视知识的积累,并不关注强化物背后的社会意义。因此,训练长期停留在生理性强化物支撑下的知识积累。知识的积累固然很重要,但绝对不是最终目的。

运用什么强化物要依儿童能否产生被强化的感觉而定,使用有效就可以持续使用一段时间,并及时替换。不同的儿童有不同的强化物,并注意变换。

强化物的及时给予和及时撤出非常重要,给予过多就不是件好事,会产生厌倦,自主行为的动机很难激发出来。

2)辅助:当自闭症儿童表现为不配合或者有难度、不能独立完成时,应该运用辅助的方法。不配合时运用辅助是为了形成配合。有难度时运用是为了建立自信,减少挫折感。

辅助有几种方式:身体辅助、视觉辅助和语言辅助。通常所用的身体辅助就是手把手的辅助。例如,当儿童不会做某个动作时,我们就手把手地教。视觉辅助包括示范、手势、眼神、位置等。又如,我们教儿童认识"杯子"。桌子上有杯子和笔。发指令"拿杯子"。我们可以用示范的方法拿杯子给儿童看,要他模仿。我们也可以用手指或用眼神示意的方式帮助儿童认识杯子。另外,改变物体的位置也是一种很有效的辅助方式,如把杯子放在他容易拿到的地方,待他能力提高后再将位置还原。

在运用辅助时,容易出现以下问题:

第一,辅助不及时会造成儿童形成猜测和挫败感。儿童容易形成不是看着桌子上的物体而是看着我们的脸或听我们的声音来判断对错,不将注意力放在如何根据物体的特征去命名物体。还有的儿童因辅助不及时、有挫败感而拒绝学习,表现为发脾气、哭闹甚至自伤性行为。

第二,依赖辅助。对辅助依赖的恶果是使儿童不去动脑筋思考问题,为了避免对辅助的依赖,在运用辅助时要注意辅助程度的逐步减弱和辅助频率的逐渐降低。

第三,辅助频率的降低。训练儿童的主动表达是要强调他的主动性而不是说的内容是否完整。可以借助于模仿,但在儿童有需求时要等待而不是及时辅助。等待的过程就是儿童独立思考的过程。

(3)停顿:结果出现后,下一个回合开始前,要稍微暂停几秒钟,作用之一是使儿童对刚才的反应与结果的关系有一个记忆的过程;作用之二是给老师一个思考的时间,思考上一个回合的反应以决定下一个回合的处理;作用之三是区别两个回合,使得儿童对下一个指令能更加清晰地判断。

2. 塑造法　自闭症儿童任何一个新行为的建立过程都是行为塑造过程。它是将一个新的行为目标分解,通过强化近似成功的反应引导孩子朝着既定的方向和目标迈进,达到建立新行为的作用。因此,运用塑造法的前提是掌握好目标的分解和强化。

(1)目标的分解:就是将一个大目标分解为数个小目标。分解的结果要适合孩子的接受能力。如果难度超过他们的接受范围,孩子会知难而退。一般孩子如此,自闭症儿童更是如此。

(2)目标的强化:分解目标后的实施过程中的一项重要工作是强化,只有目标明确,强化指向才能明确。强化的重点是鼓励孩子接近要求的任何一次行为。如果其间发生退步现象,一定不能强化,否则就意味着停滞不前,甚至是倒退。把握好强化时机也很关键。下面以自闭症儿童的语言训练为例来说明塑造法的运用。

自闭症儿童中有一些没有口语能力的,他们的语言训练可从模仿发音开始。如教发"啊"音,我们先分解目标。

第一目标:要求模仿张嘴。如果做不出,我们可以用手辅助他张开嘴。逐渐地,他不用手的帮助就能张开嘴巴了。我们马上奖励他。当这种行为稳定后,我们开始进行下一步。

第二目标:要求张嘴发出声音。之前强化了孩子张嘴的行为,此时,他对模仿发音的理解就是张嘴,因此对只张嘴不发音的行为不再强化。而是对张嘴发音的行为进行强化,虽然不完全是"啊",也要及时强化。所以,儿童不再只张嘴了,他也会发出声音。

第三目标:要求发出近似"啊"的声音。这一阶段,我们强化他发出"啊"的近似音。对于发出其他音的行为不再强化。

第四目标:要求发"啊"音。这一阶段,我们只强化发出"啊"的行为。对于发出近似"啊"的行为不再强化。

3. 连环法　又称链锁法,就是将简单的行为组合在一起而形成一系列更复杂的行为,这个序列就是链条。连环法必须遵循以下几个步骤:定义目标行为→将目标行为分解成小的回合→减少指令、辅助和强化,直到在开始或结束的链条中只有一个指令。

连环法一般分为前进连环法和后退连环法。①前进连环法:即从链条的第一步开始,以链条的最后一步结束。②后退连环法:从链条的最后一步开始,以链条的第一步结束。

例如:教孩子购物。确定目标行为是购物,然后将目标行为分解:

(1)知道超市的位置。

(2)能够走到超市,中途不跑开。

(3)知道买东西要用钱。

(4)知道拿购物筐去购物。

（5）记住自己要买的东西。

（6）挑选自己要买的东西放进购物筐里。

（7）到收银台交钱，知道应找回多少钱。

（8）提着购买的东西回家。

运用前进连环法，就是从知道超市的位置开始教起。后退连环法从最后一步提着购买的东西回家开始教。运用不同的方法要依据训练的不同内容而定。一般情况下，从孩子最简单、最容易做的一步教起，每一步的完成要通过塑造法进行训练。开始训练时每一步都要通过指令、强化、辅助的过程。随着能力的提高，要逐渐减少强化、辅助。

五、感觉统合训练

（一）感觉统合

感觉统合（sensory integration）是美国南加州大学的简·爱尔丝于 1969 年提出的。所谓感觉统合就是进入大脑的感觉刺激信息，在中枢神经形成有效率的组合，以使大脑协调身体对外界做出适当的反应。爱尔丝认为，人类的遗传基因中，都有感觉统合的基本能力，每个幼儿生下来便有此本能。但这种本能必须在孩童时期、与环境的互动中、在大脑和身体不断地顺应反应下，才能够做到高度和健全的发展。

由于每个人的生理及生长环境不同，感觉统合的程度也有所不同。对大部分人来说，都是中等程度的组合。但对少数人来说，由于生理的问题或早期的生长环境不利，就会导致感觉统合不理想。

（二）自闭症儿童的感觉统合问题

奥尼兹教授首先发现自闭症儿童是脑生理学上的问题，他以自闭症儿童在旋转后眼球的严重振幅异常，解释自闭症儿童有感觉输入及运动指令输出上的困扰，这种调节技能上的障碍，来自于脑干前庭核功能不佳，所以认为自闭症儿童有感觉统合失常的问题存在。

爱尔丝将自闭症儿童在感觉处理方面的不足归纳为以下 3 个方面：①感觉输入似乎无法印记在脑中，因此，常对周围事情漠然视之，而在另一些时候又反应过度。②前庭和触觉虽有作用，但调节尚不良，大多有坐立不安和触觉防御不当现象。③对新的或不同的事物，大脑的掌握特别困难，对有目的或积极处理的事情不感兴趣。

总之，这种方法在实践中已被普遍使用，对于改善儿童的运动能力有一定帮助，但要视自闭症儿童的情绪状态进行方案设计。

六、人际关系发展干预

人际关系发展干预疗法（relationship development intervention，RDI）是近年来由美国临床心理学家葛斯汀针对自闭症儿童的核心缺陷提出的训练方法。该方法着眼于自闭症儿童人际交往和适应能力的发展，强调父母的"引导式参与"，在评估儿童当前发展水平的基础上，采用系统的方法循序渐进地触发自闭症儿童产生运用社会性技能的动机，进而使其习得的技能在不同的情境中迁移，最终让自闭症儿童发展出与他人分享经验、享受交往乐趣及建立长久友谊关系的能力。

（一）RDI 课程的内容

RDI 的目标在于，通过训练使患者在社交与非社交的问题解决领域具有适应性和灵活性，能与他人建立长久、真正的友谊，认识到独特的自我，从而为他们拥有自信而独立的人生奠定基础。

完整的 RDI 课程分为相互衔接的 6 个级别，每一级包含层层递进的 4 个阶段，共 24 个阶段。各部分都由重点不同的许多游戏组成。随着阶段的提升，游戏所需的技巧数量及复杂程度也成倍增加。其中，第 1 级至第 3 级主要针对儿童，第 4 级至第 6 级适合对青少年和成人进行训练，本节将主要介绍第 1 级至第 3 级的训练内容。

1. 第 1 级活动　训练的重点是情感调适。

（1）第 1 阶段是让老师的面部和手势成为孩子的注意中心，此阶段选用强调刺激与乐趣的活动，以帮助孩子在尽可能少的外界提示或协助下，将注意力放到老师身上。具体的游戏形式很多，如说话的时候，先压低音量，然后逐渐大声，再变回小声；把袜子放在头上当成帽子；在句子中故意加入一个无意义的声音等。

（2）第2阶段注重孩子社会参照能力的训练，即在专注于目前活动的同时，也能对周围环境的变化有所注意。"一、二、三，木头人"的游戏常用于本阶段。游戏过程大致如下：在孩子正在做某件事或对老师不在意时，对他进行"偷袭"（如搔痒、罩住眼睛等）。预先定好的活动规则是，在偷袭中，若孩子把眼光定在前来偷袭的人身上，这个人就必须定住不动，并作出滑稽的表情或发出好玩的声音来逗乐孩子。接着，老师退到一定距离后，准备再次偷袭。

（3）第3阶段的目标是建立起老师和孩子之间的伙伴关系，重点在于社会互动中调适能力的培养。老师的工作要由"主导"变为"引导"，孩子需要主动参照老师的言行举止，来决定下一步该做什么，此阶段中视觉上的情绪分享成为主要的沟通渠道。本阶段的游戏之一"助手游戏"大致如下：准备一组积木，老师向孩子解释要用积木盖房子，孩子的任务是提供材料。开始游戏后，每当老师需要积木的时候，就请求孩子给一块特定的积木，在此过程中，老师一定要大声叙述出自己的行动，包括如何决定的、为什么需要某块积木、何时动作慢而仔细等。房子造好后，宣布完成，并替房子照相。游戏中老师要注意让孩子感到是一起合作，而非仅是听从指示。

（4）第4阶段孩子将首次体验与社交同伴一同活动的新鲜感。在"停下来、走"游戏中，训练者同孩子站在一起，握住孩子的手。训练者说"走"，开始两人肩并肩行走，直到训练者说"停"，然后静静站住约30秒钟，让孩子有时间用视觉参照训练者。孩子熟练游戏后，训练者可不说话，让孩子无需语言提示就可和训练者一起行走或停止。游戏中行走的节奏和形式可随孩子的熟练程度和兴趣进行变化，以增加乐趣。

2. 第2级活动　将第1级中不同的训练元素进行了整合，并开始引入经过仔细选择的、成熟阶段类似的同伴，孩子开始学习在游戏中成为伙伴与共同调控者。本阶段的活动都是可预测的，并且具有高度组织化的结构、清楚的限制与明确的界限。

（1）第5阶段旨在让孩子关注到人际关系中的变化，并能依此协调自己的行动。如"撞车变奏曲"游戏：老师与孩子各拿一辆玩具汽车，老师以不同的速度操作汽车，在老师指导下，孩子也需作出相应变化，才能使两辆车成功相撞。通过此阶段，孩子将学会享受并喜爱各种程度的改变。

（2）第6阶段是转化阶段，即增加了活动类型的变化，而不再只停留在单一活动的变化上。如其中的"角色逆转游戏"，老师和孩子分别扮演妈妈和爸爸，并假装有一个孩子。场景是全家一起吃早餐，同时讨论当天的计划，早餐桌上放着"公文包"。早餐后，爸爸宣布到上班的时候了，此时，小孩拿起"公文包"，假装出门上班了，妈妈到婴儿床去睡觉，爸爸则系上围裙洗碗。

（3）第7阶段孩子将更多地学习在真实生活与复杂的互动中，如何与他人同步化，成为负责任的同伴。此阶段仍可采用一些角色扮演游戏，让1～2名孩子参加。还可运用"对话、问问题"的方式让孩子们进行双向互动。

（4）第8阶段被称为"双人游戏"阶段，程度近似的同伴被更频繁地引入游戏中。此时，孩子需在同伴关系、主动协调、规则、角色、社交流畅性等方面负起更多的责任。游戏开始时，可以为孩子们选用先前与训练者一起进行并已熟练掌握的游戏，接下来安排需要同伴之间保持联系的非语言性活动，如向同伴要求所需的积木等。此后进行语言游戏，让孩子了解在对话中保持同伴好奇性的重要性。最后进行需要小组合作的"球网"游戏等。

3. 第3级活动　重点在于分享内在经验、想象和想法角色扮演、想象力游戏和对话是此阶段的关键部分，同时也融入自我认同、团队精神、家人及长久的友谊关系。此阶段，成人逐渐转移至孩子注意力的边缘，即从成人—孩子互动过渡到孩子—孩子互动。

（1）经过第8阶段的准备，孩子在第9阶段正式成为互动的同伴，他们将学习在各种不同的活动中协调行动。如共同将物品搬至不同的地点、面对黑暗、克服障碍、相互鼓励以达成目标等，其中也加入了练习以"自言自语"形式进行自我指导的技巧，并进而学习反省和做计划。

（2）进入第10阶段，孩子们开始感受共同参与创造性活动的乐趣。如创作简单的旋律和歌曲，为游戏创作剧本，以语言、角色扮演、建筑等为媒介练习创作，让孩子们在享受共同创作乐趣的同时体验自豪感。

（3）第11阶段更进一层，强调社交过程中的即兴创作，以帮助孩子们学习灵活的思考及迅速的适应力。

具体的练习形式可以多种多样,即兴创作韵律、音乐、歌曲、动作、规则、活动、笑话等。

(4) 在第 12 阶段,孩子们将为"解读"和"传达"情绪表情、肢体语言作准备,并学着理解自己的感受及如何面对失败。本阶段采用情绪游戏、非语言沟通游戏、传话、对话、参与游戏等多种形式促进孩子成为社交中真正的同伴。

4. 第 4 级活动 与前 3 级训练不同,在训练中互动活动的主题开始从外在的物体或人物的外部行为转移到了更为关注内在的"私人"经验,促使孩子探究他人的知觉、想法与感情,发现分享活动的乐趣。此后语言将成为经验分享的主要工具。第 4 级中 4 个阶段的主要训练重点分别为:寻求情绪分享的共同注意能力、观点选择能力、对他人独特知觉和情绪反应的了解能力及想象能力。

5. 第 5 级活动 设计将互动从结构化的限制中解放出来,孩子们可以将想象力展现在不熟悉或不存在的物体或事件上,而不是仅将其附着在熟悉的物体或事件上。此阶段的目标是,除了自己以外,孩子无需其他道具就能在环境中,与他人进行具有想象力的互动。

6. 第 6 级活动 与其他级不同,活动设计因人而异,每个人都有其独特的进展方式此时专业训练人员或父母的角色已不再是老师,而变成顾问或向导,帮助儿童了解自己有哪些与他人不同的特点,学习建立独特的自我认同。葛斯汀指出,第 6 级要达到的目标并不只与自闭症有关,实际上对正常发展的个人来讲也不是无需努力、自然发展的,我们每个人在成长之路上也都曾经历过企图发现自我、如何融入周围世界的心路历程,只有经过了这一阶段,我们才具有了建立真正长久友谊关系的能力。

(二) RDI 的特点

1. 重视儿童的需求,注重发掘内在动机 自闭症儿童的问题主要表现在社会技能的缺失,其实也反映了他们交往动机的缺陷。RDI 不同于多数自闭症治疗领域的社交技巧训练计划,更多地考虑到儿童本身的心理发展需求。在干预之前,谨慎地评估儿童心智发展的阶段,让自闭症儿童有能力了解他们所学到技能的意义,真实体会与他人互动带来的喜悦。每一级训练都选用结构鲜明、步骤简单清楚的活动,使自闭症儿童产生动机去分享正面积极的情绪与刺激,然后逐步在这些简单的活动中加入变化,带来新鲜感,以帮助他们找到更深、更复杂的与他人分享自己觉得有意义东西的理由,内化自己的动机和技能。所以在 RDI 中,自闭症儿童不需外在的奖励来诱使他们练习新的社交技能,而让他们自然地从互动中感受到纯粹的喜悦。

2. 活动设计体系化 RDI 是一套循序渐进的系统训练课程。首先集中建立孩子的动机,在此基础上系统而逐层地发展患儿的能力,整套课程包括几百个和特定游戏相结合的能力发展目标,能精密地衡量孩子能力发展的边缘水平,有利于针对不同儿童的发展状况特点,制订个别化、体系化的训练方案。

3. 强调家长的"引导式参与" "引导式参与"一词来自俄国心理学家维果斯基,其含义是在一段互动关系中,高能力个体在活动的开始承担大部分组织与维护互动的责任,逐渐地协助能力较低的伙伴在平等的基础上进行活动。在 RDI 中,倡导家长的引导式参与有多方面的作用:①对于自闭症儿童来说,治疗训练过程是漫长而艰苦的,仅靠专业治疗师在有限时间内进行训练远远不够。因此,RDI 提倡在家庭中建立 RDI 式生活模式,有利于将治疗训练常态化,长期化。②教会家长一系列引导孩子发展的方法,在家长掌握了 RDI 最初的几个阶段之后,自闭症儿童就会表现出更多责任感来监督和调整自己的行为。③RDI 课程将训练要点和日常生活相结合,家长的引导式参与会在日常生活中创造更多的"训练契机",有利于自闭症儿童习得技能的迁移。

综上所述,不难看出,人际关系发展干预是一种着眼于自闭症儿童的核心问题,同时融合了儿童发展理论、交际、学习理论,并考虑到自闭症本身复杂性的一种干预训练疗法。该方法倡导建立丰富多彩的 RDI 式家庭生活模式,重视治疗和训练中的生态学效度,体现了当前心理和教育领域中人本主义和现实主义的取向,在实践中取得了一定的成效。

应注意的是,由于 RDI 面世时间还很短,目前尚无有关经过 RDI 训练自闭症儿童的长期追踪资料及训练效果的对比研究,也没有对 RDI 训练中各阶段的划分、各阶段游戏与其训练目标的衔接等问题进行严谨的分析讨论或实验验证。因此,我们在借鉴 RDI 方法时,应保持冷静客观的态度。同时,也应注意到我们的民族文化特点和自闭症儿童之间巨大的个体差异,在具体的训练游戏选择上不可机械照搬、盲目追捧。

第三节　融合教育与随班就读

20 世纪中后期以来,世界各国普遍加强了特殊教育工作,特殊教育经历了许多变革。"正常化"、"回归主流"和"最少限制环境"、"一体化"、"融合教育"、"随班就读"等概念的提出,都反映出特殊教育观念的演变。

一、融合教育与随班就读概述

20 世纪 90 年代中期,在西班牙萨拉曼卡市召开了世界特殊教育需要大会,发表了著名的《萨拉曼卡宣言》,这是特殊教育发展史上的一个里程碑,标志着走向融合教育是"21 世纪世界教育的发展趋势"。

(一)融合教育

融合教育思想直接源于美术民权运动,更远可以追溯到文艺复兴、法国启蒙运动时期。融合教育是基于满足所有学生的多样需要的信念,在具有接纳、归属和社区感文化氛围的邻近学校内,在年龄适合的班级里为特殊儿童提供平等的接受高效、高质量教育与相关服务的机会。融合教育思想自出现以来,其理念和形式就成为特殊教育领域内讨论最热烈的焦点。后来很多学者就广义地理解融合思想,即把所有谋略将特殊儿童部分或全部学习时间安置于普通学校、班级教室的努力都视力融合教育。融合教育的出现和实践,通过一系列安置环境的变换,特殊需要儿童从最多限制的环境(如不具备教育性质的医院或其他养护机构)走向最少限制环境(如普通学校的普通班),进而走向主流社会,使特殊教育与普通教育实现根本性交融,把特殊需要儿童从隔离的环境向主流环境过渡,以此实现教育公平、社会公正的理想。

(二)随班就读

随班就读是在西方融合教育思想影响下,由我国特殊教育工作者结合我国国情和特殊教育发展现状探索出的对特殊需要学生实施特殊教育的一种形式。就目前中国教育发展状况来说,可以把随班就读理解为:把有特殊教育需要(智力残疾、视力残疾、听力残疾、肢体残疾、语言障碍、心理障碍、行为障碍、学习障碍、病弱等)的学生安置在普通学校的普通班级中就读(一般一个班级中安置 1～2 名特殊需要学生),使他们与普通学生共同学习、共同成长,学会做人、求知、创造等,让他们今后自立、平等地参与社会生活。除了按普通教育的基本要求进行教育外,学校还要针对随班就读生的特殊要求提供有针对性的特殊教育和服务,对他们进行必要的康复和补偿训练,努力使他们和其他正常学生有平等的机会共同发展。可以这样说,随班就读就是"一体化"、"融合教育"在我国的具体实践。

二、自闭症儿童随班就读的教育策略

针对融合环境下自闭症儿童的特殊教育服务应采取以下 5 种策略,以帮助自闭症儿童和其他发展性障碍儿童获得技能、发展人际关系和融入班集体。

(一)教授沟通与社会能力

运用图片交换沟通系统(PECS),可以帮助那些缺乏功能性语言功能的自闭症儿童进行有效交流。利用模仿性功能来提供系统性指导。模仿对于学习和交流很重要。要将模仿训练融入课堂教育中,包括在小组活动、体育活动以及户外游戏中,要为自闭症儿童提供与发展正常儿童进行直接交流的机会。

(二)在班级的自然活动进程中运用指导性策略

如将同伴吸引到指导性情境中来。既要利用儿童之间自发的互动,又要运用事件的自然后果;运用不同的线索和提示保证每个孩子得到适当的支持。教师只给予必要的帮助,以使儿童不会对其产生依赖。

(三)教育自闭症儿童并提供机会培养其独立性

随时给儿童提供选择的机会;在必要时,教儿童作出选择。图片时间表能帮助自闭症儿童学会遵从日常活动的次序和过程。对于没有语言的自闭症儿童,教师要经常给予他们机会,让他们对教师的提示做出反应。当自闭症儿童获得一些成功时,教师要带领学生及时鼓励。

(四)建立能融合所有学生的班级团体

运用活动使各种能力的学生一起加入进来,设计一些开放式结局的游戏,采用适当的材料,对自闭症儿童的反应进行积极支持,发掘他们的能力。同时,让每个学生有机会扮演不同的角色,包括自闭症儿童在内的每个学生,都要轮流负责发材料。这样,自闭症儿童就能与班级里其他同学一样处于平等的氛围里,并能与同伴交流。

(五)促进技能的泛化与保持

目标技能在每个儿童的生活中用处很大。一个自闭症儿童在很多情况下需要的技能很有可能被泛化,因为他们经常练习,并得到行为后果的自然强化。为了使自闭症儿童脱离成人的帮助和指导,要运用指示性和干扰性最少的提示法,从而保证已成功获得的技能得以表现,并在不破坏技能表现的同时尽快隐去提示。自然地进行学习经验,利用学校日常活动中的教学机会,这样才能增加技能泛化和保持的可能性。

第四节 自闭症儿童的家庭和社区康复

一、关于自闭症儿童的家庭康复

(一)家庭康复的环境准备

家庭康复环境分为人文环境和物理环境。这两个部分贯穿在家庭生活的各个环节之中,相互作用,相互关联,家长如能合理把控与运用,可以更好地发挥家庭康复的作用。

1. 人文环境 自闭症儿童的康复训练是一个长期而艰辛的历程,家庭成员需要相互理解与协作,这是家庭康复必不可少的条件。很多自闭症家庭常常围绕孩子的问题而苦恼、心烦,忽视了成员之间正常的情感交流,这种消极的氛围,严重干扰了家庭的和睦,难以保证孩子得到有效的帮助。为保证良好的人文环境,家长要做到分工明确、统一观念、以身作则、生活化引导等,充分发挥家庭康复作用。

2. 物理环境 研究提示,自闭症儿童的学习多以视觉线索为主要通道,所以家长可以对家居现状进行有针对性的规划,尽可能通过环境的布置、空间的分隔,标示的明示、规律性的格局帮助孩子设立相对稳定的一日生活与学习时间表,定时、定点完成学习内容及生活步骤。例如:动静交替地安排学习活动,室内活动结束后可安排室外游戏,认知活动后可安排运动及娱乐游戏等。

另外,家庭环境中一切可能给孩子造成伤害的用品或场景都应当有安全防护措施。例如:生活用刀具和玻璃器皿要放在孩子接触不到的地方;电源接通时要进行固定,断开时移远插头,以免孩子随意插拔;备用的药物或消毒、清洁用品,也都要放置在孩子不易发现或接触不到的稳妥、安全之处。

(二)家庭康复的技术准备

自闭症儿童的康复涉及心理学、教育学、社会学、行为学等多个领域,大多自闭症儿童家长都面临技术掌握不精、理论领悟不透的困难,不仅达不到教育康复的预期效果,甚至可能带来更棘手的问题。因此,自闭症儿童的老师,要从基础的康复知识与康复技能入手,教导家长,避免家长走入康复训练的误区。

1. 基本训练手法 自闭症康复训练有多种比较成熟并得到实践检验的技术与方法,特别是前面所介绍的几种方法,都较适用于家庭训练,每一种方法在家庭训练中都有其独特的优势,需要针对孩子的具体情况进行选择,且需要灵活运用。

2. 注意事项

(1)一主一辅的训练方式:训练前一定要准确选择孩子的增强物;训练时应从熟悉的生活物品或场景入手。固定一名家庭成员(主训)和孩子进行一对一的训练,另一名家人在旁辅助。

(2)必要的提示帮助:对自闭症儿童必须给予提示,使他们有多次机会做出反应,多次得到强化(这包括手把手练习、语言提示、手势和操作示范等)。需要把握的是,必须逐渐减少提示,直到无需提示也能正确做出反应。

(3)利用偶发事件:在生活(家庭、社会等)中,尤其是社会交往、社会适应等活动中,父母及家人要善于利用偶发事件,抓住机会促使孩子运用并展示获得的知识与能力,使知识与技能得到泛化巩固。

(4)时间的把握:家庭康复训练需要贯穿于日常生活的每一个环节,要根据孩子的生理年龄、整体发育水平(注意力、身体状况、情绪、刻板行为),对训练时间进行恰当调整。一般2.5岁以前的孩子,每次训练

10～15 分钟；3～4 岁，每次训练 15～20 分钟；4～5 岁，每次训练 20～25 分钟；5 岁以上，可保持在 30 分钟左右；6 岁以上学龄前的孩子，时间可延长到 40～50 分钟。

二、关于自闭症儿童的社区康复

(一) 我国自闭症社区康复现状

1. 我国自闭症社区康复取得的主要成果 1986 年 8 月，WHO 在香港举办社区康复讲习班，至此我国的自闭症社区康复实践活动正式开展。目前，全国已建立县、乡二级社区康复站万余个，近 500 万残疾人得到了不同程度的康复，成就斐然。

由于自闭症在现有政策法规中的边缘性和人们对自闭症较低的认知程度，目前仅散见部分地区在对自闭症的干预研究中涉及了社区康复支持系统的建立，大部分地区此项工作还处于准备状态。

北京市是我国开展自闭症康复治疗较早的地区。早在 1993 年 12 月就成立了北京市自闭症儿童康复协会，正式开展了对自闭症儿童的康复教育训练。1994～2000 年，又先后两次系统地进行了自闭症儿童教育、训练的实验，成效显著（王梅，2000）。以北京为例，在社区康复支持系统建立上主要作了以下几方面工作。

（1）社区教育支援：进行社区辅导员的培训，这样既培训了家长，又解决了教育资源不足的问题，成效显著。

（2）社区医疗支援：充分利用社区医疗单位的资源，为自闭症儿童提供训练场所、开办专门讲座、对家长进行咨询。并对自闭症儿童的发展情况定期作出评估，记入病案，为康复计划的制订提供参考。

（3）社区生活支援：为了给自闭症儿童和家长创设参与社会活动的机会，多次举办自闭症儿童、家长联谊会，让自闭症儿童在活动中学会与人交往、发展表达能力、适应社会生活。通过活动也帮助家长们相互沟通、鼓励，增强信心。

2. 我国自闭症社区康复面临的主要问题 自闭症的康复工作不仅涉及成千上万个家庭的幸福和安宁，也关系整个社会的文明程度和和谐发展，深入开展自闭症社区康复工作刻不容缓。从目前情况看，自闭症的社区康复工作已开始受到关注，但进展仅集中在如北京、广州、上海、南京等少数几个经济发达的大城市，中小城市乃至广大的农村地区，自闭症的社区康复工作基本还处于空白阶段。

（1）政策支持力度有待加强。在国家和社会各界的支持下，我国的残疾人事业有了明显的发展。1991 年实施的《中华人民共和国残疾人保障法》，为了维护残疾人的合法权益，保障残疾人平等充分地参与社会生活，对残疾人的康复、教育、就业、生活及福利等方面作出了全面系统的规定。残疾人以残疾证为凭证，可以享受国家和地方政府对残疾人的各项优惠政策及其他法定权益。但支持力度，特别是政策法规方面有待进一步完善。

（2）宣传力度不够，社会对自闭症认识不足。由于对自闭症的认识近年来才逐渐深入，加上宣传渠道、市场等各种因素的限制，面向公众的有关自闭症系统全面的宣传还很缺乏，造成社会各界对自闭症或认识不足，或顾名思义，认为自闭症是精神、心理的毛病，是后天因素造成的。一方面造成部分孩子错过了自闭症 2～6 岁的最佳康复治疗年龄段，造成不可弥补的终身遗憾。另一方面也使得自闭症早期发现的误诊、漏诊率较高。同时，一般社区民众很少听说自闭症这个词，对其严重性认识不足，参与度更低。

（3）各类自闭症康复服务机构严重不足。目前提供自闭症康复服务的机构有 3 种类型：医疗机构、康复培训机构、家长支持和其他协调机构。

从机构自身看，除了权威的专业医疗机构，各类康复训练和家长组织多属于民办性质，主要分布在几个大城市，普遍存在注册难、资金不足、政府支持少、规模小、同业沟通不足等问题，这些都限制了康复机构的数量、规模和康复质量的提升。此外，由于自闭症的特点，绝大部分康复训练都是一对一进行的，因此一般的康复机构能容纳的自闭症儿童很有限。这样，许多家长即使发现孩子是自闭症，也不知如何找到专业的训练干预机构，经常需辗转各地，等待数月乃至数年才能得到相关服务。

（4）家庭之间没有合作、呼吁不够，社区支持不足。自闭症近几年来才被人们初步认知，大部分家长在孩子被诊断为自闭症后，情绪受到困扰，不愿意告诉别人自己的孩子有病，还没有形成联合起来、大力呼吁为自闭症患儿争取权益的意识。

从社区的层面看，绝大多数基层社区工作者对自闭症缺乏正确认识，居委会等社区组织对自闭症儿童的介入基本尚属空白。整体而言,主流社会对自闭症儿童和成人的接纳程度都较低,造成我国学龄期的自闭症儿童只有少部分安置在辅读或培智学校,大部分留在家中,不被普通学校接纳。

(二)我国自闭症社区康复的未来发展

政府的政策扶持对自闭症社区康复工作的开展是首要的,当务之急是应尽快将自闭症纳入法定的"残疾标准"中,从而有利于残联组织将自闭症儿童的教育训练明确纳入工作范围,能够着手制定有关具体政策和开展实际工作。

1. 加强政策扶持力度 政府的政策扶持对自闭症社区康复工作,如开展全国性的自闭症患者情况调查,为康复机构提供相关政策倾斜,协助宣传普及自闭症知识、组织相关人员培训等。

2. 建立健全自闭症社区康复支持体系 建立完善的自闭症社区康复体系,最终要落实到政府、康复机构、专业人员及家长之间的通力合作。

(1) 政府应将自闭症纳入已有的康复训练和服务体系,加大对自闭症相关研究的资助,并设立一些示范性的培训机构,与现有康复机构加强沟通和合作,加强对成年自闭症患者的支持性就业支持。

(2) 增加专业康复机构的数量,并与政府建立有效沟通渠道,同我国已有的基层卫生、残联部门的社区康复服务网形成有机整体。

(3) 加强专业人员的培训、培养,发挥社会工作者的桥梁作用。首先应加强相关师资的培训,并对社区康复工作人员开展相关培训。另外,充分发挥社会工作者的桥梁作用,让他们运用社会工作的专业方法对自闭症儿童及其家长进行力所能及的帮助。

(4) 家长组织可以为家长提供机构以外的服务,如为残疾儿童及其家长在社会交往、情感及认知方面的需要提供信息和帮助;致力提高社会公众对残疾儿童的接受和关注程度等。

3. 推广以家庭为中心的社区康复服务 家庭是社会组成的重要次级系统,也是一个人成长、发展和安身立命的重要场所。作为教师、康复工作者,应认识到自闭症康复训练要发挥实效,一定要有家长的参与,即应大力推广"以家庭为中心"的康复模式。在这种模式中,充分尊重自闭症儿童及其家庭是其首要理念。家长和专业人员的地位是平等的,自闭症儿童家庭所拥有的资源受到重视,才能为他们的康复提供坚实、持久的基础。

目前在内地,"以家庭为中心的"服务模式尚处于新生阶段,还缺乏具体运作的经验,存在着严重的人才问题。此外,由于前述的社会对自闭症认识不够深入等因素的影响,要推广该模式,普遍存在资金不足的问题。

总之,在自闭症人士的终身发展中,家庭和社区康复担负着极为重大的使命,起着关键性的作用。专业工作者一定要和家长、社区康复师一起携手,共同为他们创造和谐、幸福地生活。

案例评析

案例1:促进语言发展

明明是个不满3岁的帅气小男孩,2岁7个月被诊断为自闭症。训练开始时,行走的步态难看,踮脚现象严重,不会跳跃,有简单动作模仿能力,无语言。

首先从孩子的生活规律开始介入,从安排好作息时间开始,打破原先的家庭保育模式。孩子早上起床后的生活自理到一整天的活动安排,都是在家长、老师的干预中,这样孩子没有自我刺激、没有无所事事的个人时间。几周后,明明的精神面貌得到了改观,他慢慢地开始注意身边的人,会看亲人的眼睛、关注大人的笑容了,也开始配合教师学习模仿、听指令做动作等项目了,还有了想说话的欲望。他基本能模仿老师的口型发音,但发出的音总是卡在喉头,不知如何运送气流。每到这时,他都显得非常努力、非常着急,嘴里不断地发出很重的"嗯"音。

不会运用气息是阻碍明明说话的难点。为了解决此问题,不仅增加了吹口哨、纸片、蜡烛等项目,而且把这些项目变成非常有趣的互动游戏。在大运动中增加了孩子快速跑、上下连续跳等运动项目,让他在气喘吁吁中感受气流的进出。发音训练时,用夸张、动态的表情大量引入相似音节的生活物品、交通工具、动物叫声去引导孩子,提高其说话的兴趣。

语言的形成和发展本身就是一个比较复杂的过程,其中包括大脑中语言神经的发展和语言器官的发育,呼吸及气息的运用以及认识能力的发展,语言环境的影响等,因此,孤独症儿童语言发展障碍的原因是多方面的,粗大运动训练对他们语言发展可以起到促进作用,特别是大量做蹦跳、跑等运动会增进气息的顺畅性,边跳边说可以提高声带的功能,增强发音力量;大量的快速或变速跑可以增强肺活量,可以给孩子在发声时提供充足的气;运动中边做边说使他们能更好地感受语言;在运动中亲子互动,使孩子情绪放松,学会听指令和感受到交往的乐趣,逐步向往人际交往。

案例2:改善多动行为

芸芸是个已接受训练5年、即将上小学一年级的女孩。她对周围的事物都颇感兴趣,外表看来聪明活泼。她在2岁5个月时被诊断为自闭症,当时智力测查出整体发育水平为10个月。诊断时对她呼叫无反应,无语言,目光对视差,理解力差,除了能认识妈妈,其他认知领域几乎空白。有简单动作模仿能力,情绪不稳定,刻板多动。唯一能让她安静入座的事情就是看电视广告,并拒绝尝试学习新事物。

老师为建立她的学习配合模式,从改善孩子多动行为、目光对视、建立关注意识方面介入。芸芸开始每天上午在老师的带领下,进行2小时大运动(跑步、上下楼梯、跳蹦床、四肢爬行等项目)。运动中,老师只给出简单的单字语言刺激,2周后,芸芸的多动问题得到较大改善,能较安静入座5分钟,不再从凳子上溜走。

精力旺盛在自闭症儿童身上很常见,常表现为白天情绪兴奋,多动持续时间长的可延续到第二天凌晨都难以入睡,直接影响到第二天的学习生活,是家长们十分头痛的事情。有计划地为孩子提供大运动量,可以消耗孩子的体能,有效地提高睡眠质量。

多动问题得到改善的同时,老师开始拿着很多声音玩具及色彩鲜艳的图片来吸引芸芸的目光,帮助她学会看物品。当玩具第一次出现在芸芸眼前,老师发出"看"的指令时,她还不明白"看"是什么意思,这时后面的辅助人员将她的面部轻轻转向玩具处,老师随即将玩具在她的眼前由近至远地拉开,吸引她的目光。在孩子已注视到玩具1、2秒钟后,老师立即拿这个玩具改换另一个玩具,以增强孩子看的兴趣。经过数次练习,芸芸能独立完成看物品。老师随即与其玩起了看物的游戏,游戏时老师与家长在房子的不同位置,用时大时小、时高时低、时尖时粗的声音发出"芸芸看"的指令。芸芸被成人夸张的声音所吸引,将原来学会的听从看物品指令自然地泛化到活动教学中,执行指令的速度得到了提高。因每次呈现的玩具、图片的时间短,芸芸开始有了期待看下一个物品的意识,她的游戏兴趣在"看物品"游戏中得到了培养。

实践活动

项目一　观摩自闭症儿童的教学活动和康复训练

目标　1. 进一步明确自闭症儿童教学活动和康复训练的目的及所要遵循的原则。

2. 进一步掌握自闭症儿童康复训练的内容、方法及教学活动的设计。

3. 能够对训练方法、训练准备、训练过程进行初步评析。

内容与要求　通过在特殊教育机构观摩自闭症儿童教学活动和康复训练,观察记录活动的全过程,重点观摩活动过程中导课、结课、活动的组织形式、活动过程的实施和各环节之间的过渡。结合本单元所学知识,谈谈如果你是那位教师,你将采用何种方式设计并组织教学活动和康复训练。

项目二　根据见习班级,选择一种自闭症康复训练方法,制订该方法的活动方案

目标　1. 掌握自闭症康复训练的内容及方法。

2. 制订自闭症康复训练活动方案。

内容与要求　在掌握自闭症康复训练的目的、原则、内容的基础上,制订某一种康复训练的活动方案。

项目三　选择一名自闭症儿童,观察记录其典型的心理和行为表现,制订相应的康复训练计划

目标　1. 掌握自闭症儿童典型的心理和行为表现,并掌握康复训练的常用方法。

2. 根据自闭症儿童的典型特征,制订康复训练计划。

内容与要求 在掌握自闭症康复训练的目的、原则、内容的基础上,根据自闭症儿童的典型特征,制订综合性的康复训练计划。

拓展练习

目标 1. 进一步明确自闭症康复训练的目的、原则。

2. 掌握自闭症康复训练的内容、方法。

3. 能够制订自闭症康复训练方案,组织和实施康复训练方案。

内容与要求 学生以组为单位,通过深入特殊教育机构的自闭症儿童培智班级,观摩自闭症儿童康复训练活动,完成以下内容:①通过观摩康复训练活动,记录训练过程,了解自闭症儿童情况;②根据本人所在班级的自闭症儿童状况,制订合理的康复训练活动方案。

情绪与行为
障碍儿童的早期训练与指导

学习目标

通过本单元的学习,将帮助你:

1. 了解情绪与行为障碍的概念、分类和情绪与行为障碍儿童的心理和行为特征。
2. 理解情绪与行为障碍儿童早期训练所遵循的原则。
3. 掌握情绪与行为障碍儿童早期训练与指导的内容及方法。

情绪与行为问题,是指有别于正常的情绪和行为,但如何界定情绪与行为的正常与否十分困难。不同的研究者或专业人员由于研究目的和使用测量工具的不同,其判定的标准也不尽相同。情绪与行为障碍(emotional and behavioral disorder)在特殊教育领域中争议较多,其表现较为复杂。

本单元将深入探讨情绪与行为障碍的概念、分类、成因、特征及早期训练与指导方法等问题,以帮助对情绪与行为障碍儿童进行针对性的教育与训练。

第一节 概 述

一、情绪与行为障碍的概念

任何一个社会都会选择对自身有价值的行为规范来制约社会成员的行为。一般而言,适应社会行为规范者被视为正常,不适应行为规范者被视为异常。不同社会的社会文化标准不同。即使是在同一文化群体中,不同的社会阶层也可能有各自的标准与期望。因此,要鉴定评估一个儿童的情绪与行为是否正常,取决于用什么标准。当然,社会文化标准对评估标准的制定有直接的影响。正因如此,在一个社会中适用的情绪与行为障碍标准测验,在用于另一社会时需要对测验的内容、测验标准进行本土化的修订后才能有效。

此外,情绪与行为障碍儿童可能还伴有其他障碍,例如智力障碍、学习障碍等。以上的复杂状况,给情绪与行为障碍的界定带来了极大的困难。

(一) 美国 94 - 142 公法的定义

美国 94 - 142 公法对"严重情绪困扰"作了如下的界定:严重情绪困扰是指在很长一段时间内明显表现出下述一种或多种特征,并对教育上的表现产生不利影响的情况。

(1) 无法用智力、感觉或健康因素加以解释的学习能力失调。

(2) 无法与同伴和教师建立或保持良好的人际关系。

(3) 在正常情况下表现出不当的情绪或行为。

(4) 经常表现出苦闷、沮丧的情绪。

(5) 衍生出与个人或学校问题有关的生理病症或恐怖倾向。

该定义包括精神分裂儿童(或自闭症)在内,但不包括社会适应不良儿童,除非他们已被确定在情绪上有严重的困扰。

其后,美国心理健康与特殊教育联合会对上述定义提出了以下的修改意见:考虑儿童在学校的情绪或行为反应;考虑年龄、文化或种族常模的差异;在教育成就上的负面效应(如学业、社会、职业或个人的压力);相对于暂时的、短期的或期望的反应有更多的压力;在两种不同的情境中有相同的行为问题(如在家中和在学校中);即便个人独处,仍持续表现出异常;和其他异常共存的可能性;包括情绪与行为异常的所有范围。

修改后的界定范围得以扩大,不再排除社会适应不良儿童。

(二) 我国的定义

我国台湾地区在 1998 年《身心障碍暨资优异鉴定原则鉴定基准》中将严重情绪障碍定义为:"指长期情绪或行为反应显著异常,严重影响生活适应者;其障碍并非因智能、感官或健康等因素直接造成之结果"。

我国将情绪与行为障碍定义为行为表现与一般学生应有的行为明显偏离,具有以下一种或多种影响教育的、明显而持续的行为特点的学生:①学习能力不足,但不能用智力、感觉和身体的原因加以解释;②不能与同龄人和教师建立或保持良好的关系;③对正常环境缺乏适当的情绪和行为反应;④弥漫性不愉快心境或抑郁;⑤容易出现与个人学习困难有关的生理症状或恐惧反应。

二、情绪与行为障碍儿童的分类

(一)《美国精神疾病诊断标准》(DSM‐Ⅲ)的分类

1. 智能方面 特别指智力障碍儿童因自制力较弱而衍生出的行为问题。

2. 外显行为 主要包括注意力缺陷、活动过多和行为失常等问题。

3. 情绪方面 主要包括恐惧、紧张、焦虑、压抑等行为问题。

4. 生理方面 主要包括饮食、睡眠、刻板行为等方面的异常。

5. 发展方面 主要包括普遍发展异常,如婴儿期自闭症及特殊发展异常、语言、阅读发展异常等。

(二) WHO 国际疾病(ICD‐10)的分类

1. 多动性障碍 主要包括活动与注意失调、多动性品行障碍以及其他多动性障碍。

2. 品行障碍 指反复而持久的社交性紊乱、攻击性或对立性品行模式。主要表现为:过分好斗或霸道;残忍地对待动物或他人;严重破坏财物;放火、偷窃、反复说谎话;逃学或离家出走;过分频繁地大发雷霆;有反抗性挑衅行为;长期严重的不服从等。

3. 品行与情绪混合障碍 指持久的攻击性、社交紊乱性或违抗行为与明确的抑郁、焦虑或其他情绪不良共存。

4. 特发于童年的情绪障碍 有别于成年型神经症型障碍,主要包括童年的离别性焦虑、恐怖性焦虑、社交性焦虑以及同胞竞争等。

5. 特发于童年与少年社会功能障碍 它们是一组稍具异源性的障碍,都有始发于发育过程中的社会功能异常,但不同于弥漫性发育障碍,常因生活环境严重扭曲或闭塞所致。主要包括选择性缄默症、童年反应性依恋障碍、童年抑制性依恋障碍以及其他社会功能障碍等。

6. 抽动障碍 抽动是一种不随意、快速、反复的非节律性运动或发声,突然发生,无明显目的。常见简单运动型抽动包括眨眼、颈痉挛、耸肩和扮鬼脸;常见简单发声抽动包括清嗓子、学吼叫、抽鼻子和嘶嘶声;常见复杂的运动性抽动包括打自己、跳跃和单脚蹦;常见复杂的发声抽动包括重复特别的词句,包括个别社会不能接受的词句以及重复自己的发声或词句。抽动障碍多见于男孩。

7. 其他行为与情绪障碍 包括非器质性遗尿症、喂食障碍、异食癖、刻板性运动障碍等。

(三)《中国精神疾病诊断标准》(CCMD‐3)的分类

1. 儿童情绪障碍 包括儿童焦虑症和其他儿童情绪障碍。

2. 多动综合征 发生于儿童时期(多在 3 岁左右),与同龄儿童相比,表现为同时有明显注意集中困难、注意维持时间短暂,及活动过度或冲动的一组综合征。症状发生在各种场合(如家里、学校和诊室),男童明显多于女童。

3. 品行障碍 指明显违反与其年龄相应的社会规范或道德准则,损害别人或公共的利益的行为。

4. 特殊功能发育障碍 指言语、学校学习技能、运动技能等方面的发育延迟,可能与遗传因素关系较大,并无明显的智力障碍、感觉器官缺陷及情绪障碍。

5. 其他行为障碍 主要包括排泄障碍、口吃等。

(四) 行为分类法

行为分类法主要是通过评定工具(包括调查表、等级量表等),大量收集有关儿童的行为资料;然后根据不同儿童组的反应对儿童进行分类,并利用统计方法将行为模式相互关联的行为进行归类。

1. 奎伊(Quay)的分类 美国学者奎伊将情绪与行为障碍分为以下4类。

(1)行为失调型:主要特征是打架、攻击他人、乱发脾气、不服从、蔑视权威、毁坏财物、鲁莽、无礼、对别人存有戒心、不合作、不体谅别人、干扰别人、消极、拒绝接受指导、烦躁不安、易激惹、希望引起别人注意、喜欢炫耀、喜欢支配他人、注意力不集中、多动、说谎、妒忌、好骂人、缺乏责任感、偷窃、自私等。

(2)焦虑退缩型:主要特征是焦虑、紧张、恐惧、羞怯、孤僻、寡言、没有朋友、压抑、自卑、伤感、过于敏感、缺乏自信等。

(3)社会性攻击型:主要包括结交坏朋友、参加青少年犯罪集团活动、结伙偷窃、离家出走、经常逃学等。

(4)不成熟型:主要包括爱做白日梦、注意力分散、懒散、昏昏欲睡、被动、缺乏兴趣、宁愿结交比自己小的伙伴、在社交发展方面明显落后于同龄儿童等。

2. 谢夫(Schiff)和米尔迈(Millman)的分类 美国学者谢夫和米尔迈将情绪与行为障碍分为以下6类。

(1)不成熟行为:好动、冲动、注意力低、小丑行为、做白日梦、脏乱邋遢、不善利用时间、自私、过度依赖。

(2)缺乏安全感行为:焦虑、害怕、自卑、忧虑、过度敏感、过于追求完美。

(3)不良习惯:吮吸手指、咬指甲、尿床、大便失禁、睡眠困扰、进食问题、口吃、抽搐等。

(4)与伙伴有关的问题:攻击、手足相嫉、残酷、社交孤立。

(5)反社会行为:不服从、脾气火暴、不诚实(偷窃、说谎、欺骗)、说脏话、玩火、破坏性行为、离家出走、逃学等。

(6)其他问题:滥用药物、烟、酒、大麻,吸入性药物,偏差性行为,过度自慰,性游戏,性别角色偏差,未婚怀孕,缺乏学习动机,学习习惯不良等。

阅读延伸

据美国教育部统计,2003年,美国3~5岁年龄段情绪与行为障碍儿童的出现率为0.05%;6~17岁年龄段情绪与行为障碍儿童的出现率为0.93%。我国张晓辉等对1 679名2~5年级学生进行调查。结果发现,学龄儿童行为问题检出率为29.5%;在检出的行为问题中,违纪行为占43.0%,神经症行为占36.4%,混合型行为占20.6%;在违纪行为中,男生明显高于女生。

三、情绪与行为障碍儿童的特征

情绪与行为障碍的类型不同,特征也有所不同,这里仅作概括性介绍。

(一) 智能特征

有关情绪与行为障碍者智能方面的特征,是一个有争议的话题。如果用智力的正态分布来衡量的话,情绪与行为障碍儿童平均智商约为90,多数属于学习困难和轻度智障。尽管重度以上的儿童常常无法接受测验,但凡能接受测验的,智商都在智障范围之内(平均智商为50左右)。美国学者考夫曼(Kaufman,JM)在总结有关研究的基础上,提出了这类儿童的智力分布,但后来,考夫曼对此提出质疑,认为通过研究儿童的智商分布来评价其智能特征可能会产生偏差。因为智力测验的工具不尽完善,加上测验实施的困难,智力测验的结果即智商并不一定完全反映出被测者的智能。情绪与行为障碍儿童常常受情绪的困扰,无法在智力测验中表现出其实际拥有的智能水平。许多专家认为,"从他们所能做"的事情来观察判断,情绪与行为障碍儿童的智力应是接近甚至超过正常范围的。

(二) 学业表现

情绪与行为障碍儿童常常也是学业上不成功的学生。他们无法发挥正常的学习潜能,无法达到根据其智龄预计的学习水平。这类儿童中,很难有学习优异者。重度情绪与行为障碍儿童大多数在基本的阅读和数学方面成绩特别差。究其原因,一方面由于情绪或行为障碍使他们无法专注于学习任务,而将大部分时间用在与学业无关的事情上;另一方面伴随着学业的失败,情绪与行为障碍会进一步加重,形成恶性循环。与此同时,情绪与行为障碍儿童的问题可能容易使教师将关注的重心放在学习之外的其他表现方面,而忽略对学习问题的关注。

(三) 行为表现

多数情绪与行为障碍儿童在行为方面明显不同于一般儿童,主要表现如下。

1. 外化性行为　最常见的是攻击性行为和违规行为。这类儿童过于频繁地表现出打架、斗殴、不服从安排、争吵、哭闹、破坏物品,甚至勒索同伴等行为。靠一般的纪律措施往往无法纠正,他们不受同伴欢迎,也常令大人们心烦意乱。

2. 退缩性行为　主要表现为不成熟和孤僻,其极端表现是儿童精神分裂症和幼儿自闭症。这类儿童一贯举止幼稚,很少与同伴或老师打交道,缺乏交往技能,独处一角。他们有的喜欢做白日梦,时常沉湎于幻想,心中充满恐惧;有的不断抱怨身体不适,试图借此逃避活动;有的习惯依赖他人,遇到不如意的事情常以哭泣寻求解脱;有的郁郁寡欢,毫无理由的沮丧、抑郁。

(四) 重度情绪与行为障碍儿童的特征

重度及重度以上情绪与行为障碍儿童常常伴有其他残疾,在症状表现上有别于轻、中度患者。具体如下。

1. 缺乏日常生活技能　这类儿童在 5 岁或 5 岁以上时仍然不具有穿衣、吃饭、大小便等基本处理能力,他们会表现出幼稚绝望的行为特征。

2. 感觉异常　这类儿童看上去对周围刺激极不敏感,对一般儿童所能感受到的刺激似乎没有什么反应,有时会被误认为是听觉障碍或视觉障碍儿童。

3. 认知上的缺陷　这类儿童存在明显的智力障碍,很难用一般的智力测验测得其真实智力。虽然个别儿童智力尚可,甚至某些方面的能力优于正常儿童,但难以正常发挥。

4. 语言发展滞后　这类儿童在语言学习上有困难,特别表现在理解与表达上,时常语无伦次,不合语法结构。有的只能鹦鹉学舌般地进行模仿,在语言交流上难以应对,常常答非所问。

5. 行为刻板　这类儿童经常表现出刻板的、重复的行为,比如让口中的唾液"沙沙"作响、凝视灯光、抚摸某些玩具等。他们可以在很长一段时间内不间断地重复这一行为,别人很难介入。

6. 自伤与攻击　这类儿童表现出各种自残行为,或用咬、抓、踢等方式攻击他人进行发泄。

四、儿童常见的情绪与行为障碍

(一) 儿童分离性焦虑症

分离焦虑是一种相当常见的焦虑障碍,与依恋对象分离或将要分离时产生的与发育水平不符的过度焦虑,发生在 18 岁前并持续至少 4 周。美国的研究报道显示,分离焦虑障碍平均发生年龄为 7.5 岁。分离焦虑障碍在年幼儿童中常见,随年龄增长而减少。儿童早期分离经历、儿童气质、成长环境、应激易导致分离焦虑,如亲人死亡、家长的过分保护、需求或抑郁等。

分离焦虑在不同年龄有不同的表现。幼小儿童如果主要依恋者不在身边则不愿意入睡,当将要分离时过度沮丧(如发脾气),做与分离有关的噩梦;离开家与依恋者分离时,非常想家。年长儿童和青少年还可出现生理与躯体症状并产生问题,如头晕、恶心、呕吐、腹痛、肌肉疼痛或心悸,家长经常因孩子出现以上问题而四处就医。学龄儿童容易表现为对家长和依恋者的过分担心,并拒绝上学,外出参加集体活动时(如野营、学校活动在外过夜)过度忧伤。

(二)儿童恐惧症

儿童恐惧症是指儿童在不同发育阶段对一些特定的情景或物体的特定恐惧情绪。起病常有刺激经历，或从周围的成人或儿童处习得。恐惧的内容多样，因年龄而异。如:恐惧乘飞机、某种动物、鲜血、打针、乘电梯、高处空旷地区、学校等,有时可同时恐惧几种事物。暴露于所恐惧对象时,儿童会出现焦虑不安,过分、不合理恐惧,表现为哭闹、发脾气、发呆或黏人,导致回避或影响正常的活动、学习。如果恐惧对象很少接触则对日常生活影响不大。

(三)广泛焦虑障碍

广泛焦虑障碍是指持久、过分和不现实的担心,无特定对象或情景。美国流行病学研究显示,儿童和青少年发生率为 2.9%～4.6%,在 12～19 岁青少年中较 5～11 岁儿童更多见。儿童期男女性比例无差异,青少年期男女性比例为 1:6。父母情感问题、破坏性的依恋、应激生活事件、创伤经历等对本病发生产生影响。表现为比其他儿童更过分担心他们在学校或一些活动中的成绩和能力,担心个人和家庭成员的安全,或担心自然灾害和将来要发生的不良事件。因过分担心,导致在日常生活、学习等各项活动能力受损,因经常要寻求重复保证而干扰他们的个人成长和社会关系。常见有躯体症状,如气急、心动过速、出汗、恶心、呕吐或腹泻、尿频、手脚湿冷、口干等;也可出现肌紧张、战栗、颤抖、抽搐、摇晃感、肌肉酸痛等,患儿经常抱怨腹痛、头痛等,且伴其他焦虑障碍、抑郁或破坏性行为障碍,患病率较高。

(四)选择性缄默症

儿童在特定场合如学校或陌生人面前持续沉默不语或几乎无语,而在其他环境中言谈自如。缄默时常伴焦虑、退缩、违抗等情绪。这种情况持续至少 1 个月,但不包括初入幼儿园或入学的第 1 个月。临床表现除在特定场合沉默不语外,还表现为非言语性焦虑症状,如回避对视、不安等;回避需要讲话的场合;非言语性参与或活动受限;合并其他焦虑。病因可有:①气质特点为退缩倾向、适应慢;②抚养人有害羞、焦虑的特点;③言语、语言障碍;④进入不同社会文化环境(如移民);⑤家庭、学校和社会支持差。

(五)适应障碍

儿童常因入幼儿园、入学、转学、升学、搬迁、家庭矛盾、同学冲突等环境变换引起,产生以烦恼、抑郁等情绪异常为主,同时有适应不良的行为或生理功能障碍,并使日常生活、学习和人际交往受损。通常在应激性事件或生活改变发生后 1 个月内起病,一般不超过 6 个月。随着时过境迁,刺激的消除或经过调整形成新的适应,症状随之缓解。

(六)注意缺陷与多动障碍(多动症)

注意缺陷与多动障碍(多动症)是指发生于儿童时期,与同龄儿童相比,存在明显的注意集中困难、注意持续时间短暂、活动过度及冲动为主要特征的一组综合征。发病率报道不一,学龄儿童一般为 3%～5%,男女性比例(4～9):1,我国报道为 1.3%～13.4%。主要表现为注意障碍,活动过度,好冲动,与发育水平不相适宜,比同年龄、同性别儿童更严重,存在于几个不同场合,对日常生活产生影响,随年龄而发生变化,可持续终身。符合症状标准 6 个月,达到适应不良及与发育水平不一致程度,部分引起损害的多动、冲动或注意力不集中症状出现于 7 岁前,由症状引起的损害存在于 2 个或 2 个以上场合(学校、工作中或家庭),在社交、学业或职业等功能上,有临床损害的明显证据,症状不能用其他障碍所解释。可同时有认知障碍,如学习困难、阅读障碍、重读、低自尊、被同伴拒绝、焦虑、抑郁,行为问题如攻击行为、说谎、逃学、酒瘾问题,易发生事故,家庭关系受损,合并抽动、运动笨拙等。其病理机制与遗传生物学基础和环境因素有关,神经生化研究发现多巴胺/去甲肾上腺素异常。患儿存在中枢神经系统成熟延迟、大脑皮质觉醒不足、执行功能降低。85%患儿至少有一种共患病。

五、早期训练与指导原则

莫斯(Morse MC)认为,情绪与行为障碍儿童教育的基本原则如下。

(1)减少心理冲突,保持心理平衡。

(2)组织集体活动,利用同伴文化来发展儿童的情感和社会认知。

(3)创造良好的环境,避免孤独感,经常开展有关学习问题的讨论,提高他们的学习兴趣,掌握正确的学习方式。

(4) 提高课堂教学质量,深入挖掘教材内容,增加课堂教学的感染力和趣味性。

(5) 用奖励为主的正强化方式改变儿童现有的不良行为方式。

(6) 创造较宽松、和谐的学习、教育环境,采用某些人本主义的教育方式,最大限度地发挥学生的潜能和积极性。

(7) 培养学生独立工作能力和增强他们行为的控制能力。

(8) 树立正确的集体气氛和舆论导向,扶正祛邪。

此外,莫斯还对教师和家长提出了以下几点建议:

(1) 爱护学生,爱护孩子,经常与他们接触和交流,设身处地地为学生和孩子着想。

(2) 建立民主宽松的师生关系、家庭关系,保持和睦的气氛。

(3) 教师和家长都要注意提高自身的修养,在教育孩子时,要有耐心,减少口头上的责备,增加自身行为的感染力。

(4) 利用正负强化的方法改变儿童的不良行为方式,发展他们的学习能力,减少、消除自卑感和焦虑情绪。

第二节 早期训练与指导的一般方法

多数情绪与行为障碍儿童的教育表现都不佳,这样的结果有部分与教育系统有关,因为教育系统无法满足这些孩子复杂的需求,而且必须在孩子很小时就开始满足其需求。

事实上,15％学前儿童每天至少会有 3 次攻击行为(如打人、踢人、推人),每天都有严重的反社会行为(如骂脏话)占 10％。所以,针对情绪与行为障碍儿童的早期训练与指导显然是十分重要且必要的。

一、药物治疗

部分情绪和行为障碍可以通过药物进行有效的控制,为心理治疗与教育干预打下良好的基础。例如,对于患有严重焦虑、抑郁、恐怖或者强迫症状的儿童,可使用适当的药物进行治疗。如阿米替林、多虑平、舒必利、阿普唑仑、利眠宁等。但药物治疗必须由专业医生施行。

二、心理治疗

心理治疗就是用心理学的方法使人的情绪、行为发生改变。心理治疗分为几大类,在其基础上衍化的心理治疗方法已有数百种。

(一) 精神分析

由弗洛伊德创立的一种心理治疗法,其目的是人格再建和解决童年期的情绪问题以消除症状。其主要手段是采用自由联想、梦的分析、释义和移情。

(二) 行为治疗

行为治疗又称行为矫正,是依据条件反射理论和社会学习理论改变不良行为的一种技术。目前行为治疗方法有许多,在此介绍几种在儿童情绪与行为障碍矫正中常用的方法。

1. 正强化法 每当儿童出现所期望目标行为,或者符合要求的良好行为时,要采取奖励办法,立刻强化,以增强此种行为出现的频率。

2. 负强化法 通过厌恶刺激抑制不良的行为,从而建立良好的行为。它主要用于治疗敌对行为、不服从行为、少年违法、暴怒发作等一些不良行为。

3. 惩罚法 当儿童出现某个不适当的行为时,附加一个令他厌恶的刺激或减弱、消除其正在享用的增强物,从而减少该行为的发生频率。此种方法适用于多种行为障碍和情绪障碍,如攻击性行为、违纪、脾气暴发、伤人、自伤等。

4. 消退法 是通过削弱或撤除某不良行为的强化因素来减少该项不良行为的发生率。一般常用漠视、不理睬等方式,达到减少和消除不良行为的目的。

5. 代币法 又称标记奖励法。这是在儿童出现目标行为时,立刻给予一种"标记"或代币加以强化(如筹码、卡片、红星、小红旗等),然后再用"标记"或代币兑换各种强化物的一种行为矫正方法。表 6－1 为代币制示例。

6. 系统脱敏法 系统脱敏法是一种逐步去除不良条件性情绪反应的技术,常用于焦虑和恐惧的治疗。系统脱敏法分为 3 个步骤:①建立害怕刺激的层次;②学会肌肉深度的放松;③将害怕的刺激与肌肉放松相配合。首先儿童看见最少的害怕刺激,指导其放松肌肉,逐渐地增加害怕刺激的层次并练习放松肌肉的方法,直到面对害怕的事物不再感到焦虑恐惧。

表 6-1 代币制示例

代币兑换规则	
数量	物品
5 颗星	1 袋糖或小食品
10 颗星	午休玩电脑 5 分钟
15 颗星	1 件文具或小饰品
20 颗星	午休玩电脑 30 分钟
30 颗星	1 盒彩笔或 1 个文具袋

注:兑换时间:每周二 13:00。

系统的脱敏感法广泛地应用在辅导儿童或青少年的恐惧害怕行为,例如怕大声、怕分离、怕狗、怕黑暗、怕考试、惧高症、怕血等方面效果不错。然而,对于幼儿方面的应用,仍颇有争议。

7. 行为契约法 是指治疗者与治疗对象签订行为契约,约定根据目标行为出现与否将执行的相关强化。在这种方法中,要求对所约定的目标行为作操作性的描述,包括对期望行为的增加,对不期望行为的减少,或者兼具两者;约定如何对目标行为进行测量;约定目标行为出现的时间范围;约定强化或惩罚的措施以及施行者。

(三) 人本主义-存在主义心理治疗

人本主义-存在主义心理治疗是以存在主义哲学和人本主义心理学为指导思想的心理疗法。

1. 患者中心心理治疗 本疗法认为,治疗的基本前提是每个人都有自主权和发展自身人格的能力。治疗者应以平等的身份、理解和同情的态度深入了解障碍的表现和原因,进而提供咨询意见。

2. 存在主义心理治疗 本疗法认为,个人的情绪与行为障碍是个人的内心冲突未获解决所致,通过与治疗对象进行交流,可促使其了解和接受自身存在的价值与义务,鼓励其选择正确的生活道路。

3. 完型治疗 本疗法强调将治疗对象当作一个整体来对待,重视其当前的体验,利用角色扮演等技术,使其对自己有充分的认识,发挥潜力。

(四) 认知治疗

认知治疗强调认知过程在决定行为中的重要作用,认为个体的情绪和行为大多来自个人对情境的评价,而评价受到信念、假设、现象等诸多因素的影响。

1. 认知治疗的前提 情绪和行为是通过认知过程发展起来的;在学习理论基础上建立的治疗程序,能有效地影响认知过程;治疗者同时担负诊断和教育的责任,发现不良的认知过程,并组织安排学习来改变它们。

2. 现代认知治疗的主要内容 ①认知的重建,即帮助治疗对象重新建立信念和假设;②适应技能,即教给治疗对象适当的适应技能,通过正确的认知方式,摆脱不良的情绪和行为;③问题解决,即认为不恰当的问题解决技能与某些不良的情绪反映有密切的关联,如焦虑、抑郁、挫折等。构建解决问题的模型,能够使治疗对象有效地减少不良的情绪。

阅读延伸

感觉统合训练对改善儿童情绪与行为障碍的作用

感觉统合治疗的目的在于针对儿童存在的大脑对外界信息处理不良的问题进行矫治,增加感觉讯息的输入,尤其是前庭刺激的输入,打开通往神经系统部分的通路,从而达到改善脑功能的目的。

赵亚茹等研究发现儿童行为问题与感觉统合失调关系密切,经过感觉统合训练后,儿童的行为问题得到了明显的改善。此外,有研究表明,行为问题儿童都伴有前庭功能协调障碍。《北京市城区 1994 名学龄儿童感觉统合失调的调查报告》结果表明,感觉统合轻度失调率与重度失调率为 35.9% 和 10.3%;情绪与行为问题儿童中伴有轻度与重度感觉统合失调(76.1% vs 34.2%)的均明显高于非行为问题儿童(29.2% vs 6.7%)。

随着国内独生子女的增多,发生率有逐年上升的趋势。通过感觉统合训练临床观察发现,儿童的神经心理及神经生理的调整功能、运动协调能力、多动、注意力不集中及情绪稳定方面在经过训练后有非常显著的改善。采用感觉统合训练方法是根据儿童所存在的感觉和动作发育不良给予相应的刺激,运用游戏式的运动控制感觉的输入,特别是从前庭系统、肌肉关节及皮肤等刺激的感觉输入,并同时做出适应性反应。训练中大量的前庭刺激的输入,使前庭功能得以改善,一定程度上起到了对因治疗的作用,随着儿童感觉统合的改善,其消极行为、多动、注意力不集中、情绪不稳、社会退缩改善等行为与情绪问题相应减少。感觉统合训练注重儿童动作的整体性和协调性,有助于孩子培养活泼开朗、热情奔放的性格,有助于人际关系的建立。《感觉统合治疗 481 例临床疗效分析》结果表明,感觉统合训练对儿童情绪稳定的总改善率达 87%。

总之,感觉统合训练对儿童的认知功能、注意力、学习能力、人际交往能力等行为与情绪障碍均有明显的改善。为减少儿童行为问题的发生,必须关注儿童感觉统合能力的发展。要了解一个儿童的行为,特别是正在发育中儿童的行为,既要注意心理因素,又要注意社会因素及家庭因素。感觉统合理论发现导致儿童行为和情绪问题的基本原因,也对这些问题的缓解提供了行之有效的途径,使对儿童的教育与培养更符合实际。

第三节　情绪与行为障碍儿童的随班就读

一、随班就读学生的安置与管理

情绪与行为障碍儿童是有特殊教育需要的儿童,他们的问题具有多面性和个别性。如何针对他们的个别需求选择适当的教育安置方式、由多学科人员合作进行教育干预,直接关系到教育成效。

情绪与行为障碍儿童因其障碍程度以及障碍性质的不同,有多种安置形式。最常见的有融合的普通班级(随班就读)、资源教室、特殊班以及特殊教育学校。

绝大多数的轻度障碍儿童采用融合安置的方式。研究者普遍认为,普通学校应尽可能利用班内和校内的各种资源,为学生提供积极的支持。在这种形式的安置中,普通班教师承担着主要的教育责任。他们的态度与处理相关问题的技能对于障碍儿童的教育至关重要。

对于情绪与行为障碍儿童的教育,其课程设置与要求和普通学生基本一致。在融合的普通班级或资源教室以及特殊班的学生,应与同年级普通学生学习相同的学科课程。在教学条件许可的情况下,可以考虑加强心理辅导类课程(如认识和调控情绪)、社会交往技能类课程(如社会沟通与交往的技能等)以及有助于其学业发展的思维训练类课程等。

二、随班就读的教学策略

(一) 教学目标

情绪与行为障碍儿童该如何教? 一种显而易见但不完全正确的答案是他们应该学会控制自己的反社会行为。多年来,研究者以牺牲学业为代价训练行为障碍儿童的合适行为。结果使原本缺乏学业技巧的儿童进一步落后于同龄人。为了帮助情绪与行为障碍儿童未来能够在学校、社区和职业方面获得成功,应从社会和学业技巧两方面对其进行指导。

1. 社会技巧　对情绪与行为障碍儿童而言,学习社会技巧是重要的课程内容。他们中的多数人在交谈、情感表达、参加集体活动、以积极方式应对失败或危机方面存在困难。他们之所以经常打架和争吵,是因为缺乏处理煽动性事件的社会技巧。他们把轻微的冲突碰撞理解为其他儿童对自己的攻击。

2. 学业技巧　尽管我们强调对情绪与行为障碍儿童社会技能的培养,但不应忽视对其进行学业指导。许多情绪与行为障碍儿童在读、写、算方面落后于正常同龄人,这不利于他们将来在社会上取得成功。

幸运的是,多数情绪与行为障碍儿童接受系统指导后,其学业进步明显。同时,有效的指导是有效班级管理的基础。教师不能因为怕麻烦,就降低对情绪与行为障碍儿童的学业要求(如降低作业难度、减少回答问题的机会、降低期望)。

(二) 行为管理

1. 行为支持的纪律和学校系统　学校一般通过惩罚控制特殊儿童的问题行为。但惩罚不能彻底解决问题行为,尤其对长期存在行为问题的儿童而言,惩罚不能帮助建立亲社会行为。在过去十年内,学生纪律方面取得了重要进步,发展出了学校范围的行为支持系统,由全体学生提供积极行为支持。学校系统的目标是定义、教授和支持积极行为,使全体学生在学业上和社会中获得成功。

实行积极行为支持系统的学校利用团队力量向全体学生教授积极行为。全体教职员工是该计划的参与者。他们应制订明确的规则,并且根据收集到的客观数据对系统进行评估和修正。成功的学校行为支持系统有以下特征。

(1) 公布期望行为:对部分期望行为进行定义。定义要简单,具有积极意义。例如"有礼貌、负责任、有安全感"或"重尊自己、尊重他人、尊重财产"。

(2) 定义、教授期望行为:将期望行为教给全体学生。提供期望行为的实例(如在课堂上有礼貌是指回答问题之前先举手。进餐或在礼堂有礼貌是指和人打招呼时称呼对方的名字)。用系统的方式直接教授期望行为:提供一般规则,讨论基本原理,提供正反例子,学生按照正面例子练习,直到习惯化。

(3) 合适行为得到奖励:按照规定奖励积极行为。有些学校有正式的奖励系统(奖券或奖金);有些则进行表扬。

(4) 错误行为得以纠正:当学生违反规定时,要立即让其知道这种行为是不对的。不要对错误行为进行强化。

(5) 小组在收集资料的基础上对系统进行评估和修正:优秀的学校支持系统应不断进行自我评估,其决策过程允许对合适行为进行修正。学校评估包括:意外行为报告、参与率和悬疑率等。

(6) 学生个别支持系统与学校纪律系统相结合:学校支持系统不能代替个别支持。尤其是对 1%～7% 的学生而言,需要提供更具个别化的干预。

2. 班级管理　作为情绪或行为障碍儿童的教师,应该对班级环境进行设计和管理。班级管理不仅能减少反社会行为,而且能增加师生之间的积极互动,从而建立积极行为,获得学业成功。这并非易事。幸运的是,教师通过清楚的定义和练习可以有效地管理班级。

多数班级行为问题能够通过主动行为管理进行干预。所谓主动行为管理策略是指事先计划的旨在防范问题行为出现,或问题行为发生前及时制止的干预措施。对于顽劣成性的孩子而言,预防问题行为的出现比问题出现后去纠正它更为容易,一旦教师失去了对班级管理的掌控,再想重新建立班级管理的秩序就更为困难了。

主动干预包括:构建教室的物理环境(如让症状最严重的儿童坐在教师周围),明确恰当行为的规则和期望,安排活动的时间表,尽量减少活动之间的间隔,以容易接受的方式给予学生指导,用鼓励和积极强化引发目标行为。

管理情绪或行为障碍儿童的班级需要大量的知识和技巧。除已经介绍的方法外,教师应该知道何时、如何使用这些方法。例如,放松、消退(破坏行为),对其他行为进行多种强化(指目标行为之外的行为)、反应代价、限制时间(要求学生在短时间内表现适当行为)、过度矫正(加倍补偿由反社会行为造成的伤害,如果儿童拿了别人的饼干,要加倍赔偿)。我们不能孤立地使用这些技术,应该把它和班级管理、各级支持系统相结合,共同加强行为控制。

教师在设计和使用班级管理策略时,不能以强迫命令作为引导学生的主要手段。高压政策一方面鼓励学生逃避行为,另一方面使学生更多地关注错误行为而非目标行为。此外,正确管理班级的方法还有:教学生自我管理;让同伴参与调解和支持等。

3. 自我管理　许多情绪与行为障碍儿童认为他们无法控制自己的生活。他们总是被动地接受事物,破坏是他们对不和谐世界的反应方式。自我管理能够帮助他们认识到自己的责任,形成自主感。自我管理的优点是可以迁移的。

自我管理的方式很多,最重要、研究最多的是自我监督和自我评估。自我监督相对简单,它是指儿童观察、记录目标行为;自我评估是将自己的行为与某个标准或目标比较。大量研究表明,问题行为儿童能够通过自我监督和自我评估规范自身行为。

20年前的一项研究发现,自我管理技术可以有效地改善学生在课堂上的表现。6个情绪和行为障碍儿童通过使用自我监督、自我评估等方法,有效控制自己在资源教室里的破坏行为。起初,教师对15分钟内儿童的行为进行一次评估,从"优(5)"到"差(0)",采用六级评分,然后学生开始以同样的方式进行自我评估,接着轮到教师进行评估。

比较教师评定与学生自己的评定。如果学生评定与教师评定仅相差一分,学生可以获得自我评定的分数。如果学生评定与教师评定完全一致,学生可获得额外加分。教师可试着减少教师评定的次数。当学生的自我评估能力发展到一定水平,可以准确进行自我评估时,可让其每隔30分钟进行一次自我评估。最终,撤除自我评估卡和评分系统,学生进行内化的自我评估。这时,学生的积极行为甚至会高于正常同龄人。

4. 同伴干预及支持　同伴的力量可以帮助行为障碍儿童向好的方面转变,互相帮助的具体策略如下。

(1)同伴监督:让儿童观察、记录同伴的行为,并提供反馈。

(2)同伴的正面报告:通过教授、鼓励和强化,使儿童报告同伴的积极行为。

(3)同伴辅导:情绪或行为障碍儿童在学业和社会技巧方面互相辅导。

(4)同伴对质:当出现或即将出现不恰当行为时,同伴互相解释为什么这种行为不正确,并建议或示范积极的行为反应。

(三) 教育策略

由于幼儿认知发展水平有限,因此教师可以在以下两个方面着手帮助情绪与行为障碍儿童合理宣泄情绪,学习合适的行为。

1. 提供适当的教材及期望　情绪与行为障碍儿童都有学业低成就的困扰,因此应透过适当的教材及期望,让他们有成功经验,以提高其自信心。所以,针对情绪与行为障碍儿童的教学重点应放在以下几方面。

(1)降低焦虑:①探索儿童在活动中的困扰是什么,以了解其压力。②讲座和练习其他反应方式。让儿童说出令他焦虑的事件,利用角色扮演练习其他反应方式,以降低其焦虑。③与父母分享焦虑的时刻。可以利用故事来讨论如何降低焦虑。④逐渐介绍新的教材。先让儿童做喜欢的活动,再慢慢加入新教材。⑤分享进步。当孩子进步时,给他一个特殊奖赏,让他觉得自己了不起。⑥减少问题的来源,降低作业的分量,减少他的焦虑。⑦教导儿童如何处理问题。例如:告知说故事时有哪些重点,鼓励他在班上说故事,可提供其正向经验。

(2)降低反抗行为:忽视其不当行为。利用抽奖来改善儿童顺从。当儿童有好的行为表现,可利用抽奖使其获得小礼物。奖赏其他儿童合适的行为,让他能见贤思齐。

(3)降低发脾气:利用线索鼓励其他合适的行为。要有计划,强化、强化的目标、频率及强化物等,都应仔细考虑。让班级的优惠待遇(如全班可以打球),是来自全班能帮助情绪与行为障碍儿童形成良好的行为表现的结果。

(4)降低社会问题:降低在班级中的扰乱行为。改善注意力,可以多练习运用注意力的行为。降低与学习无相关活动,以免干扰其他儿童的学习活动。降低逃避工作,不接受儿童无法完成学习工作的借口,如削铅笔。

2. 利用绘本和相关书籍　由于学前儿童语言表达能力或推理能力尚未熟练,常常无法将其内心的感受表达清楚,因此教师可以利用他们熟悉的故事或绘本来引导他们。教师说完故事后,让儿童分享自己的生活经验,借此机会可以让儿童发挥想象力,学习问题解决方法,甚至利用角色扮演方式,一方面宣泄情绪,另一方面重习良好行为。表6-2为教师辅导情绪与行为障碍儿童可利用的绘本及相关书籍目录。

表6-2　教师辅导情绪与行为障碍儿童可利用的绘本及相关书籍目录

书　名	作　者	内容重点
生气汤	贝西·艾芙瑞/文图 柯倩华/译	描述幼儿生气的情绪,可以由故事让幼儿说出自己生气的经验
生气的亚瑟	希亚文·奥拉姆/文 北村悟/图 柯倩华/译	描绘生气的同时掺杂着寂寞、害怕、伤心、失落、彷徨……也深刻地说明这种普遍的情绪经验对小孩儿的影响

书 名	作 者	内容重点
大卫,不可以	大卫·香浓/文图 余治莹/译	描述幼儿一系列在家的不良行为,让幼儿了解到这些不良行为的后果
大卫,上学去	大卫·香浓/文图 余治莹/译	描述幼儿一系列在校的不良行为,让幼儿了解到这些不良行为的后果
《我的感觉》系列	康娜莉雅·斯贝蔓/文图 黄雪妍/译	汇集孩子经常发生的 7 种情绪,用彩图和易懂的故事展现出各种情绪的表现特征和相应的处理方式
绘本与幼儿心理辅导	吴淑玲/著	提供绘本书单,协助教师进行幼儿心理辅导

(四) 加强师生关系

除了具有学业和行为管理技巧外,教师还必须善于同儿童建立健康积极的师生关系。威廉·莫尔斯被认为是"情绪或行为障碍儿童教育的先锋",他认为能够和行为障碍儿童建立积极有效的关系的教师一般具有两大特质:差异接受性(differential acceptance)和移情关系(empathetic relationship)。

1. 差异接受性 是指教师能够接受和理解儿童经常性的破坏行为(如生气、憎恨、攻击性行为等),并且能够根据不同的行为作出不同的反应。当然,这个要求说起来容易做起来难。作为情绪与行为障碍儿童的教师,必须理解儿童为什么出现这种破坏行为(破坏行为反映了儿童过去遭受的挫折、自身同周围环境的冲突)并尽量帮助他们形成更好的行为模式。接受并非是对反社会行为的鼓励和宽恕,儿童必须习得正确的反应方式。相反,这一概念意味着对特殊儿童的理解而非责难。

2. 移情关系 是指教师能够发现一些非言语线索,这些线索往往是理解儿童行为背后所隐藏的心理需要的关键。教师应该与问题行为儿童进行直接交流,并真诚地对待他们,因为他们已经体验到太多的虚伪。情绪与行为障碍儿童往往能很快分辨某人是真的对自己感兴趣抑或惺惺作态。

作为情绪与行为障碍儿童的教师,应该意识到自己的行为是学生的榜样。因此,教师的行为和态度应该表现出成熟性和自我控制性。

(五) 关注可控因素

作为情绪与行为障碍儿童的教师,我们的任务有两个:①改变儿童的反社会行为,代之以更社会化的适宜行为;②帮助他们掌握学业知识和技能。这些儿童由于频繁出现反社会行为,缺乏适当的社会技巧,再加上学业不良,其教育对教师而言是一项重大的挑战。由于构成情绪行为障碍的众多因素超出了教师的控制范围,教育任务就更加艰巨(例如,儿童在进校前或离校后结交的朋友,教师无力干涉)。尽管如此,教师不能以无法改变儿童过去的经历和目前的生活为借口,推卸教育失败的责任。

特殊教育工作者应更多地关注可控因素。1980 年,布卢姆首次使用这一术语来表示那些既影响儿童学习又能通过教学实践改变的因素。可控因素涉及课程和教学指导两方面,具体包括:花费在教学指导上的时间;课堂活动的顺序安排;教学指导的速度;儿童对教学指导正面反应的频率;何时何地以何种方式对儿童的优秀行为进行强化;儿童出现错误行为如何纠正等。事实上,关注可控因素的教师往往能有效地改变情绪或行为障碍儿童。

教育情绪困扰与行为障碍儿童,对教师和家长来说都是需要长期努力的工作。由于这些孩子的情绪比较容易冲动、激怒,因此较容易形成攻击及行为失常的状况,这些问题需要借助特殊教育的方法加以辅导或治疗。儿童具有精神分裂倾向,教师应主动与家长联系,及早寻求治疗,提供温馨安全的教育环境,以减低病情的发作或恶化;对于有焦虑障碍的儿童,需给予减少焦虑害怕的训练方法,如示范、系统脱敏法、认知及利用正增强以减少焦虑害怕的心理;对某些社会性退缩的儿童,教师应积极设计课程训练其社会技能,并安排同龄儿童与其互动,经常给予较多注意与关照,使儿童不再因过度紧张、焦虑而退缩;对于注意缺陷与多动障碍的儿童,需要综合医药和行为管理的方法予以治疗和教育;对于行为失常者需要用温和、坚定的态度辅导并指导养成社会技能。

许多专家学者一致强调早期疗育的重要性,认为辅导情绪与行为障碍儿童应做早期筛检、早期发现、及早治疗,避免日后产生反社会性行为,造成社会的负担。专家们建议教师或家长在处理青少年问题行为时,宜采取增强正面行为,而不采用高压手段作为管教的策略。一旦发现儿童或青少年有情绪与行为障碍问题出现时,教师应及早主动与家长取得联系,并做协调、沟通和辅导。同时,学校的课程应提供有计划、有系统的人际关系能力的培养,使这些儿童能融入学校的学习情境,不致因不当行为受到排斥。儿童在学校有良好的人际关系,有适合他学习的环境,将可有效地预防或减少反社会性行为的产生。

辅导情绪与行为障碍儿童,不仅是特殊教育工作的一环,也是学校辅导工作的重点。如果今天我们忽略了情绪与行为障碍儿童的教育,那么他日,国家和社会将会为情绪与行为障碍儿童所带来的社会问题付出更高的代价。

案例评析

注意缺陷与多动障碍儿童的行为矫正案例

一、被试的基本情况

小鹏,男,8岁,轻度智力落后(经韦氏儿童智力测验,其智商为59),无其他残疾,但身体较为弱小。该学生语言理解力较同龄非智力落后儿童无太大差异,口语表达清楚,有一定的生活自理能力。经北京儿童研究所附属医院认定为注意缺陷与多动障碍。在学校中,小鹏一般很难将注意力长时间放在同一件事情上,很容易因外界的无关刺激而分心,从而忙乱不停。最为突出的行为表现就是上课频繁摆动椅子严重影响听课效果及课堂纪律。老师曾多次对其说服教育但作用不是很明显。所以,依据行为矫正的原理,采用代币制的方法对其上课摆动椅子行为进行矫正。

二、行为矫正的实施

(一)实施前的准备

1. 确定目标行为及终点行为

(1)目标行为:根据观察,小鹏在其他课上的纪律非常差,多动行为发生异常频繁。但在班主任课上则相对稳定一些,对于突出的行为问题易于观察和矫正,所以选定每天一节的语文课进行实验,矫正其频繁摆动椅子的行为。其摆动椅子的行为是指被试坐在椅子上,用身体带动椅子前后或左右摆动,使其椅子的两条腿离开地面。

(2)终点行为:确定每节语文课摆动椅子次数不超过1次为终点行为。

2. 方法的选定 根据小鹏年龄小、任性、固执等性格特点,单一的使用行为矫正的某一方法预计都不会起到良好的效果,因此选用了代币制的方法。首先因为代币制是利用代币(可累计的次级强化物)来交换原级强化物的矫正程序。因而强化的价值要比原级强化物大。在使用过程中,被试实际上是受到了两次正强化。一次是在发放代币时,良好行为得到强化,另一次则是在兑换原级强化物上。如果将增加某一良好行为改为减少某一不良行为则可以将发放代币转为扣除代币。当出现一次不良行为时就在固定数量的代币中扣除一个代币,将剩余的代币兑换为原级强化物,这样就避免了体罚、隔离等惩罚方式所带来的副作用。另外,由于其是轻度智力落后儿童,记忆能力差,因而及时地给予强化就显得尤为重要。但又受到条件的限制,在课堂上无法给予某些强化物,而使用代币制则很好地解决了这一问题。同时还避免了被试对某一特定原级强化物的讨厌。因此,选用代币制的方法来矫正上课频繁摆动椅子的不良行为是较为适合的。

3. 确定后援强化物 智力落后儿童比普通儿童更易受外在动机所左右,对舒适、金钱或其他具体的奖励,会比单纯地从成就所产生的内在满足更感兴趣,需要层次更低。因此,对智力落后儿童而言,选择消费性、活动性、操作性和拥有性后援强化物更适合。根据这一特点可制订出后援强化物的调查表,并由其家长填写,同时参考教师的意见,并最终确定强化物种类。

此次行为矫正主要矫正的是摆动椅子的行为,因此记录的形式是按次记录。被试摆动一次椅子就记为一次。并按照《摇摆椅子行为发生次数记录表》(表6-3)进行填写。在基线阶段和维持阶段,由老师亲自观察记录,在实施时,同时请其他老师帮忙记录,以核对结果。

表6-3 摇摆椅子行为发生次数记录表

记录时间：　　　　　　　　　　　　　　　　　　　记录者：

阶段	周一	周二	周三	周四	周五	平均
A						
BⅠ						
BⅡ						
BⅢ						
BⅣ						
A′						
B′						

（二）行为矫正的实施

行为矫正分成下列几个阶段。

1. 基线阶段 A　这一阶段为一周，只记录每节语文课摆动椅子的次数。不给小鹏发放代币和任何强化物。

2. 实验处理阶段 B　这一阶段又分为4个小阶段Ⅰ、Ⅱ、Ⅲ、Ⅳ，每个阶段分别为一周。开始之前对被试讲：从今天起，老师将用代币制来管理你多动的行为，如你上课时摇摆椅子的行为。每天发给你一些卡片，你用这些卡片可以换我袋子里的东西。但如果你上课时摇动一下椅子我就会扣除一张卡片。最后一节课课间你用剩下的卡片跟我换你想要的东西。如果你一节课能双脚并拢，手背后，抬头看黑板或老师，坚持10分钟你就可以得到一张卡片。Ⅰ阶段每天发给被试25张卡片，Ⅱ阶段每天发给20张卡片，Ⅲ阶段每天发给15张卡片，Ⅳ阶段每天发给10张卡片。并按照《奖品与卡片兑换表》(表6-4)将未被扣除的卡片兑换成奖励物。

表6-4 奖品与卡片兑换表

奖品项目	兑换卡片数量	奖品项目	兑换卡片数量
普通贴纸1张	1	立体贴纸1张	4
饼干1块	2	玩拼插玩具10分钟	6
牛肉干1片	2	玩毛绒玩具10分钟	7
牛奶1盒	3	拍球10分钟	8
小蛋糕1块	3	上网20分钟	10
蜡笔	4	看一集动画片	10

3. 维持阶段 A′　这一阶段为一周，不给被试卡片及任何强化物，只记录摇摆椅子的行为次数。

4. 再处理阶段 B′　这一阶段为一周，再继续对摇动椅子的行为进行处理，方法同Ⅳ阶段。同时，用口头表扬作为正强化。

（三）行为矫正的结果

1. 基线阶段 A　小鹏在这一阶段的语文课上，随意摆动椅子的平均次数为20.6次。

2. 实验处理阶段 B　在实验处理阶段，上课摇摆椅子的行为发生频率明显下降。

（1）Ⅰ阶段：在一周时间内，其行为的发生频率已降到平均每节语文课20次。效果并不显著。第一天不良行为出现了28次，超出了基线期的最高次数，同时也扣除了所有的代币，因而第一天就没能换取奖品。

（2）Ⅱ阶段：在这一阶段，被试对减少摇摆椅子的行为，避免扣除卡片，便能得到更多的奖品之间建立了因果联系，理解了代币的用途，平均次数为11次，达到了既定的要求，并在规定的时间地点兑换了奖品。

（3）Ⅲ阶段：经过前两个阶段的实验，被试对代币交换已经非常了解。并产生了兴趣，因而进行得非常顺利,平均达到了 5.8 次。

(4) Ⅳ阶段:最后一周摇摆椅子的行为平均发生 0.8 次,还出现了连续两天 0 次的情况,一张卡片都没有被扣除。为对其良好的表现进行强化,特别给予了双倍的奖励。

3. 维持阶段 A′ 在这一阶段,撤除了 B 阶段的实验处理,被试的不良行为发生次数有所回升,平均每节语文课摇摆椅子的次数为 3.2 次。但相对于基线阶段的发生次数已有很大的反差。也可说明 B 阶段的实验处理是有效的,撤除实验行为就会增加。

4. 再处理阶段 B′ 这一阶段被试的摆动椅子的行为平均出现 0.6 次,除了发给他 10 张代币外,还增加了口头表扬作为强化物。

计算观察者间信度粗略结果为 87%。观察记录较为可信。使用代币制矫正上课摇摆椅子的多动行为的实验进行的较为顺利,效果较为明显。但由于其极易受外界环境的影响,和多年养成的行为习惯,因而无法完全达到 0 次的行为目标。就其现实情况而言,经过实验矫正,小鹏上课摆动椅子的发生频率明显降低,可以说明整个矫正程序是成功的。

实践活动

项目一 观摩情绪与行为障碍儿童的教学活动和康复训练

目标 1. 进一步明确情绪与行为障碍儿童教学活动和康复训练所要遵循的原则。

2. 进一步掌握情绪与行为障碍儿童康复训练的内容、方法及教学活动的设计。

3 能够对训练方法、训练准备、训练过程进行初步评析。

内容与要求 通过在特殊教育机构观摩情绪与行为障碍儿童教学活动和康复训练,观察记录活动的全过程,重点观摩活动过程中导课、结课、活动的组织形式、活动过程的实施和各环节之间的过渡。结合本单元所学知识,谈谈如果你是那位教师,你将采用何种方式设计并组织教学活动和康复训练。

项目二 根据见习班级,选择一种情绪与行为障碍儿童康复训练方法,并制订该方法的活动方案

目标 1. 掌握情绪与行为障碍儿童康复训练的内容及方法。

2. 制订情绪与行为障碍儿童康复训练活动方案。

内容与要求 在掌握情绪与行为障碍儿童康复训练的原则、内容的基础之上,制订某一种康复训练的活动方案。

项目三 选择一名情绪与行为障碍儿童,观察记录其情绪和行为表现,制订相应的康复训练计划

目标 1. 掌握情绪与行为障碍儿童典型的情绪和行为表现,并掌握康复训练的常用方法。

2. 根据情绪与行为障碍儿童的典型特征,制订康复训练计划。

内容与要求 在掌握情绪与行为障碍儿童康复训练的原则、内容的基础上,根据情绪与行为障碍儿童的典型特征,制订综合性的康复训练计划。

拓展练习

目标 1. 进一步明确情绪与行为障碍儿童康复训练的原则。

2. 掌握情绪与行为障碍儿童康复训练的内容、方法。

3. 能够制订并组织和实施情绪与行为障碍儿童康复训练方案。

内容与要求 学生以组为单位,通过深入特殊教育机构的各个班级,观察班级中情绪与行为障碍儿童的类型及其具体表现,并观摩康复训练活动,完成以下内容:①通过观察、记录,了解多类情绪与行为障碍儿童的表现;②通过观摩康复训练活动,根据本人所在班级的情绪与行为障碍儿童状况,制订合理的康复训练活动方案。

言语与语言
障碍儿童的早期训练与指导

学习目标

通过本单元的学习,将帮助你:

1. 懂得言语及语言障碍的意义,树立正确的教育观念。
2. 了解言语及语言障碍儿童的概念、分类、语言发展的特点。
3. 理解言语及语言障碍诊断与鉴定,评估与干预所要遵循的原则。
4. 掌握言语及语言障碍教育与训练的内容及方法。

　　语言是人类交往过程中最直接、最重要的工具,与人类的生活、工作有着密不可分的关系。对于大多数儿童来说,只要是成人提供良好的语言学习环境,他们的语言便能够获得正常的发展。但是,也有一些儿童因为各种原因而导致语言、言语发展障碍,不但大大降低了儿童生活的质量,而且影响了他们心理的健康发展、文化知识的学习以及未来的社会定位。

第一节　概　　述

一、言语、语言障碍的概念

　　言语与语言是两个既相关又有区别的概念,因为任何言语活动都是将语言作为工具的。而且语言在不同的条件下所指也不尽相同。语言与言语的主要区别是:语言是整个社会群体所共同使用的一种符号系统,更强调全民性和共同性;而言语则是某一个体对语言的具体使用,它具有更明显的个体特征和个人风格。

(一) 语言障碍

　　语言障碍(language disorders)又称语言残疾(language disabilities)等。由于语言本身的复杂性和运用者的多样性,很难给"语言障碍"下一个清晰的定义。早期对语言障碍的理解比较宽,既包括病理、智力、心理等特殊原因造成的交际障碍,也包括因非同一种语言而造成的交流障碍。根据《特殊教育辞典》,定义为:"因人们使用的语种不同,使互相之间的交际发生困难"。而近代的《剑桥语言百科全书》,其对语言障碍的定义是:"语言障碍是指人们在听、说、读、写或做手势诸多方面的任何一种系统性的缺陷,这种缺陷妨碍了他们与同类的交流。一种极端的情况是,语言障碍可能极其轻微,如轻度口吃;另一种极端的情况是,几乎全部的交流方式都被损害,如遭受严重的脑损伤时。每一种语言障碍都会表现为:语言多少不能在自然地表述概念,从而引起人们的注意,这时语言就成为一种障碍而不是交流手段了。"1977 年,美国言语语言听力学会特别小组提出的定义为:"语言障碍是一个人不能表现出与预期的正常标准相当的语言学知识系统的状态。"语言障碍的判断标准不是绝对的,而是相对的。一个儿童是否有语言障碍,需要根据其已有的知识经验,所处的语言文化环境以及年龄水平等因素进行综合考察。例如,一个从未学过教育心理学的人不能够准确地理解和表达教育心理学的有关概念,不应看做语言障碍者;一个外国旅游者来到中国不能有效地使用汉语也不是语言出现了障碍。同样,一个学龄前儿童的语言技能达不到学龄儿童应达到的水平,也不是语言障碍。

因不同专家对"语言"概念的不同认识,对"语言障碍"理解有所不同。但更多的学者认为,语言障碍不仅仅是口语交际的障碍,而将书面语、手势语等运用障碍也统称为语言障碍。不同学者对语言障碍理解范围不同,也将直接影响对语言障碍的检查、评估与教育训练。

(二) 言语障碍

言语病理学的先驱范里珀曾提出过一个比较有影响的定义:"和正常人的言语偏离甚远,引起了自己的注意,干扰了语言交流,或者使说话者本人或听话人感到困扰的言语异常。"根据这个定义,言语异常包括两个含义:一是说话者口头表达出现困难;二是这种口头表达上的困难引起了自己的注意,干扰了言语交流,并出现某些适应性行为上的障碍。言语障碍也有人称为"言语缺陷"(speech defect)或"言语失调"(speech disorder)等。例如:说话时的反常现象,失语症或口吃。如果一个人有以下特点中的任何一个,就可以认为有言语障碍:①音量太小不易听到;②不易理解;③听起来或看上去使人不愉快;④某些语音成分发音不准;⑤说话费力;⑥韵律不合常规;⑦词汇、语法等方面有缺陷。

二、导致言语语言障碍的原因

究竟是什么原因导致儿童的言语、语言发生障碍,目前还缺乏系统而深入的研究。就现有研究成果看,导致儿童语言、言语障碍的原因非常复杂,既有生理因素、心理因素,又有智力因素、环境因素和遗传因素。另外,还有一些目前我们尚无法证实和不完全了解的其他一些因素。

(一) 生理因素——器质因素

指患儿的言语、语言障碍有明显的生理疾病。据统计,在言语、语言障碍的发病人群中,有40%以上是因生理缺陷所致。例如,听觉器官受损导致全面的言语、语言障碍,视觉器官损伤导致的视觉性失读症,发音器官受损导致全面的言语、语言障碍,发音器官发育不完全或构造异常导致的构音障碍,发音器官受损导致的发音障碍,嗓音病变导致的音质反常、鼻音过重,大脑损伤导致的失语、失写,中枢神经系统损伤导致的运动性失语等。这些都是因生理或神经系统损伤而造成的言语、语言障碍。对于这类障碍,医学治疗往往能起到积极的作用。但实际上,利用现有的医学诊断并不能找出或明确地解释所有言语、语言障碍发生的原因,因而还需作相关因素的考察。

(二) 心理因素

交流是为了表达和理解的需要,因而从本质上说交流是心理释放和接受的过程。在这个过程中,健康心理的有效支持是保障交流顺畅进行的基础。如果一个人有健康的心理,就比较容易与他人沟通;而如果一个人出现了心理方面的障碍,就必然影响交际的进行。如患有抗拒症、孤独症、口吃等疾病的儿童,绝大部分都会因心理的障碍引起交流中的情绪困扰,或因自卑而过度紧张,结果导致更严重的交流障碍。研究发现性格内向、害羞、退缩的儿童比起性格外向、好问好动的儿童,语言发展要差,获得的语言刺激要少很多,而且表达和练习的机会也少得多。这已成为该类儿童语言发展迟缓或无法形成正常言语技能的一个重要原因,而情绪常常受到压抑的儿童又极容易产生口吃。

(三) 智力因素

智力和语言能力的高相关性已被众多研究者所认可。不少研究显示,智力与儿童语言发展呈正相关。智力水平高的儿童,其听辨力、观察力、理解力、记忆力、模仿力都较智力低的儿童要强;同时因智力高的儿童善于提问与思考,并能准确把握语言情景的意义,所以说话的时间早、口齿清晰、语句流畅、内容丰富;而智力低的儿童因其认知能力低下,又不善于听辨、观察、记忆,再加之长期以来语言刺激的严重不足,说话练习机会少,明显表现出词语贫乏,无法把握句子间的逻辑关系,因而导致其理解与表达产生困难,造成语言障碍。大量研究证实,智商与儿童的语音、词汇、句法、语用等诸项言语能力的获得与发展均有明显相关。

（四）环境因素

语言环境的优劣也直接影响儿童的语言获得与发展。儿童的语言环境主要由家庭生活环境和学校教育环境两个部分构成。家庭是儿童早期学习语言的场所，家庭所有成员的语言范式、语言刺激都直接影响儿童语言的获得与发展。因此，对儿童来说，良好而丰富的语言环境能促使孩子语言的健康发展，而不良的语言环境则很可能导致儿童的语言发展产生障碍。有研究表明，寄养机构中的儿童语言发展的总体水平低于生活在家庭中的儿童；那些对孩子的口吃过于关注并常常斥责或纠正孩子口吃的家庭，孩子的口吃发展愈加严重。如果在同一家庭内部使用的语言系统过于复杂，或在儿童语言发展期内频繁更换儿童学语环境，那么极有可能造成因儿童无法适应变换的语言环境而影响语言的正常形成，最终导致儿童语言障碍的发生；相反，缺乏足够语言刺激家庭中的孩子，也会影响孩子的语言学习，导致儿童的语言发展迟缓。

（五）遗传因素

关于遗传对语言障碍产生的影响是近些年提出的。专家研究显示，在语言障碍的高发人群中，遗传有着显著的特征。总的来说，语言障碍儿童约 20％有一级亲属的某类语言或与语言有关的障碍，而在正常儿童中其发生率仅为 3％。双胎的研究强有力地支持了遗传影响的观点。Simms MD 列举 Tomblin 的研究成果，发现单合子双胎中，语言问题共同发生率为 80％，而双合子为 38％；英国的 Dorothy Bishop 研究发现，单合子共同发生率为 70％，而双合子为 46％。这些研究都表明，在儿童语言障碍的发生中遗传有着一定的作用，特别是口吃障碍。

对所有的语言障碍者观察分析发现，仍有相当一部分人无法从我们所列举的几个因素中作出合理的解释。即对于一些个体来说，上述因素并不能解释其语言障碍的原因。因此，有专家提出，对于言语、语言障碍的分析不能从单一因素的分析入手，必须结合多个因素进行。例如，特殊的说话方式和本身的器质条件可能共同导致儿童发生嗓音障碍，儿童的性格特点、观察力、记忆力又是导致其理解障碍的共同因素，而儿童接触的语言种类和其个体特点都是共同导致孩子言语障碍的因素等。因而，在分析儿童的言语、语言障碍成因时，应进行多方面的资料收集和因素考察。

三、言语和语言障碍分类与出现率

（一）发音障碍、流畅性障碍、声音障碍和语言障碍

根据交际者的言语行为将言语和语言障碍分为发音障碍、流畅性障碍、声音障碍和语言障碍。

1. 发音障碍　又称构音障碍，指在发音过程中因发音器官协调运动障碍而导致的发音失准，以至影响到交流的正常进行。根据儿童发音障碍的临床表现，又分为替代、省略、歪曲和增音 4 个类别。

2. 流畅性障碍　流畅性障碍又称口吃，世界卫生组织将其定义为言语节奏紊乱。流畅性障碍主要指在连续话语过程中的韵律失调，表现为节律、语速的失当。患有流畅性障碍的儿童，其言语呈现出的话语节律混乱过于突出，在整个话语结构中，有太多的重复、阻塞、延长或节奏不当的停顿，甚至说话者不得不采用非语言的交际手段来替代口语的交流，其结果严重干扰了口语交际的进行。

3. 发音障碍　在发音过程中，因发音器官构造异常或运用不适当而导致的嗓音或鼻音障碍。例如：有的儿童喉、嗓、鼻腔等器官本身就有器质性病变，因而影响其正常的发声；但也有部分儿童协调运用声带、口腔或鼻腔等器官的能力有限，在说话中不会对音质、音高、音强等进行恰当的控制，久而久之造成声音运用的障碍。声音上的突出障碍常常分散听话人的注意力，干扰交际。

4. 语言障碍　在言语过程中的语码筛选或转换障碍。这种障碍不同于发音器官、话语节律等表层的障碍，而属于深层障碍。包括：词语理解和使用障碍、语意理解和表达障碍、语法和语言运用错误等。根据言语行为进行分类，发音障碍和声音障碍主要集中于言语过程中因生理障碍而导致的言语障碍；流畅性障碍则主要指在言语行为过程中因心理或生理障碍而导致的语畅障碍；语言障碍和前两种都不同，它强调语码筛选与转换过程中的障碍，涉及更深层次的障碍。

（二）发展性语言障碍和获得性语言障碍

根据交际者障碍发生的时间，可将语言障碍分为发展性语言障碍和获得性语言障碍。

1. 发展性语言障碍　又称先天性语言障碍，一般指婴幼儿在语言发展之前因各种原因造成的语言功能失常。表现为语言发展迟缓和语言发展异常。

2. 获得性语言障碍 指在语言发展过程中因各种原因造成的语言功能失常。如事故、疾病、用药不当或心理障碍等造成儿童已有的语言退化,形成语言使用的障碍。

前者为儿童丧失了学语的能力,后者为儿童丧失已获得的语言的能力,二者是有区别的。

(三) 原发性语言障碍和继发性语言障碍

根据语言障碍的发生与儿童发育之间的关系,又将语言障碍分为原发性语言障碍和继发性语言障碍两类。

1. 原发性语言障碍 指儿童除有明显的交流障碍外,其他发育均属正常。这是一种特殊的语言障碍,目前很难用生理或心理问题对该障碍作出合理的解释。

2. 继发性语言障碍 指因儿童本身存在着智力、脑损伤、癫痫等疾病,继而引发的语言障碍,语言障碍是其众多的障碍中的一个。

言语损害分类见表 7 - 1。

表 7 - 1 言语损害分类

临床教育分类	口头语言损害	外部语言损害	失音症、迟语症、速语症、口吃
			发音困难、鼻音、言语停顿损害
		内部语言损害	言语不清(构音无能)
			失语症
	书面语言损害		失读症、失写症
心理教育分类	交际工具的损害		言语、语音发展不足
			一般的言语发展损害:在内容、词汇、语法、拼音上的损害
	使用交际工具的损害		口吃或更复杂的损害

言语和语言障碍儿童出现率的估计,常会由于调查方法、定义,年龄以及伴随缺陷等因素而影响其精确性。一般认为 5％～6％ 是一个比较接近实际的出现率。冉盛 1991 年在北京、天津、上海、长沙等地测查了 7 598 名学生(其中普通小学 7 337 人,特殊学校 261 人),发现言语和语言障碍儿童的出现率为:普通小学 6.42％,盲校 9.24％,弱智学校 30.10％。其中城乡分布为:城市 5.20％,农村 8.20％。美国神经疾病和中风研究所对言语和语言障碍儿童出现率的推算为 6％,其中功能性构音障碍 3.0％,口吃 0.7％,语音障碍 0.2％,裂腭 0.1％,脑瘫 0.2％,言语发展迟缓 0.3％,听力损伤 0.5％,语言迟缓 1.0％,我国台湾林宝贵 1982～1983 年调查了台湾 4～15 岁 12 850 名儿童,发现学前、小学、中学阶段语言障碍的出现率分别是 4.36％、2.69％、1.37％,平均为 2.64％。

四、儿童言语和语言障碍的特征

(一) 言语和语言障碍儿童的身体发展

一般而言,言语和语言障碍儿童的身体发育比较正常,他们在身高、体重、动作协调性等方面与正常儿童没有明显的差异。某些因发音器官异常,如:唇裂、腭裂、脑瘫、听觉障碍等因素而造成的言语和语言障碍儿童,除语言问题外,还可能在视觉、运动、智力和学习成就等方面出现障碍问题。

(二) 构音障碍的特征

1. 替代 说话时以一个音代替另一个音。如以〔f〕代替〔h〕,将〔hu〕代替〔fu〕,以〔l〕代替〔n〕,以〔nin〕代替〔lin〕,以〔p〕代替〔b〕,将〔bin〕念成〔pin〕,等等。英语中类似的替代也很常见,如将〔right〕念成〔wight〕,将〔yes〕念成〔yeth〕,将〔funny〕念成〔punny〕等。一般而言,上述替代并不是固定不变的,儿童往往是用自己发的较好的或者比较容易发的音去代替难发的音。

2. 遗漏 又称省略,说话时将某些因素漏掉。如将〔dai〕念成〔da〕,漏掉了〔ai〕云母中的〔i〕音,将〔shu〕念成〔sh〕,漏掉了韵母〔u〕,当儿童遗漏的音素多的时候,他说出的话可能无法让人理解。在多数情况

下，儿童最容易将字尾的音遗漏。

3. 歪曲　音素的歪曲是儿童力求使自己的发音接近正确的一种尝试。它与"替代"的区别是，替代是以一个音去代替另一个音，而歪曲则是说话者主观上想发正确的音，结果反而出现错误的现象。年龄较小的儿童常会漏掉某些音素或者用另外的音素去替代，而年龄较大的儿童可能想方设法模仿正确的发音，因而出现"走音"现象。例如，〔sh〕可能会发成近似音〔s〕或者是〔x〕。

4. 添加　说话时添加了某些音素。如将〔fei ji〕念成〔huei ji〕，将英文〔saw〕念成〔sawr〕等。

调查发现，上述 4 类构音障碍中，替代占 47.2%，遗漏占 11.6%，添加占 7.4%，歪曲占 33.8%。

(三) 声音障碍的特征

声音障碍涉及声音的音质、音调和音量方面的异常。正常的声音应该是由声带震动产生一种清晰的语调，其音量高低应该是适中的，声音听起来应该令人感到悦耳、愉快，否则，就有给语言交流带来困难。研究发现，学龄儿童中，声音障碍者占 3%。

音质方面常出现的问题是语音产生困难和共鸣障碍。有的儿童说话时，听起来像是捏着鼻子说话，丧失了鼻音，这是由于缺少鼻音共鸣所引起的。还有的学生说话鼻音很重，应该由口腔发出的声音几乎都由鼻腔发出，这常常是由于软腭部分或完全麻痹所致。在脑瘫儿童中，由于肌肉的协调控制能力差，也常出现类似的情况。

音调方面的缺陷包括音调过高或过低，音调平平、缺乏变化等。青春期的男孩常出现音调的问题。有些 10 多岁的男孩常以假嗓音代替伴随喉部迅速生长而经常出现的低音变化，这是正常的生理现象，可以随儿童年龄的增加而消失。但也有一些儿童在声道已经定型、声音稳定以后仍有音调异常，这种情况就应该引起注意，因为它容易造成儿童的退缩行为和难为情心理，有可能导致某些严重的生理问题。

(四) 口吃的特征

口吃是一种常见的口语流畅性障碍。口吃患者中，儿童通常比成人多，男性比女性多。口吃行为的主要特征：①语音或音节不由自主地重复或者是延长，破坏了说话的流畅性；②声音或音节的重复或延长大多数发生在相同的词上；③说话不流利与情绪激动有密切的关系；④有意识地努力克服或掩饰口吃时，会出现不由自主的词或非词的口吃反应，即重复词和短语、改变说话的速度和强度、挤眉弄眼，挥舞手臂等。

第二节　诊断与鉴定、评估与干预

一、诊断、评估与干预的目的及工具

(一) 诊断的目的

(1) 了解言语、语言障碍儿童的言语发展以及障碍状况。

(2) 确定言语、语言障碍儿童的言语障碍特点、程度。

(3) 找寻导致儿童言语、语言障碍的原因。

(4) 判断预后。

(5) 设计并制订言语、语言矫治和教育计划。

(6) 选择最优的言语、语言矫治方法和教育训练手段。

(二) 诊断工具

国外常见的言语、语言障碍诊断工具有依利诺心理语言能力测验、皮博迪图片词汇测验、格林顿·莱利口齿严重度评估表、语言技巧测验、明尼苏达失语症测验等。

在我国，大多数是借用国外较为成熟的工具。例如，用韦氏智力测验工具中的语言智力测验部分，监测儿童基本的语言发展水平；用皮博迪图片词汇测验(PPVT)检查儿童词汇获得水平；通过各类拼图项目如 Merrill-Palmer 智力量表、非言语治疗测验等非言语测验工具，评价儿童运用语言归纳、推理的能力。这些工具确实为我们提供了部分儿童言语、语言损伤的信息，但终因语言模式、文化传统和语用规则等因素的影响，这些工具依然不能为我们提供本民族儿童言语、语言障碍治疗教育的准确信息，使我国儿童语言障碍诊

断的准确性和训练的科学性受到一定的影响。因此,尽快建立符合本民族语言发展和儿童认知特点的儿童言语、语言障碍诊断工具,是当前儿童言语、语言治疗、教育的首要任务。

二、诊断与鉴定

对言语和语言障碍儿童进行科学的诊断与鉴定,是制订特殊教育和训练计划的基本依据。诊断与鉴定过程通常可以分为两个阶段,即筛选阶段和确诊阶段,简述如下。

(一) 筛选阶段

这个阶段主要是通过某些简便易行的工具,初步辨认出需要进行全面的言语语言诊断性评估的儿童。通过由言语语言病理学家定期去学校对怀疑有言语和语言障碍儿童实施筛选检查。凡有构声障碍、声音障碍、语流障碍或语言障碍的儿童都被甄别出来,进行下一步的确诊。

如果当地没有言语语言病理学家,则可以通过教师或家长平时对儿童的观察和了解发现言语和语言问题,然后将其转介给言语语言病理学家或言语治疗师进行检查诊断。观察时应注意儿童有无下列问题:

(1) 说话时声音是否过小,听不清楚?

(2) 言语是否不灵活、机械、刻板?

(3) 声音听起来是否令人不快?

(4) 说话时是否有异常表情?

(5) 是否有语义、语音、语法上的缺陷?

(6) 言语在内容和表达方式上是否与其年龄、性别和文化背景不相符?

(7) 说话时是否对某些语音或语句有意回避或者感到为难?

(8) 说话时是否明显缺乏节奏感和高低变化?

(9) 说话时是否结结巴巴?

(二) 确诊阶段

通过筛选,我们可以从大多数儿童中找出言语和语言可能有障碍的儿童,但是,这个儿童是否确定有言语和语言问题,如果有,性质如何,原因何在,这个问题的解决,光靠简单的筛查是不够用的,还需要对儿童作进一步的系统全面的诊断。

对儿童系统全面的诊断,往往需要多学科的协作,需要各相关学科专家通力合作,群策群力。例如,心理学家对儿童的智力发育情况和情绪适应情况进行评估;听力学家检查儿童的听力情况;言语语言病理学家检查儿童的语言发展状况;社会工作者了解儿童家庭环境对其语言发展的影响,等等。具体诊断时,可以从以下几个方面进行。

1. 构音检查 这是确定言语、语言障碍类型、考察障碍原因的重要依据,因而该环节在整个检查过程中显得非常必要。构音检查首先应检查患儿的构音器官,如肺、呼吸、喉、声带、口腔、鼻腔、面神经等影响构音功能正常发挥的各器官是否存在问题。一般而言,重度言语、语言障碍儿童往往能通过这部分检查发现障碍所在,为下一步的矫治训练提供依据。

2. 智力测试 目的在于确定儿童的语言发展与智力发展之间的关系。若存在关系,在语言训练过程中,还应考虑智能、社会适应性等方面的问题。

3. 听力测试 目的在于了解儿童的语言障碍是否因听力障碍引起,如果儿童确实存在着听力或中枢听觉神经系统疾病,需进一步检查听力损失的程度,以确定儿童的听觉能力以及听觉反馈是否健全。如果儿童的听力受到损害,那么在矫治训练前,应先讨论采用怎样的医学手段弥补听力不足,并验配合适的助听设备,为语言矫治与教育打好基础。

4. 语音检查 语音检查也是确定言语、语言障碍的一个重要内容。语音检查直接影响训练计划的制订与实施。语音检查包括构成汉语音节的声、韵、调基本部分,同时还应检查儿童话语过程中的节律。语音检查有一定的专业要求,首先要求检查者有良好的语音听辨能力,其次要求检查者有该语音的系统知识,再次要求检查者能够采用国际通行的音标记音。如有必要,检查者还应具有该地区方音系统知识,并能够采用方音系统进行初步的语音障碍的分析与筛选。

5. 个人资料的收集 个人资料包括儿童的健康状况、学业成就、社会交往情况、生长发育史、疾病史、家

族史等。这些资料对于矫正和训练计划的制订是有参考价值的。

6. 确定病因　当儿童的言语和语言障碍的性质确定以后,紧接着就应该对其病因进行调查,以便使治疗、教育和矫正工作更有针对性。对儿童的言语和语言问题进行诊断和鉴定,其本身并不是目的,而是一种手段。它的主要作用在于为儿童言语和语言障碍的矫正工作提供科学依据。因此,在进行诊断和鉴定的同时,应该着手为儿童制订一个既科学又可行的矫正方案。

三、评估与干预

(一) 评估

评估与干预以言语的 5 个功能模块为主体框架来实施。①呼吸功能的评估和干预主要是考察和提高患者呼吸功能,以及呼吸与发声间的协调能力;②发声功能评估与干预主要是明确患者音调、响度和音质的情况,并针对相应的问题进行干预;③共鸣功能评估与干预主要是考察患者口腔、咽腔和鼻腔共鸣的能力,根据评估结果而采取相应的干预手段;④构音功能评估和干预主要是考察和提高患者的构音运动能力和构音语音能力;⑤语音功能评估和干预主要是考察和改善患者的语调和音位流畅性。

1. 言语功能的定量评估　言语功能的正常与否由呼吸、发声、共鸣、构音和语音 5 个模块的功能正常与否决定的 。每个模块都有反映其生理功能的参数。针对患者所表现出的言语症状,进行相应参数的评估和测量,可获得准确客观的数据。

2. 呼吸功能评估　呼吸功能评估可以分成患者主观自测和言语治疗师客观评估两个部分。

患者主观自测部分包括 8 个问题,要求患者如实作答,但如果患者年龄太小或不能理解问题时,可以不进行此部分的测试。

言语治疗师客观评估部分包括 3 个分项,它们分别是:s/z 比测量、最长声时(MPT)测量和最大数数能力(MCA)测量。

3. 发声功能评估　可以分成主观评估和客观评估两个部分。

主观评估部分包括两个分项,分别是患者自测和言语治疗师主观评估。其中,患者自测部分由 20 个问题组成,要求患者如实作答,如果患者年龄太小或不能理解问题时,可以不进行此部分的评估。言语治疗师主观评估又包括嗓音质量一般描述和听觉感知评估描述两部分,前者要求言语治疗师根据自身感受对患者的嗓音质量的一般情况进行描述;后者要求言语治疗师根据自身对患者嗓音的主观听觉感受,来评估其嗓音音质情况。

客观评估部分包括 4 个分项,它们分别是:言语基频(F0)、言语强度、音质的声学测量和电声门图测量。

4. 语音功能评估　通过词表测试获得患者连续语音的声学数据,通过主观和客观相结合的方法分析结果并与参考标准相比较,评估患者连续语音中的超音段音位能力和音段音位能力。超音段音位能力评估主要包括升调评估、降调评估和升降调评估等。音段音位能力评估主要包括 4 个组成部分,分别为语音重复评估、语音切换评估、语音轮替评估和综合运用评估。通过评估分析患者连续语音能力的现状,为制订训练方案提供依据。

5. 数据分析、评估诊断　将测得的言语参数与对应的参考标准值进行对比,即与同年龄、同性别正常儿童相应参数的参考标准值进行比较,以确定该参数是否在正常值的范围内,或偏离正常值的范围有多少。

当评估者占有了资料,并对其进行分析时则应考虑如下几个问题:这个孩子是如何运用语言的? 这个孩子交流的目的是什么? 这个孩子是否成功地表示了他的需要? 这个孩子的要求得到满足了吗? 孩子和他的父母、同伴间是怎样交流的? 孩子表现为何种交流障碍? 孩子能进行什么交流? 是否有其他因素必须综合考虑? 是否有其他的行为提供他心理-社会发育的线索?

(二) 干预

言语评估和干预密切相关。在言语干预之前,首先应对患者的言语障碍症状及体征做一些客观的评估测定,以便干预后进行疗效的比较和判断。而且在整个言语干预的过程中,言语治疗师还必须不断地通过言语评估来调整言语干预的方法,以寻找患者的最佳发音。一旦发现,这个最佳发音便成为患者在言语干预中需要模仿的声音。通常,患者只要将最佳发音作为目标声音,不断地进行实时反馈和匹配训练,就能够取得效果。

1. 呼吸功能干预 呼吸障碍的干预包括呼吸方式异常的干预、呼吸功能减弱的干预、呼吸与发声不协调的干预和起音方式异常的干预。在进行呼吸干预之前，要对呼吸障碍进行全面、准确地评估和诊断，然后制订相应的治疗方案。

2. 发声功能干预 该模块主要包括音调和响度障碍的干预。

音调障碍的干预包括音调过高的干预、音调过低的干预、音调变化过大的干预和音调单一的干预。在进行音调干预之前，要对音调障碍进行全面、准确地评估和诊断，然后制订相应的治疗方案。

响度障碍的干预包括响度过高的干预、响度过低的干预、响度变化过大的干预和响度单一的干预。在进行响度干预之前，要对响度障碍进行全面、准确地评估和诊断，然后制订相应的治疗方案。

3. 语音功能干预 语音障碍的干预是在构音训练的基础上，强化训练患者连续语音的能力，从而提高患者的整体流畅性和清晰度。它主要由超音段音位训练和音段音位训练两部分组成。其中超音段音位训练包括升调训练、降调训练和升降调训练等；音段音位训练包括语音巩固、语音重复、语音切换、语音轮替、综合运用等。在进行语音干预之前，要对语音障碍进行全面、准确地评估和诊断，然后制订相应的治疗方案。

言语评估和干预是一个循环反复的过程，需要进行多次的阶段性评估，以监控言语干预的效果。综上所述，我们将言语功能的定量评估诊断、实时反馈矫治以及康复全程监控三大功能融为一体，这对实现言语干预的一体化以及提高言语干预的效果具有重要的理论价值与实践意义。

言语障碍的干预通常能获得积极的效果，但要使疗效得到巩固，干预方案应遵循以下 4 个步骤：①确诊言语滥用和误用的不良行为；②掌握一套避免言语滥用与误用的方法，减少言语滥用和误用的次数；③通过多种干预方法，寻找最佳的发音方式；④将这种最佳的发音方式运用于日常生活中，尽可能地巩固疗效。言语治疗师可以尝试多种干预方法，帮助患者找出最有效的用声方法。在干预中，方法越对路，康复效果就越好。

四、诊断与评估过程中应注意的问题

（1）要充分考虑儿童的发育特点、语言获得特点、认知特点、年龄特点，不要将儿童的认知局限、发育局限和语言获得的年龄限制误认为言语、语言障碍。

（2）要充分考虑被评价者的语言背景和文化背景，切莫将被试的语言背景、知识背景和文化背景的贫乏误认为是言语、语言障碍。

（3）评估时要注意儿童的身体与情绪反应，评估应在儿童身体状况良好、心情充分放松、有积极配合意向的情况下进行。

（4）语言障碍的评估应与障碍者的心理评价结合起来，因为语言障碍影响交流，但又不易被人所理解，长此以往，语言障碍者就很有可能伴有心理障碍，有人甚至对交流产生恐惧，因而产生自卑、自闭、烦躁等倾向。评估时面对陌生人，这种倾向往往表现得愈加突出。对此，除要求评估者在评估前与患儿建立良好的关系外，评估者还应多观察、多疏导，及时调整评估计划，以确保评估的科学、准确。

（5）如果对智力发育迟缓的儿童作言语、语言障碍的评估，还应与障碍者的智力评价相结合。

第三节　矫治、教育与训练

一、言语、语言障碍的矫治

所谓言语矫治，是为了治疗或减轻语言障碍和帮助患失语症的人重新恢复说话能力而设计的活动和练习（杰克·理查兹，等. 1993）。言语、语言矫治是一项复杂且费时的工作，而在这项工作中最关键和最困难的环节就是科学的界定障碍，包括障碍类型、程度和特点等。如果能够准确而科学地确定患儿的障碍是属于一般生理上的障碍，而且该障碍能够通过医学手段改善言语功能，那么就应该建议障碍儿童接受医学治疗；如果障碍儿童的言语、语言障碍属于表层的，如构音、嗓音的障碍，那么矫治的重点则应该放在重构发音系统或重新学习运用嗓音的能力等方面；如果障碍儿童的语言障碍涉及深层的语码筛选或转换等问题，那么

么矫治可能还将涉及认知、社会等心理层面。

(一) 构音障碍

构音障碍的矫治应根据其原因和特征进行。导致构音障碍的原因非常复杂,矫治前治疗师应先对言语障碍儿童作全面的检查。如果发现障碍儿童是因为发音器官发育不健全或器质性病变,矫治应从手术治疗和术后训练两个方面考虑。如因唇裂、腭裂等致使发音器官无法承担正常的发音运动时,应先寻求手术治疗或其他医学帮助,待受损的器官得到修复后,再进行言语训练。如果发现障碍儿童是因为听觉功能缺陷而导致构音障碍时,还应先为其检查听力,并进一步确定是一般的听觉障碍致使语音模仿出现问题还是听觉反馈系统出现障碍而导致无法监控、调整自我发音。如果是一般性的听觉问题,可以通过改善听觉质量达到矫正发音的目的。如果是听觉反馈系统出现问题,还需要采用调整听觉反馈方法,达到完善发音。如果发现障碍儿童是因脑功能障碍或神经系统障碍而导致发音障碍,除必须求助于医学以改善脑功能和神经系统功能,同时还应该辅以运动觉等的训练,以促进言语功能的发展。

对构音障碍儿童的矫治训练,建议如下:

1. 听觉训练 语音障碍儿童大多是因为有听觉上的问题,要解决儿童的清晰表达,首先应该从听觉训练开始,并采取如下步骤。

(1) 听辨音段:听辨音节(在安静的场所中听辨、在嘈杂的背景语言环境中听辨)──→听辨有意义的词语──→听辨无意义的词语──→听辨句子。

(2) 模仿发音:考察发音反馈能力。

2. 模仿训练 可采取如下步骤:呼吸调整训练──→发音器官协调训练──→模仿训练(模仿音段──→模仿超音段──→模仿音节──→模仿读词──→模仿说句子──→模仿读短文──→模仿复述)。

3. 语音运用训练 采取如下步骤:引发表达动机──→鼓励表达──→肯定成功──→修正错误。但此环节不是对言语障碍儿童表达的简单否定,而是告诉其还有另一种表达形式,使其获得正确的表达信息。

当言语障碍儿童表现出多个构音问题时,矫治原则为一次训练设置一个目标为好。因为过多的目标,既不易完成训练任务,又容易引起孩子的恐慌心理,使其自觉问题太多,不利于矫治。另外,面对过多的构音问题,矫治还需要考虑给所有需要矫治的语音进行排序,即哪些语音为优先矫治,哪些语音可以放在后面矫治;哪些语音必须矫治,哪些语音可以不给予特殊矫治等。此时也有一些原则可以遵循:儿童优先获得或发展的语音应给予优先矫治,语音系统中最基本、最常用的语音给予优先矫治,对发音过程中容易协调的语音应给予优先矫治;而对发音难度大、儿童日常运用又不是很多的语音,可先不急于矫治。另外,矫治一定要遵循儿童语音获得与发展的规律与特点,任何超越儿童语言获得与发展阶段而盲目开展的训练都是难以成功的。

(二) 声音障碍

声音障碍的矫治应根据声音障碍的原因和特征进行。声音障碍主要是因喉部病变、鼻腔共鸣障碍或用嗓不当造成的,所以矫治前应先检查儿童是否有功能性喉病、器质性喉疾或鼻腔疾病等。如果确定声音障碍源于声带、喉部或鼻腔等疾病,应该先寻求治疗,然后再进行改善功能的训练。如果检查发现声音障碍儿童没有声带、喉部、鼻腔等疾病,则应着力改善儿童的用嗓习惯。声音矫治的方法有很多,建议如下:

1. 运用听觉比较 利用录音设备录下患儿发音和准确目标音一同放给该儿童听,期望通过语音听觉比较的方法,使声音障碍儿童对自己的发音和正确的发音建立清晰的感知,知道自己的声音的问题所在,进而寻求自我发音调整的方法。

2. 改变发声习惯 对非器质性声音障碍儿童来说,大多数的障碍源于不良的用嗓习惯,如平时喜欢大喊大叫而导致声带疲劳、损伤。为此,矫治者应有意识地改变障碍儿童以往不良的发音习惯,如在混响时间较短的教室里进行,使其得到较大的声音反馈;改变声嘶力竭的说话习惯,以保证声带具有良好的发音状态。另外,对平时习惯于压低声音说话的人而言,因音声门和气声门两种发音状态频繁交替使用,易造成声带闭合不良而导致声带受损。针对这种情况,矫治者应训练儿童在发音习惯上改变耳语音的发音特性,而使声带得到保护。对不会控制鼻腔、口腔通道而造成鼻音过重或不足的儿童来说,训练者应该利用仪器或语言游戏做悬雍垂、软腭的控制训练,达到鼻腔、口腔的正确共鸣。

3. 结合手术治疗训练 对那些声带或喉部因器质性病变而导致声音障碍的儿童来说,矫治应配合手术

完成,及时进行鼻腔对气流的控制训练;而安装有人工喉的患儿,训练者也应配合手术做相关喉部控制的训练。

4. 调整障碍儿童的心理 研究说话过轻的儿童发现,他们的发音障碍往往来自于交际心理上的障碍。针对障碍,矫治者应有意识地设计一些专门的交际场所和交际项目提供给该类儿童,并通过现场表达来指导其如何用声。在此过程中,教师必须做最耐心的听众、最由衷的赞美者和最精熟的心理调整者。

(三) 口吃(语流障碍)

虽然人们对造成口吃的原因至今还无法做出令人满意的解释,但有人提出,口吃的发展与误解、遗传、环境等因素有关。误解儿童的言语,会造成儿童因无力解释其意,而导致真正的口吃,这是 20 世纪中期对口吃形成原因的一种理论解释。遗传导致口吃是另一些学者对语流障碍家族研究的结果。近些年来,Stark Weather 提出的要求能力模式受到广泛的关注。这一理论认为,儿童口吃的发生大多是因为语言环境对其要求超出了儿童流利说话的各种能力,而环境压力往往导致发声音解脱性挣扎最终形成语流障碍。我国台湾学者黄金原也曾指出,人遇到的压力越大,声带就越紧张,口吃就越厉害。针对口吃的原因,目前的治疗大致有两种。一是口齿矫正治疗,它的目标不是使被矫治儿童形成流利的语言,而是通过使语流障碍儿童减少对口吃的恐惧和注意,来"形成流利的口吃"。另一是流利塑造治疗,该治疗渴望通过一种或多种技术,在总体上减少口吃儿童明显的言语不流利。不同的矫治训练技术有不同的作用,但目标都是建立言语的流畅性。例如,采用言语调节术以改善说话时的生理紧张度,采用适时停顿、音节即时式说话、运用延长说话、柔和起音或集体朗诵、吟唱等方式达到调节生理紧张的作用,呼吸调整技术可采用呼气说话或说话时规律呼吸等方法达到改善言语呼吸的功效,用延迟听觉反馈技术通过听觉反馈改善口吃者的言语流畅障碍。

(四) 发展性语言障碍

导致儿童语言发展迟缓的主要原因有听力障碍、视力障碍、智力障碍、情绪障碍、缺乏交流经验、大脑损伤以及不良语言环境的影响等。为语言发展迟缓儿童和语言发展异常儿童提供矫治服务,必须首先诊断导致该儿童语言发展障碍的主要原因是什么。如是否存在听觉、视觉、发音器官、中枢神经系统等方面的障碍?父母或家人是否采用了不良的教养方式?学习语言的环境怎样?儿童是否有不良的个性特征或心理?等等。除此之外,还需要了解其目前的发展水平如何,根据诊断结果制订矫治服务措施。如果该儿童的发展性语言发展障碍是由心理因素导致,那么应该建议儿童先接受心理健康服务,因为健康的心理有助于语言的矫治和发展;如果障碍是因不良的教养方式所致,那么应该建议教养者改变原有的教养方式或教育环境。另外,在整个矫治过程中扩大儿童的社会认知能力,提供成功的社会交际典范和交际经验,加强对儿童交际过程中的具体指导,也是非常重要的。

(五) 儿童失语症

失语症是一种因大脑损伤而导致的言语障碍。失语症是指中枢神经系统病变引起的一种语言沟通障碍。因失语是大脑皮质的生理功能受损的结果,因此,这种损伤所形成的障碍必然涉及对语言的感受、运用或表达等各个方面(彭聃龄,1991)。目前专门描述儿童失语症的定义很难见到。《特殊教育词典》解释儿童失语症为:用于描述儿童言语和语言障碍,包括各种交往的儿童,适用于语言本来正常而后出现障碍的儿童和语言习惯过程未能正常发展的儿童。由此可见,儿童失语症指儿童已经获得一定的语言能力后又逐步失去这些能力。导致儿童中枢神经系统损伤而失语的原因很复杂,如儿童在语言习得阶段因为外力致使大脑遭受重创,车祸、重摔、高空坠落、工业伤害以及疾病等破坏了语言习得的优势大脑,而导致儿童失语。另外,轻微脑损伤和突然的心理冲突也有可能导致儿童失语。儿童失语症的矫治应以儿童的失语时间、程度和原因来确定矫治方案。有专家提出,儿童失语的恢复治疗以其发病两个月内最为关键(朴永馨,1995)。因此通过早治疗、早训练,有些儿童还是有希望恢复语言能力的。另外,在对失语症儿童的语言矫治过程中,应该特别注意调动儿童表达的兴趣,语言刺激应以促进儿童表达为目标。为此,矫治者的治疗要注意:刺激语言的使用不要脱离儿童的理解力,刺激材料的选择以儿童的兴趣为出发点,矫治者与失语儿童间应始终保持信赖关系。如果坚持一定时间的矫治,相信部分失语儿童有望改善语言能力。但也有部分严重失语的儿童难以重新获得语言,对此矫治者可考虑帮助失语儿童重建其他沟通方式。如以笔谈代替口语交流,以手势代替口语交流,以沟通板代替符号交流,或用其他符号系统来代替常用沟通形式等。另外,在矫

治失语症儿童时,治疗者还可根据治疗需要,建议家长适当改变儿童的教养方式、语言习得环境,以促进失语儿童语言的恢复。

二、言语与语言矫正工作注意事项

(1) 训练者要努力做一个好听者与好谈话者,与言语和语言障碍儿童保持充分的信赖关系。

(2) 要积极创造条件,为儿童提供适宜的语言环境,以激发儿童语言交往的兴趣。

(3) 根据儿童言语和语言障碍的类型、程度和性质,选择适当的训练内容和矫正重点。

(4) 为了提高矫正和训练工作的效果,原则上应反复进行,连续作战。

(5) 在语言训练过程中,训练者对儿童的任何正确反映和进步应给予反馈和强化,尽可能增强儿童的成就感。

三、言语、语言障碍儿童的教育与训练

(一) 言语、语言障碍儿童的教育安置

因语言的获得与发展有其特殊的阶段与规律,因而理想的教育安置形势和有效的教育训练能极大地促进言语、语言障碍儿童语言的形成与发展。根据言语、语言障碍儿童的不同年龄阶段,教育安置的形势也有所不同。

1. 学前教育阶段

(1) 学前教育机构:一般而言,学龄前言语、语言障碍儿童的语言教育训练主要由学前教育机构承担。这包括学前教育机构中的普通班级和一些特殊班级,幼儿园一般都会选派接受过特殊教育的专门教师为言语、语言障碍儿童提供专门的语言教育服务。

(2) 医疗机构:现在有不少医疗机构,特别是儿童医疗机构都设有语言障碍治疗康复门诊,以接受言语、语言障碍儿童的医学检查与康复训练,这使学龄前言语、语言障碍儿童在语言发展的早期就得到医学的检查和矫治。

2. 学龄阶段

(1) 特殊学校:特殊教育学校教师大部分都接受过有关儿童语言获得和特殊儿童语言教育训练的基本理论学习,他们有一定的言语、语言障碍教育训练理论和技术,能够针对不同特殊教育对象的语言障碍提供较好的语言教师服务,因而有明显言语、语言障碍的儿童一般会被安置在特殊学校接受与其障碍特征相适应的言语、语言教育训练。如因听力障碍而导致的语言障碍儿童一般由聋校实施语言教育训练,因智力障碍、自闭或脑瘫等原因导致的语言障碍儿童一般由培智学校提供语言教育训练,由视觉障碍导致的语言障碍儿童主要由盲校进行书面语和丰富口语的语言教育训练,而多重障碍儿童的语训任务则由该障碍儿童就读的学校承担。

(2) 资源教室:利用资源教室为言语、语言障碍儿童提供辅导与帮助,是目前普通学校最常用的语言教育训练手段。有一部分儿童虽然存在着言语、语言障碍,如口吃、轻度的听力障碍、脑瘫或轻度智力障碍等,因他们的障碍程度不至严重影响其学业的发展,因而他们大多在普通学校接受教育,而其语言障碍问题也多由普通学校的资源教师承担。这些儿童每周定时被安排到资源教室接受资源教师的专业语言训练。教室内一般设有专用于语言训练的器械和玩具,言语、语言障碍儿童可以在教师的引导下做各种语言训练活动。这既不影响正常的教学秩序,又能使儿童放松心情在游戏中达到语言训练的目的。

(3) 巡回指导:是指从事语言治疗和训练的专业工作者定时巡回服务于有言语、语言障碍儿童的学校中,其中有言语、语言病理学家、儿童语言获得与发展研究专家以及特殊学校的语言训练教师等。

(4) 咨询服务:有专业的语言治疗师承担,负责一个学区内接纳语言障碍儿童学校行政人员和儿童家长提供专业语训理论和技术的咨询服务。

(5) 合作研究:是指学校与语言专家的一种合作,利用语言专家的专业特长对该校言语、语言障碍儿童进行评估、提出教学建议等,提高学校语言训练的科学性。

(6) 语训班:是专门为言语、语言障碍儿童设立的学校或班级,以使该类障碍儿童接受全面、科学的语言教育与训练。

(二) 制订语言教育训练计划

1. 选择教育时机 虽然语言发展贯穿于人的一生,但是语言发展的快速期却在 6 岁以前。从 0～6 岁,人以最快的速度掌握了该语言社会的共同交际手段——口语,然后进入学校后学习该民族的书面语。按照语言发展的一般规律,言语、语言障碍的矫治训练时机应该选择在 6 岁以前,而且应该是越早越好。当然,早期教育训练困难很多,如障碍儿童不能够长时间集中注意力,不能很好地理解训练指令等,这就要求我们的训练必须符合儿童的生理、心理发展特点,还需要在训练形式的变化上多下工夫。

2. 制订教育目标 不同的语言障碍者有不同的训练需要,因而必须根据障碍儿童的需要制订教育目标。例如,对听力障碍儿童而言,语言教育的目标是为这些儿童建立语言系统;对智力障碍儿童导致的语言障碍儿童,应首先从听辨语音、建立概念的训练开始,逐渐过渡到发展社会交际能力;对唇腭裂的障碍儿童配合术后进行口腔功能的恢复训练,以使其建立较清晰的发音能力;对脑瘫儿童则应将教育训练的主要目标设立在运动功能训练上;对自闭症儿童,语言教育的主要目标应放在如何使其学会与人沟通,并获得交流的愉悦,以促进其沟通动机的发展上。

3. 计划教育时间 因语言伴随着我们全部的生活,训练也应贯穿于障碍儿童的全部生活。但是,一个教育训练者不可能要求其整天陪着一个儿童。有鉴于此,教育者应该指导与障碍儿童生活学习密切相关的家长、教师、同伴共同担当起语言训练的任务,以保证儿童有充足的语言训练时间。但是,到底多少时间的训练是最有效、最科学的,这很难一概而论。一般来说,训练时间应根据儿童的承受力和儿童的需要而定。最好每天能让儿童在训练者那里接受 0.5～1 个小时的专业训练,然后再由家长、老师结合生活和学习继续训练,训练时间越长越好。

4. 选择教育手段 训练科学与否,将直接影响教育的效果。不同障碍儿童有不同的教育训练需要,因此,教育者应根据障碍儿童的需要选择相应的教育训练手段。例如,对言语运动障碍,应选择呼吸控制、发音各器官的运动控制、发音各器官的协调运动控制等口腔功能的控制训练,以促进其言语运动功能的发展。

案例评析

辉辉,男,中度智力障碍。出生时无异常。在其生长发育的过程中发现异常,表现为不会说话,多动,注意力不集中,不会用基本的语言表达自己的意愿,习惯用手势表达。家里人对辉辉宠爱有加。辉辉入学时,只会用单字表达意愿,如爸、妈、姐。例如,如果辉辉想爸爸(妈妈、姐姐)了,就会拉着老师的手说:"爸(妈、姐)。"需要老师意会他的用意。经过观察发现辉辉在构音方面有异常,不会正确发音,不会利用呼气、吸气之间的转换来控制发音。辉辉先天舌头稍短小,因此对辉辉发音器官的训练尤为重要。

分析:经过一段时间的训练辉辉由最初只会说单个字爸、妈、姐等简单的字,到现在可以表达2～3个字的词,爸爸、妈妈、姐姐、奶奶、星星、报纸、阿姨、老师、知道、苹果等词。

首先,教师利用一些简单的小游戏矫正学生的不正确的发音。辉辉喜欢闻气味,利用这一特点训练学生吸气,要求闭上嘴巴,用鼻子吸气,闻一闻教师所准备物品的气味,并让学生指出。辉辉喜欢泡泡,利用这一特点训练学生的呼气,泡泡如果想吹得又多又大必须均匀,要控制好呼气的节奏,吹泡泡是呼气和吸气的有机结合,利用类似的这样的方式,可以有效地调节学生的呼吸,有助于其发音。

其次,根据学生的语言发展的现状,教师选择教授学生一些简单的叠音词,如爸爸、妈妈、姐姐、奶奶、星星等,利用学生原有的基础可以使学生顺利达到目标要求,有助于建立学生的自信心,激发学生进一步跟随教师进行语言学习。

再次,经过一段时间的语言训练,辉辉在叠音词方面的学习上有了很大的进步,为了吸引学生的学习兴趣,教师利用学生喜欢吃苹果等食物进行非叠音词的词汇训练,教师对辉辉进行了一对一的语言训练,与学生面对面而坐,让辉辉看发音时的嘴型,让学生模仿,逐渐强化学生发音将词语发音标准化。现在辉辉可以讲:阿姨、老师、书包、手机、汽车等。

总之,在对学生进行语言训练时要依据学生的实际情况和实际特点,制订可行的训练方案,在对辉辉进

行语言矫正的训练中,我们依照辉辉的已有语言基础与兴趣特点,制订可行的方案,并循序渐进地进行训练,已取得了令人满意的成效。

阅读延伸

自闭症儿童的言语障碍与训练方法

自闭症又称孤独症,是一种脑功能障碍引起的严重的长期发展障碍的综合征,通常在3岁前可以察觉,障碍或异常主要表现在言语发展与沟通、社会交往以及情绪与行为模式等方面。健全儿童通常在1岁左右开始说话,入学时基本上掌握了语言表达技能,能够比较流利地运用口头语言来表达自己的思想和情感。而自闭症儿童语言发展的水平要低得多,不管是听辨别能力,还是表达和理解词及与句子的发展都比健全儿童要晚。自闭症程度越严重,语言发展水平也就越低。有的到了入学时才会说简单的内容贫乏的和不合语法的句子,有的连自己的姓名都表达不清楚。训练是目前唯一被证明有效的矫治途径。国内外几十年的研究和实践证明,自闭症儿童具有极强的可塑性,良好的训练能够使其逐步具备社会适应能力、生活自理能力、与人交往能力,甚至可以在接受培训后从事某项工作而达到自立。如果听之任之,自闭症儿童往往会出现愈加严重的情绪、心理、行为等方面的障碍,使得社会甚至家人都越来越不能忍受他们。由于被他人排斥,自闭症儿童的挫折经历就会越来越多,这就将进一步把他们推向更加自闭的状态。

一、自闭症儿童的言语障碍表现

自闭症儿童都有明显的语言发育障碍,这种障碍可能会发生在语言的各个环节上,从发声困难、异常,到语言学习障碍,有的家长甚至会感到自己的孩子好像什么都会说,就是该说的不说,不该说的都说。该说话的时候不说,不该说话的时候总说。

自闭症儿童言语障碍具体表现以下几方面:

(1)言语有明显的异常,在音量、语速、节奏及音调上,咬字不清,说话速度太快,音调太高或太低,经常说句子时会省略词语。如说"我要到楼下玩"这句话,他们经常会说成"楼下,玩。"而且语速十分快,经常听不清。说话的时候,声带不振动,只是用气声在说话。

(2)说话形式异常,最大的特点是鹦鹉学舌式语言,重复别人说过的话,重复别人的问题,刻板地回答问题。如上课提问时,问他们"3加3等于几啊?"他们也会重复你的问题"3加3等于几啊?"

(3)人称代词混用。最明显的是"我"与"你"的概念混淆不清。如在做语言训练时,老师提问:"你叫什么名字?"自闭症儿童会回答:"你叫＊＊。"

(4)对词语混乱运用,与人交谈时主题混淆。最大的特点是说出与当时情景不相关的话。例如,当别人都在谈及有关体育的话题时,自闭症儿童会忽然说起火车时刻表。

(5)尽管能说许多话,但与他人交往或进行对话的能力明显受到障碍。如长时间地自言自语谈一个话题,或固执地要求他人与自己谈一个话题,而不关注他人的反应或意见。如上课时,自闭症儿童会突然唱一首歌,而且必须要求老师一起唱,如果老师不唱,他就会大哭大闹。

二、自闭症儿童语言训练的原则与策略

1. 自闭症儿童语言训练的基本原则

(1)循序渐进的原则:对自闭症儿童进行语言训练不能急于求成,要一步一步慢慢来,要掌握。如教学"花"字的时候,先教学认读"花",然后过渡到"花朵",最后可以演变到"美丽的花朵"。这样由字到词,再由词到短语,循序渐进,积少成多。对自闭症儿童说话,其效果不是立竿见影的,必须假以时日才会慢慢开花结果,所以一定要有耐心。

(2)逐步养成原则:父母为使自闭症儿童学会说话,同样的话语叫其说5次、10次,有时反而使其拒绝说话。对自闭症儿童不必刻意教学,只要在适当的环境下,不断地、自然地对他说话,让自闭症儿童了解语言的意义,便可期待他逐渐说出话来。

(3)类化原则:其实自闭症儿童的语言大多数都是在模仿别人的说话,很少有自己的语言。所以应该利用这一特点,根据一个句型举一反三,学说其他的句子。如"我想妈妈"。可以用"我想……"这个句型,填上

"画画、吃饭、大姨、上课、下楼"等一些与生活中的常用语就都能表达出来了。

（4）激励促进原则：自闭症学生好像都有一个强项，有的喜欢弹琴，有的喜欢听音乐，有的喜欢玩电脑游戏，有的喜欢吃梅子，还有的喜欢画画等。我们要掌握他们的强项内容，通过外源性奖赏来激发自闭症学生言语能力，鼓励他们表达自己的愿望。自闭症儿童同样也需要家长与老师的关心与鼓励，当他们有了进步就要及时进行表扬和鼓励，增加他们的信心。如果他们表现良好，可以抱抱他们，给他们一些奖励，让他们能有更好的表现。

2. 训练的基本策略

（1）动作训练法：即选择适当的运动项目，使孩子运动起来，在活动中边说边做渗透语言训练。因自闭症儿童对语义不太理解，很难把语言和语义联系起来，因此让孩子动起来，给他形成一个音意连接的桥梁是发展语言的良好开端。

（2）生活训练法：即把语言融入到生活的各个环节。一日生活内容很多，从起床到睡觉各个环节都是语言训练的好机会。特别是日常用语的训练，更是靠在生活中训练学习掌握。生活中要带孩子做什么就说什么，做到生活即是训练、训练即是生活。有目的地让孩子说出身边的人和事，先简单后复杂，使孩子的语言循序渐进地发展。

（3）创设语言环境：环境对孩子的影响是潜移默化的。可以用看电视、听音乐、讲简单的故事等。让孩子感受语言，并帮助他们把生活中的人和事与语言联系起来，加强他们对语言的理解。万万不能因孩子不愿说话，就放任自流，要尽量启发他们多说话，充分调动他们的积极性。

（4）游戏的方法：游戏是孩子的好伙伴，对自闭症孩子也不例外，只是他们的游戏要更简单一些。在游戏中可融入一定的言语训练。如玩动物时，模仿动物的叫声；玩开汽车时，模仿汽车声音及售票员讲话等。因游戏很有趣，孩子也就有兴趣去学习，但同一游戏时间不宜过长。

（5）记忆模仿法：这种方法常用于训练简单认知和一些规范性语言。如问"你叫什么名字"？由一人带着说"＊＊"，反复多遍，孩子便记住了回答问题的句式，能脱离他人自己回答。音节由 1 个字的单音节开始训练。

（6）活动训练法：带孩子到公园、野外等地，大量地感知事物，可以为他们提供更多的模仿机会，丰富自闭症儿童的词汇和生活经验，也会增强自闭症儿童对语言理解。只是因为这些孩子主动性差，老师和家长要非常努力、不断地引导他们去认识周围的事物，教他们去表达他们看到、观察到的事物，以促进他们语言的理解和表达能力。

（三）言语、语言教育训练建议

1. 遵循语言获得的自然顺序与规律　建立语言系统是一个复杂的过程，语言的建立、发展有其自然的顺序与规律。口语的获得是从感知语言开始的，但到自如运用，有一个相当长的学习过程。除必要的时间外，丰富的感知觉、大量的语言刺激和足够的生活内容，均是保障儿童学语的基本内容。言语、语言障碍儿童的问题非常复杂，既有心理问题、认知问题，又有生理问题，因而为语言障碍儿童建立语言系统或发展语言能力必然有难度。但从以往研究看，语言障碍儿童的语言获得和发展模式与正常儿童的语言获得发展模式基本相同，只是发展的速率和获得的结果与正常儿童有所差异。提示我们，在为言语、语言障碍儿童建立语言系统、发展语言能力的进程中，应以正常儿童的语言获得发展模式为参照，按照正常儿童的发展阶段设立教育训练的阶段目标。

2. 重视语境在语言学习中的作用　在语言学习过程中，全部靠听觉记忆和理解所有语音信息有一定的难度，因而学习者一定要学会利用具体语境来帮助记忆、分析和理解所听到的内容。况且我们的全部语言活动都有比较固定的使用背景，而不同的言语背景有不同的语言表达需要。因此，在语言教育训练中，建议教育者积极为儿童创设不同的语言学习环境，特别是将那些具有典型特征的生活场景设立为学语场景，使障碍儿童的语言学习更轻松，更贴近生活，更具有价值。

3. 建立符号、概念、事物三者间的联系　因语言运用是外显行为，我们很容易判断儿童发音的正误，所以，目前的语言训练大多停留在纠正儿童错误发音上。实际上，显示一个人的语言能力并不仅仅是发音能力，准确的理解和丰富的表达才是显示个体语言能力的最重要的因素。因此，语言教育中一个更重要的内容，就是教育语言障碍儿童如何将语音形式与语义内容做有效联系。训练内容应选择与语言障碍儿童生活

环境、生活需要紧密联系的人或物作为目标,并将这些目标贯穿于语言障碍儿童的各项活动中。一段时间后,语言障碍儿童就能自然而然地将语音符号与具体概念、具体事物建立联系,达到正确使用语言。

4. 加强非言语手段的教育训练　有研究显示,在日常交际中,有35%的信息是通过言语手段传递的,另有65%的信息则是通过表情、眼神、手势、体态等非言语手段传递的。非言语手段是通过观察模仿获得的,而语言障碍儿童中的一部分缺乏观察力和模仿力,因此,他们既看不懂他人运用非言语手段提供的信息,自己也不会使用这些手段,这使他们的交流受到更多的限制。因此,建议教育者在加强言语教育训练的同时,选择一些常用的非言语交流手段进行教育训练,以丰富语言障碍儿童的交流。

5. 多采用游戏的方法　语言教育训练有时相当枯燥,为避免儿童产生厌烦情绪,影响语言训练的效果,在语言训练中建议多采用游戏的方法。例如,听音、发音训练课采用让患儿听辨或模仿动物叫声、自然声的方法;词语与句子训练应以儿童的日常生活为内容,开展随机教育训练;为使语言障碍儿童加强对所学事物的理解与记忆,教育训练者还可运用多媒体或电化技术,以促进语言障碍儿童语言学习的积极性;为促进语言障碍儿童语言运用能力的发展,教育者还应寻找儿童感兴趣的话题与其讨论等。

6. 创设良好的语言发展环境　儿童在语言环境中萌发语言意识、获得语言形式、习得语言规范,最终获得交际技能,因此,语言环境的好坏,将直接影响儿童未来语言能力甚至社会地位的形成。研究发现,一部分语言障碍儿童的障碍来自于不良的语言环境,如在儿童语言形成阶段受到复杂语言系统的干扰、成年人不良的语言习惯、成年人对儿童语言表达的过分苛刻等,均使儿童的语言获得过程遭到破坏。为此,建议语言教育者多为语言障碍儿童创设好的语言发展环境,包括规范的语言控制训练和良好的言语示范、交际环境等。

7. 扩大语言障碍儿童的生活范围　一个人的语言能力与其生活的范围广度有密切的关系。语言障碍儿童的障碍特点限制了他们的自由交际,导致他们的生活范围狭窄,而这又加剧了语言障碍的进一步发展。从语言获得的理论看,正常儿童所获得的语言中很少一部分是由他人教给的,而绝大部分的语言是来自于幼儿丰富的生活和大量的语言刺激。如果我们扩大语言障碍儿童的生活面,使其像正常儿童一样能够在更广阔的语言社会中充分感受生活,获得语言刺激,那么无疑对发展其语言能力起到积极的作用。

8. 调动语言障碍儿童的交际动机　交流动机决定人的交际成就。低动机的交际往往招致失败,而只有高动机的交际才能保证成功。语言障碍儿童因长期的交际挫折,使其缺乏交际的主动性和积极性。为保证教育训练获得成功,训练者应尽可能地调动语言障碍儿童的交际动机,使其始终保持一定的交流欲望。如果语言障碍儿童的交流动机被真正调动起来了,那么他就会努力运用各种语言手段与人交流。

9. 加强对家长的指导　家长是儿童语言教育的主要力量,因此,动员并教会家长参与儿童的语言训练,将儿童的课堂语言学习延伸至课堂之外,会大大加快儿童语言学习的进程。因此,教育者应重视发挥家长在儿童语言教育中的作用。

10. 及时评价与调整　在语训中教育者会发现,儿童的语言发展进程与我们设定的目标、阶段可能一致也可能不一致。因此,训练者的及时观察和不断评价在整个训练中非常重要。在训练前,训练者都依据监测评估结果制订了详细的训练计划,但这个计划并不是不可改变的,在真正实施训练的过程中,训练者还应依据儿童的训练结果不断地作调整,包括训练内容、训练时段和训练方法等

案例评析

活动名称:美丽的家

活动目标:1. 激发幼儿进行科学幻想的兴趣。

　　　　2. 帮助幼儿描述自己未来的家,并且绘画出来。

　　　　3. 帮助幼儿树立环保意识。

活动方式:游戏、直接讲授、谈话分享、再现模仿。

活动准备:1. 各种新颖房子的图片。

2. 轻松的音乐。

3. 油画棒。

4. 图画纸。

5. 环境污染的图片。

活动重点:认识图片并绘画出来自己未来的家。

活动难点:用流利完整的语言描述自己家的样子。

活动过程:

一、导入

1. 教师提问:小朋友们的家是什么样子的? 家里都有什么? 请小朋友自由回答。

2. 出示不同小动物房子的图片让小朋友欣赏。教师提问:这是谁的家? 家是怎样的?

(这是小鸡的家,地板是平平的……这是谁的家? 家里有什么? 你们的家里有些什么?)

3. 给幼儿看《会动的房子》的动画片,培养幼儿的科学想象力。

二、幼儿创设

1. 教师提问:小朋友,你们心目中未来美丽的家是什么样的?

2. 教师引导幼儿回答家里应该有什么。

3. 给幼儿出示环境污染的图片传输地球是我们的家,环境污染的危害(大海是小鱼的家,大海污染了,小鱼面临着死亡)引导幼儿发挥想象力,利用废物来装饰未来的家,培养幼儿保护环境热爱自然的情感。鼓励幼儿从小学好本领,将来一定会建设好自己美丽的家园。

4. 播放音乐,请幼儿把刚才想象的用笔画下来。

三、活动延伸

家园建好了,就要学会保护我们的家园,保护环境就要从我做起,从身边的点滴小事做起,现在我们都是环保小卫士,我们一起到室外捡垃圾,保护好我们幼儿园的生活环境,就是保护好我们未来的家。

效果反馈:孩子能够理解掌握及对老师所提出的问题做出回应。

活动建议:通过描述自己的家,在生活中,可以利用各种情境让孩子进行语言描述。

实践活动

项目一　观摩言语训练教育的教学活动

目标　1. 进一步明确言语训练教育教学活动的意义、目的、内容及所要遵循的原则。

2. 进一步掌握言语训练的内容、方法及教学活动的设计。

3. 能够对活动方法、活动准备、活动过程和活动效果进行初步评析。

内容与要求　通过言语训练教育活动观摩,了解言语训练教育活动中教师使用的方法和途径,并对活动进行评价。参与言语训练教育活动中,找出优点和不足,提出改进建议。

项目二　对言语障碍儿童早期训练制订一份教案

目标　1. 掌握言语障碍儿童训练的内容及方法。

2. 制订言语障碍训练教学方案。

内容与要求　在掌握言语障碍早期训练的目的、意义、内容、原则、方法的基础上,根据言语障碍儿童的基本特征,制订早期训练的教育方案。

学习障碍
儿童的早期训练与指导

学习目标

通过本单元的学习,将帮助你:

1. 懂得学习障碍儿童教育的意义,树立正确的教育观念。
2. 了解学习障碍儿童学习障碍的概念、分类等。
3. 理解学习障碍早期教育所要遵循的原则。
4. 掌握学习障碍儿童教育的早期干预、评估、诊断的方法。

　　学习障碍(learning disability,LD)是一个世界性的问题,在每一个国家都普遍存在。人们常常看到,在教育机构中总有一些智力正常、五官健全、身体发育良好的儿童,虽无任何显著可辨的生理上的障碍,却难以适应正常的教育环境,表现出学习困难、学习成绩不良的情况。

　　学习障碍是一个涉及医学、心理学、生理学、教育学、语言学等诸多学科的名词。正因如此,出现了许多与之相似的术语,诸如学习困难、学业不良、脑损伤、轻微脑功能失调、学习无能等。什么是学习障碍? 怎样对学习障碍进行鉴定和分类? 学习障碍的成因是什么? 学习障碍儿童的表现特征是什么? 对这些问题进行深入探讨,有利于对学习障碍儿童进行科学的教育与训练。

第一节　学习障碍的概述

一、学习障碍概念

　　1963 年,美国特殊教育专家柯克(Kirk SA)在纽约市一次家长团体举行的年会上,提出了"学习障碍"这一术语。他指出,所谓学习障碍,是指那些能看、能听,没有显著的智力缺陷,但在行为和心理上表现出相当的偏差,以至于无法良好地适应家庭生活,在学校中依靠普通的教学方法无法有效学习的儿童。由此,柯克被誉为"学习障碍之父"。在特殊教育领域,学习障碍是最为人们所重视的。在学习障碍的研究领域,可以见到多种定义并存的现状。下面介绍几个有代表性的定义。

(一) 美国《2004 残疾人教育促进法》(IDEA 2004)的定义

　　"特殊学习障碍"是指那些在语言的理解和表达上有一个或多个基本心理过程存在障碍的儿童。他们常会在听、说、读、写、拼音或数学计算能力等方面出现障碍。学习障碍包括:知觉障碍、创伤性脑损伤、轻微脑功能失调、诵读困难和发展性失语症,但不包括那些由于视觉、听觉、运动障碍、智力障碍、情绪障碍或环境、文化、社会经济地位不利等因素所造成的学业问题。

（二）我国台湾学者的定义

学习障碍儿童是指在听、说、读、写、算等能力与运用上有显著的困难者。学习障碍儿童可能伴随其他障碍，如感觉障碍、智能不足、情绪困扰；或由环境因素所引起，如文化刺激不足，教学不当所产生的障碍，但不是由前述状况所直接引起的结果。学习障碍儿童通常包括发育性的学习障碍儿童与学业性的学习障碍儿童，前者如注意力缺陷、知觉缺陷、视—动协调能力缺陷和记忆力缺陷等，后者如阅读能力障碍、书写能力障碍和数学障碍。

（三）ICD－10定义

ICD－10中将特殊学习障碍称为"学习技能发育障碍"，其定义为：从发育的早期阶段起，儿童获得学习技能的正常方式受到损害。这种损害并非因为缺乏学习机会、智力障碍，也不是后天的脑外伤或疾病所致。这种障碍源于认知过程的异常，由一组障碍所构成，表现在阅读、拼写、计算或运动功能等方面有特殊和明显的损伤。

（四）国内有关学习障碍的概念

国内有关学习障碍的定义也很复杂，所指的对象通常是以学业成绩低下为主要表现，因此，又被称为"差生"或"低成就学生"。他们的共同特点是：智力属于正常范围，但由于各自不同的原因，不能适应普通学校教育中的学习，最终导致学业不良。这种不良是可逆的，在一定的补救和教育条件下是可以转化的。这一概念较代表性的定义是：在适当学习机会的学龄期儿童，由于环境、心理、素质等方面的问题，致使学习技能的获得或发展中存在障碍，表现为经常性的学业不良。这类儿童没有智力障碍，智商在70分以上。

（五）相关概念

目前，对学习障碍这一概念，仍有许多种不同的提法，以下是我们常见到的一些与学习障碍相关的概念。

1. 儿童学习困难 是指智力基本正常的学龄期儿童学业成绩明显落后的一类综合征。一般是指有适当的学习机会的学龄期儿童，由于环境、心理和素质等方面的问题，致使学习技能的获得或发展出现障碍。表现为经常性的学业成绩不良或因此而留级。狭义的学习困难儿童一般无智力缺陷，智商在70分以上。

2. 学业不良儿童（underachiever） 指学习成绩未能达到同其智力水准相称的儿童的总称。

3. 学习迟钝（slow learner） 这个术语相当于广义的学习障碍（learning disorder）。

4. 差生 主要指学生的智力同学业成绩比较时，智力在标准以上但学业成绩显著低劣者。

5. 学习失能（learning disability） 实际上是学习障碍的另一种译法。

6. 后进生 就是双差生，即指在品德和学业两方面都比较差的学生。

这说明除了对学习障碍的概念在使用上有些混乱以外，还有一些用语带有歧视性或容易造成儿童的心理受伤害。特别是有人对此概念加以扩大化，给那些学习落后的学生一律戴上无能、落后的帽子。这都违背了教育民主、教育伦理的要求，探讨学习障碍的概念，不仅仅是个学术问题，更是一个实践中的重大课题。总之，要注意到目前人们在使用学习障碍或类似概念时，有多种含义，应当谨慎，不要随意给一个学生贴上标签，或将有关概念加以滥用。

案例评析

案例1 王某，女，小学四年级。测验表明，该生智商123分，数学推理能力正常，书写与视知觉能力正常，运动能力非常好，经常参加学校的体育活动，但是在阅读方面存在严重的困难。尤其在识记汉字方面极差，学过的字很快就忘记，默写了数十次，第二天仍然不会写。她经常将同音字搞混，或将双字词中的字搞混，如把唐诗《静夜思》写成：麻前明月光，疑是地上双，举头希明月，低头细故乡。识字量测验表明，该生识字水平仅为1.9年级，识字量只有500多个汉字。由于认字过少，在阅读课文时，结结巴巴，不能连贯、流畅地阅读。写作文更是困难重重。英语学习也非常落后。

案例2 张某，男，小学二年级，他认字、记字能力正常。爱玩电脑，不爱运动。画画等精细运动能力落后。他上课非常爱举手发言，回答问题准确无误。但写作业非常困难，不仅拖拉，而且马虎。如将〔P〕写成

118

〔d〕、〔f〕写成〔t〕,〔m〕写成〔w〕,23 抄成 32,将加号写成减号。数学题经常忘记写单位名称,或在草稿纸上写对了,但抄到卷子上时写错了。他的错误很少是理解方面的,大都是粗心和书写方面的。做作业时没有耐心,总想快点儿写完,然后去玩电脑。他虽然被认为是聪明的孩子,但学习成绩总是班里的最后几名,自尊心受到极大的打击。

案例 3 刘某,男,小学三年级,阅读与书写正常,智商 105 分,他主要的问题是上课经常不听讲,小动作不断。写作业拖拉,不能按时完成作业。一年级时,有时即使是考试也不能按时完成,写到一半时,他就开始发呆,或盯着别人写,好像自己已经完成了,结果成绩不及格。老师找家长回家监督他再做一遍卷子。在家长的督促下,他很快地完成了卷子,并且得了 95 分。家长和老师感到非常困惑,这个孩子会写,为什么不写?

上述 3 个案例典型地描述了在学习活动中出现的问题,这些问题被称为学习障碍。

二、导致学习障碍的原因

学习困难的原因到目前尚不清楚,仍处于探索阶段,普遍认为是多种因素综合作用的结果,既有内因,又有外因;既有个人生理心理方面的因素,也有家庭社会等环境因素;既有先天因素,也有后天因素;总之,造成学习困难的原因是多方面的,是内外因素综合作用的结果。到目前为止,关于儿童学习困难的原因有以下一些研究成果或认识。

(一) 生理因素

生理因素是目前最受重视的导致学习障碍的因素之一。据估计,有 15% 的学习障碍儿童具有某种程度的中枢神经系统功能失调问题。

1. 脑损伤 在儿童出生前、出生时和出生后这几个不同的阶段,都可能因各种原因造成脑伤或脑功能受损。

儿童遭遇脑损伤后,可能出现机体性的损伤,也可能产生神经动作系统的问题,如出现步态迟缓笨拙、精细动作技能较差等现象,还可能出现易激怒、注意障碍、多动等现象。

值得注意的是,脑损伤和学习障碍之间并不存在必然的关系。脑损伤对儿童学习和行为的影响存在非常大的差异,它取决于许多因素,比如损伤的原因、部位、程度、发生的时间以及损伤后的康复情况等。由于儿童大脑细胞的可塑性较强,脑损伤后,尽管受损的细胞无法再生,但未受损的脑细胞之间可能会因此建立新的连接,对受损脑细胞起到补偿和替代的作用。因此,如果脑损伤的范围较小,损伤不严重的话,在外部适当的刺激下,脑功能可以部分或全部恢复,这种情况在儿童早期发育时尤其显著。

2. 脑结构差异 个体在胎儿期可能会受到来自母体的饮食、药物、毒物、传染病、基因倾向、激素、心理压力等因素的影响而导致脑体素、脑皮质神经系统线路组织发育异常,造成脑结构差异,表现在个体左右脑半球大小的差异或神经细胞的错位上。研究发现,有些学习障碍者大脑左半球发展不充分,右半球发展过度,这种对脑功能产生影响的脑结构差异还可能会遗传给后代。

3. 大脑功能偏侧化 人的大脑功能是有分工的。一般而言,大脑的左半球主导语言和复杂的自主性大动作,右半球主导空间视觉和非语言的听觉分析。有专家提出,部分阅读障碍者就是因为左半球失势而造成直觉形象颠倒。例如,将〔p〕与〔q〕、〔NO〕与〔ON〕弄混淆,这种现象称为"镜影现象"。

研究者发现,部分学习障碍儿童的大脑优势半球不明显。他们的左右半球的主导功能未能很好地建立起来,在加工信息的过程中,往往过度依赖某一侧半球而不能很好地激活另一半球。假如过度依赖右半球,就会在完成与语言分析有关的任务时发生困难,如阅读、拼写、集中注意、记忆、数学应用题、写文章等;如果过分依赖左半球,则表现为空间直觉方面的障碍,如出现推理、想象困难、无法有条理地记笔记等。

4. 其他生理因素

(1) 慢性营养不良:这可能源自儿童自身的体质,也可能是由于不当的家庭养育方式所致。这类儿童常有明显的偏食现象,或过于瘦弱或过于肥胖,他们往往难以坚持较长时间的学习,容易感到疲劳。

(2) 身体羸弱:因遗传或先天不足,身体羸弱,动则感到疲劳。

(3) 慢性疾病:儿童中常见的慢性疾病有支气管哮喘、慢性胃炎、慢性副鼻窦炎、扁桃体肥大等。还有慢性疾病的儿童常常因为就诊、休养等而缺课过多,难以跟上正常的学习进度,进而产生学习障碍。

(4) 轻度视、听障碍:轻度视、听障碍的学生往往受到教师和家长的忽视,他们常常因看不清或听不清而不能充分理解教学内容,导致学习障碍。

(5) 身心疾病:所谓身心疾病,从症状上看是生理问题,但常常源自心理问题。这种疾病常见于少年期(13~15岁),其典型的症状是偏头痛,十二指肠溃疡、抽搐、支气管哮喘等。还有身心疾病的学生常常感到身体不适,不能集中精力学习,进而导致学习障碍。

(二) 生化因素

体内生化系统的不平衡,也会导致学习障碍。与学习障碍有关的生化因素如下:

1. 神经化学物质传递异常 大脑中生化不平衡可以从尿、血液或脑脊髓液中神经代谢物数量的减少而被检测出来,某些药物可以改善不平衡的状况而减轻学习障碍。

2. 维生素缺乏 有研究者认为,学习障碍儿童中有部分人是由于无法正常吸收维生素而导致的,因此建议这些儿童可以采用强化维生素治疗的方法。

3. 内分泌功能失调 某些激素分泌失调也可能引起儿童早期损伤或身体状态的改变,由此导致学习障碍。例如:由于甲状腺功能失调,患者的甲状腺皮质激素分泌过多或者过少,造成生化系统的不平衡,降低儿童学习的有效性。有证据表明,甲状腺皮质激素分泌过多是引起注意力障碍的原因之一,而甲状腺皮质激素分泌过少则会造成儿童精神低落,影响学习动机。

4. 低血糖 脑的代谢需要一定量的葡萄糖供给,如果吃得过少,体内的血糖量远低于正常水平,大脑便不能保持正常的警觉和清醒。处在这种状况下的儿童容易感到疲倦、精力不足,难以完成正常的学习任务。

尽管到目前为止,使用药物或饮食来改善学习障碍的效果并未得到充分的体现,但可以肯定的是,生化因素与学习障碍儿童某些不当的行为反应之间存在着某种关联。

(三) 遗传因素

许多研究指出,遗传是导致学习障碍的可能因素之一。美国学者史利尔在556个具有神经生理异常的学习障碍儿童中发现了家族遗传的因素。有关双胞胎的比较研究发现,同卵双生子均为学习困难的比例明显高于异卵双生子。

此外,研究发现学习障碍还可能与性染色体异常有关。例如,第23对性染色体异常模式为(X,O)的儿童会出现视觉动作的协调问题,在智力操作部分的得分偏低;第23对性染色体异常模式为(XXX)的儿童往往在多项认知能力上有普遍低下的现象;第23对性染色体异常模式为(XYY)的儿童在智力测验中语言部分的得分较低,阅读能力发展迟缓。

(四) 心理因素

在学习障碍儿童中,有相当一部分是由于心理因素造成的。

1. 动机 动机是直接推动一个人进行活动的内部动因或动力。学习动机不足,是许多儿童学习障碍的原因之一。完全依靠自然学习是不可能取得成功的。

2. 情感 学习障碍儿童往往表现出以下的情感问题。

(1) 焦虑:学习障碍儿童焦虑程度较高,在日常生活中容易忧虑,产生情绪波动。这种焦虑一旦产生,会造成儿童注意力不集中,干扰学习能力的发挥,造成恶性循环。

(2) 回避与对抗:儿童由于连续的失败,缺乏成功的体验,失去对某门课程学习的信心,继而采取回避的态度,学习障碍由此产生。

3. 个性与意志 注意力散漫、意志薄弱、情绪不稳定等不良的学习习惯,会造成学校学习适应不良,引起学习障碍。

美国特殊教育专家麦克林(McKinney JD)1987年对63名小学一年级和二年级学习困难儿童的调查认为,学习障碍儿童主要存在3个方面的问题:一是语言问题,二是认知问题,三是社会行为问题。其中,学习困难儿童注意力分散者占29%,内向与固执者占25%,缺乏正确学习方法与策略者占40%。由此可见,认知问题是学习困难儿童的主要矛盾。

(五) 环境因素

学习障碍的环境因素主要来自家庭、学校与社会3个方面。

1. 家庭因素 主要包括早期经验剥夺、教育不当以及文化经济不利。

（1）早期经验剥夺：是指在婴幼儿期被不当地限制活动。例如,父母的过度保护或家庭环境的限制。限制婴幼儿应有的感官探索和动作发展,可能导致儿童产生感觉统合失调。婴幼儿长期患病,缺少与成人互动的机会等,可能会剥夺其正常发展应有的经验,造成学习障碍。

（2）教育不当：家庭是儿童发展的最重要的基地,家庭心理环境、父母的教养方式对儿童的成长有至关重要的影响。有的家长非但不能帮助子女学习,反而对其起到干扰的作用。例如,有的家长侵占子女的学习时间、空间,向子女传输不良的观念;有的家长因种种原因（工作繁忙、无暇顾及等）忽视子女的学习;有的家长对子女过于苛求,要求子女达到不切实际的目标,稍有不满,便对子施以精神或肉体上的伤害;还有的家长彼此意见不统一或时松时紧,让子女钻了空子。

（3）文化经济不利：家庭文化经济不利的儿童与青少年产生学习障碍的概率也比较大。有的因家庭频繁搬迁而不适应学习生活,有的因家庭的贫困而被降低了受教育的质量,这些情况都可能引起学习障碍。

2. 学校因素　学校的教学品质、教学活动、师生关系、同伴关系等都是和学习障碍相关的因素,学校是学生学习的主要场所,学校的一切对学生来说都很重要,学习障碍儿童在学业上频繁遭遇失败,容易引起教师忽视、放弃、甚至歧视的态度,也容易引起同伴的孤立,这种环境可能会损伤学习障碍学生的自尊心,使他们产生自卑心理,对学习逐渐失去兴趣,进而陷入自暴自弃恶性循环的被动局面。

3. 社会因素　包括政治、经济、文化、教育等各个方面,和学生的学习关系也很大,许多年来,社会上的人才选拔机制、高校招生制度等已在无形中充当了教育的指挥棒,它直接关系到学生价值观的选择以及学习动机的形成。

三、学习障碍的分类

学习障碍本身的复杂性,给分类带来了许多困难。以下是几种常见的分类。

(一) 美国学者柯克和葛拉格的分类

科克（Kirk）和葛拉格（Gallagher）将学习障碍分为两大类,即发展性学习障碍和学业性学习障碍,而学业性学习障碍可能是由发展性学习障碍所致。

1. 发展性学习障碍　是指儿童在生长发育过程中所显露出的心理和语言功能的偏离,这些功能正是学业学习的基础。发展性学习障碍又可分为两种：①原始性障碍,主要表现为注意力、记忆力、感知能力、知觉运动协调能力等方面的障碍,这些障碍可能会引起其他许多学习困难,例如感知能力和记忆力的障碍可能会导致儿童的阅读障碍;知觉运动协调能力障碍可能会引起书写问题等。②衍生性障碍,它是由上述原始性障碍所造成的某种高级能力方面的问题,主要包括思维障碍和语言障碍。

2. 学业性学习障碍　是指儿童在各科学习或学习技能（如阅读、书写、计算等）方面存在的障碍。学业性学习障碍主要是通过学科学习表现出来的,它可能是由发展性学习障碍造成的,但两者之间并无绝对的因果关系。比如,有些儿童因感觉运动障碍造成了阅读困难;有些儿童虽然存在感觉运动障碍,却能够很好地阅读。

(二) DSM－Ⅳ的分类

美国精神病学会（APA）在《精神障碍诊断手册》（DSM－Ⅳ）中将学习障碍分为以下 4 类。

1. 阅读障碍　根据个别实测的标准化阅读测验中所反映的精确性或理解力来衡量,就其实际年龄、智力水平以及与年龄相适应的教育而言,其阅读成绩显著低于期望值。

其中,A 项失调显著妨碍个体的学业成绩或日常生活中所需要的各项阅读活动。

如果伴有感觉障碍,则其学习困难需超出通常情况下由该种感觉障碍造成的困难。

2. 数学障碍　根据个别实测的标准化测验结果,就其实际年龄、智力水平以及与年龄相适应的教育而言,其数学能力显著低于期望值。

其中,A 项失调显著妨碍个体的学业成绩或日常生活中需要数学能力的活动。

如果伴有感觉障碍,则其学习困难需超出通常情况下由该种感觉障碍造成的困难。

3. 写作障碍　根据个别实测的标准化测验或功能性写作技能评估的结果,就其实际年龄、智力水平以及与年龄相适应的教育而言,其写作能力显著低于期望值。

其中,A 项失调显著妨碍个体的学业成绩或日常生活中需要写作的活动（例如,写出语法正确的句子以

及有条理的段落)。

如果伴有感觉障碍,则其学习困难需超出通常情况下由该种感觉障碍造成的困难。

4. 其他学习障碍　这是指不符合以上3类标准的学习障碍。

(三) 国内学者的分类

国内学者对于学习障碍也有不同的分类方法。徐芬将学习障碍分为以下3类。

1. 发展性学业不良　是指儿童在成长过程中,某些心理与语言功能的发展出现与正常发展过程相偏离的现象。发展性学业不良又可分为两种:①原始性缺陷,主要表现为注意力、记忆力、感知能力、知觉—运动协调上的缺陷;②衍生性缺陷,即由于上述原始性缺陷造成的某些较高级能力上的问题,主要表现为思考能力和语言能力上的缺陷。

2. 学业性学业不良　是指儿童存在学科学习或学习技能(听、说、阅读、拼写、算术等)上的困难。学业不良是通过学科学习上的困难表现出来的,而学习技能上的困难又可直接影响或妨碍学科的学习。

3. 行为—情绪性学业不良　是指儿童由行为或情绪问题导致的学业不良。这些儿童的行为—情绪问题主要表现在3个方面:①品行问题,如公开的攻击性,对同伴或成人常常具有敌意、挑衅行为和破坏性等;②不适应或不成熟行为,如漫不经心、懒散、缺乏兴趣、厌学等;③个性问题,如过于敏感、自我意识缺乏、自卑感强等。

四、心理和行为特征

美国复活节研究基金会1966年对学习困难儿童进行了广泛的调查,调查报告中将学习困难儿童的心理与行为特征归纳以下10个方面。

(一) 多动

各种动作异常增多,例如可以不停地玩弄铅笔、掰手指,或表现出坐立不安;上课时小动作增多,注意力分散,从而严重地影响学习。患有多动症的儿童有的到少年期会自然消失和缓解,有的则需要给予特殊教育和训练。

(二) 感知—运动不协调

这类儿童常缺乏精确地复制感知印象的能力。表现为眼—手、耳—手配合不好。但是,这种不协调又不是由明显的感觉障碍,如视觉、听觉或运动障碍引起的。

(三) 注意力分散

学习困难儿童很容易被无关刺激干扰,不能集中精力较长时地从事某项活动。上课时多表现为东张西望、交头接耳,不能集中精力听老师讲课。

(四) 记忆力与思维紊乱

主要表现在短时记忆的保存和长时记忆的提取都出现紊乱。有些学习困难的儿童甚至记不起家庭的地址、出生年月或电话号码,还有的记不清刚刚告诉她的事情。这种记忆与思维紊乱需要特殊的训练加以矫正。

(五) 听与说的不协调

主要表现为语言听力、语言组织的能力差,在语言模仿中经常出现吞音、误音和病句。但这种现象多源于内部信息加工过程的紊乱而不是由于听力障碍或发音器官的障碍。听与说不协调的学习困难儿童仍需要通过训练矫正。

(六) 情绪不稳定

学习困难儿童的情绪稳定性差,变化较快,一种情绪状态会很快地被另外一种情绪状态所代替。有时显得急躁、易怒和孤僻,情绪不稳定。

(七) 易冲动和鲁莽

表现为不加思考地作出反应和回答问题,缺乏审视度和周密思考的能力。

(八) 缺乏一般的动作协调能力

动作笨拙尤其是从事比较精细的活动时表现尤为明显,如滑冰、绘画、剪纸等。有些学习困难儿童动作的笨拙程度和弱智儿童相近,但他们缺乏这种动作协调能力又不是由于智能不足引起的,可通过特别项目

的训练而加以改变。

(九) 脑电波异常

有的学习困难儿童可能出现脑电波异常。尤其是伴有多动症的儿童更可能出现异常脑电波。

(十) 有特定的学习障碍

这是学习困难儿童最明显的特征之一，这些特定的学习困难主要有：①阅读困难；②计算困难；③写作困难；④操作困难。

对于某个具体的学习困难儿童来讲，可能只表现出一种或几种心理与行为特征。

拉特等对以色列 2 000 名 9 岁～11 岁儿童进行了详细的调查研究，发现 16％的儿童有学习障碍。美国残疾儿童与青少年教育调查委员会的报道认为 1/6 的儿童有学习困难，需要给予特殊教育。

第二节　早期干预、评估与诊断

一、早期干预

学习障碍儿童的早期干预在一定程度上依赖于早发现，发现越早、越准确，早期干预就越及时、越有针对性，也就越有成效。

儿童的早期生活中，最重要的莫过于父母。要使学习障碍儿童早期干预取得成效，父母不仅必须付出相当大的努力，还要选择正确的教养方式，以取得理想的效果。

(一) 提供足够的营养

婴幼儿期是人的一生中生长发育最快的时期，对各种营养的需要量相对较大，也更容易缺乏。早期发展阶段的营养不良可造成婴幼儿的发展迟缓，尤其是对脑的发育有影响，这和学习障碍有着间接的关系。科学喂养、平衡膳食、培养良好的饮食习惯是提供足够营养的保障。在婴幼儿时期应大力提倡母乳喂养，按时添加辅食；提倡食物来源的多样化，粗细粮的交替，荤素菜的搭配，五色菜的搭配，饮食定时、定量、不偏食。必要时还可以根据学习障碍儿童的自身情况，在医生等专业人士的指导下，补充一些营养制剂。

(二) 给予适当的刺激

不要总是让婴儿躺在婴儿床上，要经常变换儿童的姿势，经常让儿童坐起来，带儿童到户外活动，让儿童接触外界，因为儿童躺着时的视野、坐着时的视野以及被大人抱着时所具有的感受都不一样。根据婴儿的发育情况，给予适当的刺激，这对高危儿童尤为重要。

1. 触觉刺激　由于触觉输入与其他感觉输入相比，具有更重要、更广泛的性质，所以感觉治疗通常由触觉刺激开始。可使用质地不同的工具交替擦拭儿童的全身，如毛巾与丝绸；父母用手对儿童进行全身的抚摸是最好的触觉刺激，同时还能够增进亲子交流。

2. 前庭刺激　刺激内耳前庭是感觉统合训练中一个非常重要的方式，前庭刺激和触觉具有促进其他感觉的统合作用。由于前庭和姿势的反应有密切关系，可以通过姿势反应使前庭趋于正常。方式有两种：被动式和主动式。被动式是由外力推动儿童来完成，可让儿童躺着或坐在吊床中，然后加以摇摆和旋转；一些对于前庭刺激过分敏感、容易感到被其威胁的儿童，则主要采用主动式，由儿童自己用双手在地板上轻轻推动身体，或拉着前头的绳子来摇摆自己，而不用他人推动旋转或摆动。

3. 本体感受刺激　本体感觉指的是反映身体各部分的运动和位置情况的感觉。肌肉的收缩，特别是反抗阻力的收缩，是促进本体感受信息输入中枢神经系统的重要方法，而最大的阻力来源于地心引力对身体的作用。可让儿童俯卧，四肢高举离开地面，此时儿童的躯干背部、臀部都处于反抗地心引力的状态，可以提高儿童的本体感受能力。

(三) 培养自我控制能力

自我控制的能力是在儿童日常生活中培养出来的，在婴幼儿期，有规律的生活习惯十分重要。在每天的生活中，要规定儿童的行为，从吃饭开始训练儿童，在规定的场所、时间里，让儿童摄取营养平衡的膳食，

并规定儿童在一定的时间内吃完,每天重复这样做,是培养儿童自我控制能力的最好训练。即使他一开始做得不好,也不要着急,要相信孩子,一步一步地来,不要急于求成,给孩子压力。如果家长一味批评、训斥学习障碍儿童,就会适得其反。

(四) 培养手指的运动能力

儿童的动作和身体协调能力是认知的基础。如果儿童跳过某一个运动发展阶段,将来有可能产生学习问题。大多数学习障碍儿童表现为笨手笨脚,运动协调性差,这种情况可以通过早期干预得到一定程度的改善。

1. 发展身体协调技能　翻、滚、爬、走、跑、滑、跳、抓球等这类活动能提高儿童的忍耐力,能促进儿童形成积极的身体表象并提高身体平衡水平。使用球、圈、沙包、绳、键等玩具可以引发儿童进行运动的欲望,使他们在运动中表现主动性与积极性,身体得到全面的锻炼。

2. 训练手指的运动能力　除了身体协调能力之外,对学习障碍儿童进行手指训练也很重要。在日常生活中,使用手指的事情很多,例如,穿脱衣服、卫生习惯、用餐等。笨手笨脚的儿童,常常在母亲的帮助下完成某一动作,这样做,儿童得不到锻炼,手指的运动能力只会越来越差。对这些儿童,需要父母注意培养他们自己独立去完成力所能及事情的能力,培养他们自立的习惯。

首先,可以在家中摆放适合的玩具,如小汽车、积木、拼盘等,吸引孩子的注意,培养儿童对操作物体的兴趣。保护孩子的"破坏性"。当他动手去拆某些物品时,父母不要加以指责和阻拦。

其次,鼓励孩子吃饭使用筷子而不用勺子,自己穿脱衣服、解系扣子、鞋带等。弹琴、画画、涂色、剪贴等活动有助于儿童动手能力的发展。

另外,使用手指的游戏也很多,例如,我国传统的折纸手工、抛石子(玩沙袋)、打石球等。这类游戏,由父母和儿童一起玩,不但能使儿童手指运动能力得到十分重要的训练,同时也能够促进儿童的情绪发育。

(五) 培养语言能力

学习障碍常常是学前期言语或语言障碍的延续,所以培养婴幼儿的语言能力是对学习障碍儿童进行早期干预的重要方面。左脑真正承担语言开始于 5 岁左右,所以 5 岁以前损伤任一侧大脑都不至于造成语言能力永久性丧失。

语言能力培养的时间可以早到 0 岁,因为婴儿已能感受声音刺激并做出反应,能辨别言语和非言语。为此家长可以做的是:

1. 促进语言的理解　婴儿在会说话前,首先是对语言的理解。理解能力是听觉语言学习的第一阶段,儿童在能够说话之前,就能理解。语言意思的学习,是所有的语言学习中最重要的环节。要使儿童语言能力得到发育,不仅要让儿童记住事物的名称,还要让他们理解状况和抽象概念。语言不只是在课堂上教,在日常生活中,也要给予儿童必要的语言刺激。

2. 创设语言环境　一个丰富、轻松、有趣的语言环境,能使孩子在收到足够多的语言刺激的同时,也增强他的语言理解能力。例如,可以把语言文字的描述与直观形象材料的展示相结合;可以一边做一边说,以反复强化物品、动作和语言的练习;让孩子多听成人交谈;另外,书面读物也是一种很好的语言刺激,家长可以拿着书给孩子讲故事,亲子共读,从玩书到读书,对孩子的语言发展很有帮助。

有的孩子根本不听父母的话,很少到父母面前来。对这些不能安静、多动的儿童,要控制、改善他们的症状,最重要的是给他们创造亲子语言交流的环境,使他们加深对语言的理解,促进他们的语言发育。

3. 多和孩子说话　儿童和父母在一起生活时,一方面多找机会让儿童对各种事物和状况进行理解;另一方面父母和儿童进行一对一的对话,这对儿童的语言发育十分重要。事实证明,父母攀谈多,婴儿喃喃自语也多。具有听觉障碍的父母,培养出来的儿童语言发育大多是迟缓的,这是由于来自父母语言刺激少的原因。

近年来,随着电视、录像的普及,家长让儿童看电视、录像的时间多了,而和儿童进行语言交流的时间少了。有的家长忙于工作,和儿童接触少,这样做,对儿童的语言发育不利,希望引起足够的注意。儿童的语言发育、情绪发育是从家长和儿童一对一的语言交流开始的,父母要尽可能地密切接触儿童,主动和儿童攀谈,接受儿童,理解儿童的行为,即便不是疑似学习障碍儿童,也有益无害。

4. 鼓励孩子说话　通过对话可以检验和培养孩子的言语理解能力,激起孩子说话的兴趣。应鼓励孩子用语言表达自己的想法,但不要强迫;对于孩子开口说话,哪怕是一个词,父母也要给予及时的反馈,可以是语言的表扬,也可以是微笑或拥抱等方式的表达。应善于用这种强化的方式有选择地奖励儿童对成人语言

the模仿和他的语言中符合规范的部分,但不要刻意地去纠正其语言中的错误。可以通过玩游戏的方式让他模仿父母说话,如角色游戏;让孩子多与其他孩子接触,因为他们之间通常有说不完的话。

总之,婴儿期是发育的基础时期,无论是对正常儿童还是对学习障碍儿童来说,都是人生的一个十分重要的时期,对今后的发育成长起着关键作用。在这个时期对学习障碍儿童的早期干预是可行的,是帮助学习障碍儿童今后适应学习乃至帮助适应社会的最佳途径。对学习障碍儿童的诊断越早,便能越快地制订出方案进行干预;如果能识别学习障碍发生高危的儿童,及早采取干预措施,给予体贴入微的关怀,就可以阻止障碍的真正发生。

二、评估与诊断

学习障碍的评估与诊断可从以下几个途径来进行:学习成绩统计和分析,学科学习的分析,课堂观察,家庭访问,老师访谈,学生自评,量表测验。具体介绍与分析如下。

(一) 学习成绩统计和分析

学习障碍,其主要表现为学习成绩低下,对学习障碍儿童的学习成绩进行统计与分析是必需的途径。

在考察这些学生的学习成绩时,需注意以下问题:

1. 全面收集各学科学习成绩的信息 尤其是该学生的落后学科的学习成绩应尽可能详细,要重视基础性、关键性、阶段性的测验的成绩的收集与统计,因为它更能反映该学生基础学力的水平和学习障碍发展的状况。

2. 绘制学习成绩发展图 用图表的形式可以清晰地反映该学生的学习状况发展过程。绘制图表的数据应是同一层级的测验成绩。例如,这些成绩数据都是期末考试的成绩。

3. 分析成绩要客观 分析学习障碍儿童的成绩时要实事求是,客观地分析成绩发展的趋势,不要加上主观的猜测与臆想。

(二) 学科学习的分析

学习障碍与学科学习有密切的关系,每个学习障碍儿童的学习失败总是表现在某个具体的学科方面,因此评估的一个途径是考察被评估学生的学科学习状况。

学科学习分析要做到全面、准确。该学生所学习的所有学科都要进入分析范围,它不但包括基础性的主要学科,如语文、数学、外语,也包括非主体学科,如体育、手工劳动、音乐等。全面分析可以使你了解该学生的学习全貌,有助于对该学生的学习障碍做出客观的评估。学科学习分析的准确性指在分析时能把握主要缺陷与次要缺陷。如某学生的阅读成绩很差,数学学习成绩尚可,体育成绩也很糟糕。于是,把握阅读问题是主要缺陷,而体育是次要缺陷,因为阅读理解与他的基础学习能力及学习障碍有紧密的关系。

另外,具体学科需具体分析。在评估中,尤其要参考担任学科教学的教师的看法,例如,某学生数学成绩一直很差,评估假设该学生的数学学习能力较低,而任课教师却认为该学生的问题仅在测验时不够细致而已,其平日数学学习能力并不低。这时,评估者需要做深入的调查,如果教师的看法所依据的事实确凿,那么,该学生数学学习能力就不应该作为其学习障碍的主要问题。

(三) 课堂观察

课堂学习是学生学习活动的主要场所。学习障碍儿童在课堂学习时常常表现不佳,导致课堂学习效率低。对课堂学习的观察可以分为随堂观察和指向性观察两种。①随堂观察的目的主要在于考察该学生课堂学习的全貌,它主要观察的内容包括该学生的注意状况和课堂上是否积极参与学习主题等。②指向性观察的目的在于考察该学生在具体学科课堂学习中的具体表现。如在语文课上,该学生是否经常举手发言,发言的正确率多高,对哪些问题有兴趣,在哪些问题方面掌握得较好或较差,师生间互动如何(如教师对他的标定、期望及师生间的互动)等具体信息。课堂观察需注意如下。

1. 尽可能不被观察者知晓 因为评估者需要获得的是最真实的信息,如果被观察者知道有人对他进行观察,他便会做"自我印象管理",从而影响其真实表现。

2. 做好教师的准备工作 课堂观察需与教师进行商量,并告诉教师课堂观察的具体意图,使教师有意识地配合评估者的观察。

3. 观察前制订观察计划 无论随堂观察还是指向性观察都需要在计划中进行,评估者制订的计划包括

观察的内容项目、观察课堂的时间设定(哪几节课和什么时间)、需由教师配合做的事项。

4. 观察后总结　总结报告需条理清晰,尤其对观察内容项目要做详细的具体说明。总结报告不作概括性的定义,如"他在课堂上的表现极不努力"等。报告为对学习障碍者作分析而用。

(四) 家庭访问

家庭访问是学习障碍评估与诊断中获得信息的主要途径之一。家庭访问可以了解学习障碍儿童的生活经历和目前生活全貌,了解家庭中父母对该学习障碍者的教养方面的信息,以对该学生的学习障碍在家庭方面的问题做出切实的评估与诊断。

一般,家庭访问的内容包括:父母对该学生的学业期望(如有的父母因该学生的学习成绩差而对其学习不抱希望);与父母寄予的期望相应,对该学生教育上计划投资的力度有多大,在学业方面亲子关系互动的类型,家庭中对该学生学业方面获得成就的激励条件等(我们在前面已有叙述)。在家庭访问时需注意如下。

1. 保持客观的立场　每个父母对孩子的学业都抱有高期望,学习障碍儿童的家长常常因为孩子的不良学业成绩表现而感到失望,他们可能把这种失望发泄在孩子身上,要么责怪孩子不争气、不努力;要么认为孩子根本没有学习的能力,不是读书的料而不再关心他的学习。评估者需冷静对待父母的反映,实事求是地去考察该学习障碍儿童的实际状况,用敏锐的头脑捕捉问题的本质,坚持评估的客观性。

2. 掌握学习障碍儿童在家庭生活中的各个方面的情况　学习障碍儿童的许多生活细节往往被评估者忽略,而有些细节常常反映了学生的性格,这种习惯化了的态度和行为方式恰恰是影响该学生学习的主要因素。如生活上马马虎虎、大大咧咧的学生,在学习方面同样表现出浅尝辄止、虎头蛇尾、马虎潦草的特点,这些特点影响了他们的学习质量,导致学业成就低下。

3. 保护学习障碍儿童的自尊　学业的失败让每一个学习障碍儿童感到自卑和沮丧,这是不争的事实。评估者对学习障碍者的现实情况作评估,是因为该学生学业成就低下的事实。因此,在家庭访问中,评估者要注意访问的态度、用语和语气,与其父母交谈的方式,以不伤害学习障碍儿童的自尊为前提,这样才能达到评估的最终目的,使学习障碍儿童得到切实的帮助。

(五) 教师访谈

教师,作为学生学习知识与技能、成长与发展的主要和直接的教导者、传授者,担负着学生学习成功的重任。然而,由于种种原因,在任何一个层面上,学习障碍现象总是难免的。教师与学习障碍者的学习有着直接的关系。在对学习障碍的评估与诊断时,对教师访谈不但是必要的,而且是必需的途径。对教师访谈,需注意如下方面内容。

1. 鼓励教师对学习障碍儿童作客观的全面描述　教师在教学中,需面临的是众多的学生,他们或许并不能掌握每个学习障碍儿童的全部信息。在访谈中,尽可能让教师对学习障碍者做客观的全面描述。

2. 防止教师出现"动机性偏见"　学习障碍是教师教育教学工作失败的一个表现,每个教师都尽最大可能回避任何一个学生的学业失败。然而,面对学业失败的学生,一种为了保护自我价值的动机,驱使教师易出现"动机性偏见"。[在一实验中,让教师对学生进行一种从未有过的与学生不见面的、遥控的教学。然后,向教师呈现4种学生学习结果(成绩)的反馈:先好后不好;先不好后好;先好后好;先不好后不好。显然第二、三种的结果是教学效果好的表现。然后,让教师对4种结果进行归因。发现所有教师都把好的结果归因于自己的教学水平高,把不良的结果归因于从没进行过学生不在当前的教学形式所造成的。研究者认为教师为了保护自我价值,会出现动机性偏见。]例如,有的教师会告知那个学生的学习障碍是能力太低所致,并描述其低能力的种种表现。我们可以告诉教师,任何一位教师教授的学生难免学习障碍。对学习障碍状况作客观分析,有助于制订恰当的补救方法,希望真正得到教师配合。

3. 需与教师作一评估的简略反馈　教师是教育者,他们懂得教育的基本原理与知识,把评估的结果反馈给教师,可以使教师得到关于该学生学习障碍真实状况的分析,更好地配合专业工作者实现对学习障碍者的补救与改善。

(六) 学生自评

学习障碍的发生与学生的自身因素有多种联系,让学习障碍儿童对自己的学业状况进行自评,是评估与诊断过程的一个有效的途径。学生自评反映的是学生对自己学习障碍现状的认识,了解这种认识可以帮助我们更准确地把握该学生的学习障碍的性质,有效地激发和利用学生自身的力量共同克服学习障碍。学

生自评需注意以下问题:

1. 注意学习障碍儿童的防御性心理　学业失败使任何年龄阶段的学生感到自尊的伤害,为了保护他们的自尊与自我价值,他们会采用不同的方式来拯救脆弱的自我。例如,小学儿童会把自己描述成一个非常努力学习的学生,甚至把自己说成是个三好学生(他以为你并不知情),有的会隐瞒事实(如说自己的数学成绩如何优良);初中或高中学习障碍者易采用自我妨碍策略(如说自己如何贪玩而没有重视学业,或自己有考试焦虑所以考试成绩较差)等。

2. 注意学习障碍儿童的拒绝心理　学习障碍儿童由于学习成绩低下而有强烈的自卑感,他们经受着这一严酷现实的折磨(有时,他们只是在表面上表现出满不在乎)。他们通常不愿意对他人谈论自己的学业问题。因此,在让他们做自评时,他们会拒绝回答问题或者胡乱作答。要告知评估对象:这些工作是试图帮助他们,而不是伤害他们,请他们配合。

3. 学生自评结束时,要给予学生积极的反馈　由于"优越感"的驱使,学生在接受自评和完成自评时,常常抱着复杂的心理,虽然知道自己的学习成绩并不好,但他们还是希望通过自我评价,能够获得有关自己学业方面的积极评价。因此,评估者要从有利于促进其努力的角度给予积极信息的反馈。比如,告诉他们:"你对自己的想法真是很好,努力吧,会进步的!""不要认为自己能力低,你是不错的!"

(七) 量表测验

在对学习障碍儿童进行评估与诊断过程中,量表测验常常成为一个必不可少的手段与途径。在实际的评估诊断中,如对学习障碍儿童性质的鉴定,以及许多行为反应的诊断都需要通过标准化测验来进行,借助于量表测验,我们可以更清晰地认识学习障碍者的各种状况。当然,在必要的情况下,也可以使用非正式的测验。在使用量表测验时,需注意如下问题:

1. 对被测验的学生需说明测验的目的,告知如实回答　这主要是因为,学生会因为害怕师长认为自己学习不够努力,在量表测验时,隐瞒真实情况,易引起评估与诊断的错误。

2. 使用量表前,对该学习障碍者做初步的预诊(主要是成因分析与类型鉴别)　因为学习障碍者的情况各异,不可能做所有的心理测验(耗费的时间和精力太大),因此,有针对地选择相关的测验是必要的。

3. 运用非正式量表测验时,要谨慎和细致分析　因为非正式量表具有较大的随意性,故不可广泛使用。在使用时与使用后的诊断中,要认真仔细地结合实际情况来分析该学生的状况。

第三节　学习障碍儿童的教育

一、学习障碍儿童的教育安置模式

我国中小学有一部分学生学习能力偏低,跟不上普通学生的学习水平,大多采用补课、补考的方法。个别的让其留到下一年级重读,学习障碍问题的研究尚未广泛展开。

一些经济比较发达的国家多采用下列 7 种不同的模式对学习障碍儿童进行特殊教育与教学,表 8-1 将这些不同的教育安置模式进行了比较。

表 8-1　学习障碍儿童的教育安置模式

教育模式	优 点	不足之处
普通班(保留在全日制的普通班上课)	教育环境最少受到限制,避免标签化,利于和普通学生接触	教学过程为学习障碍儿童考虑得过少,不能满足他们的实际需要
咨询模式(给学习障碍学生进行专门的教育咨询,解决他们的实际困难)	采用一定的特殊教育方法,对改变学生的环境有促进作用	这种咨询不能得到大多数教师的配合,与实际课堂教学的结合性差
巡回模式(负责这方面教育的特殊教师巡回于各个学校,协助普通教师解决问题)	帮助普通教师对学生进行评估鉴别,针对实际需要提供一定的服务,简便可行	缺乏系统性,不能满足某些需要较长时间特殊训练者的需要,教材及资料搬运不方便

续 表

教育模式	优 点	不足之处
资源教室模式(每天用 45～60 分钟在备有特殊教育资料和专职教师的资源教室)	提供系统的有效的服务,避免了标签化,符合回归主流的思想,教学效果较理想	不适用严重的学习障碍儿童,对个别儿童教育的针对性不够
特殊班(普通学校将学习障碍学生组合起来,编成特殊班级)	为严重的学习障碍儿童教育提供了较好的服务,有利于保障学习的时间,集中学生的注意力	分离式教育会影响学生的社会化,引起自卑感,有的授课教师会放松对学生的学习要求
走读特殊学校(离开普通学校,每天到特殊学校上学)	专门特殊学校能提供较好的服务,教学设施和师资条件较好	不利于回归主流和社会化,在人口分散地区有实际困难,教育费用偏高
寄宿特殊学校(学生日夜住在特殊学校)	能提供较好的服务,如医疗、职业训练,便于进行系统的观察和深入的研究	不利于回归主流和社会化,教育费用偏高,受地区限制

从这些比较明显看出,各种教育教学安置模式各有长处和不足,要根据学生的实际情况和客观环境所能提供的条件加以选择。值得一提的是,近些年来,国外多采用第 4 种即资源教室的教育模式来帮助学习障碍儿童提高学习能力和学业水平。资源教室也是目前广泛采用的一种特殊教育模式,它的最大优点是花费较少、作用较大。在一些重点中小学和幼儿园,建立设备比较齐全、配有特殊教育人员的资源教室来开展特殊教育工作,是一种值得推广和切实可行的方法。

二、教学策略

学习障碍儿童在学习中所面临着学习动机不足,缺乏有效的学习策略、思维能力缺陷、学业失败等一系列的问题,而普通学校的班级教学则要求他们具备基本的听、说、读、写能力,解决问题的能力,获得新知识的能力以及相应的学习动机。针对学习障碍儿童的情况,可将教学策略分成两大类:适用于所有的内容、领域的教学策略以及应用于特殊领域的教学策略。

(一) 一般教学策略

1. 调整教学材料 使用电影、录像带及其他声像资料补充或代替课本阅读;利用计算机程序,补充或代替课本阅读;在课本上标记出关键词、定义以及重要的信息;删减课本部分内容,形成新的教学材料;编写学习提纲或学习指南。

2. 调整教学过程 教会学生预习教材,使他们熟悉教材结构和学习内容;采用多水平、多材料的方法,例如帮助学习障碍学生准备一份提纲;明确教学要求,准确地解释重要信息,引导学生学会概括;在课堂教学过程中,注意观察学生的反应,通过提问,课堂练习等方式获得反馈;把学生安排在异质的合作学习小组里,使之更方便地掌握教材的内容;为学生提供足够多的时间,保持耐心;及时肯定学生的进步。

3. 提高学生的自尊与自信 关心学生学业之外的各方面的活动,为学生提供成功的机会等。

(二) 应用行为分析

应用行为分析法(applied behavior,ABA)将教学任务按照一定的方式和顺序分解成一系列较小的或者相互对立的步骤,然后采用适当的强化方法,按照任务分解确定的顺序逐步训练每一小步骤,直到儿童掌握所有步骤,最终可以独立完成任务,并且在其他场合下也能够应用其所学到的知识、技能。应用分析法是一种基于行为主义的教学方法,其教学就建立在对儿童个体的分析上。再实施应用分析之前,教师要详细分析儿童的学习任务,同时全面评价儿童在技能和学业上的优势与不足。

应用行为分析的主要步骤:明确儿童要改变的目标行为;直接和可重复地测量其行为;明确事件改变过程和行为结果(教育之前和之后的环境中直接发生了什么);评价和记录结果;按结果分别处理,如果目标没有达到,再试一次;如果儿童成功了,奖励或强化成功;在儿童成功后提高要求,完成更多或更复杂的任务;把儿童的工作结果展示出来;包括儿童在内要一致认同目标行为。其中,说明、示范和反馈是应用性分析的重要环节,促使、暗示学生把重点放在目标任务上。

(三) 直接教学法

对于学习障碍学生的教学,特别是小组环境下的教学来说,直接教学法是一项有效的教学策略。教师采取明确的小步策略,在教学过程中充分掌握学生的每一步发展情况,并依据情况调整教学进程,逐步撤销直接的帮助行为,使学生能独立学习、习得知识。直接教学法的步骤如下。

1. 复习已学过的知识　在直接教学中,学生需要清楚他们是被期望主动来学习的,他们将严格依照步骤来学习。老师应明确学生已熟悉具备的知识和技能,并将他们已经有的知识技能和即将呈现的教学内容联结起来。

2. 阐述教学目标　说明教学目标是为了简单明了地告诉学习者本课的教育目的,以及应该达到的预期结果。

3. 呈现新知识　教师应对新授知识进行合乎逻辑的组织,使其结构清晰;讲授过程中应突出重点和难点,必要时可以复述;在介绍新概念时,可通过适当的例子帮助说明。教师也可以通过示范的方式组织教学,在适当的时候,为学生提供实践的机会。教师在教学过程中应注意维持学生的注意力。

4. 探测与反馈　教师应要求学生针对教学内容适时作出简短回应,以便了解教学目标的达成情况,并根据反馈的情况调整下一教学步骤。通常采用的方法有联系、提问和反馈。联系包括教师指导和学生独立完成的两方面内容,是直接教学的必要部分。教师可将新授内容分成若干小部分进行教学,每个部分的教学过程有充分的练习机会。在指导练习时,教师应注意监控学生的情况。提问也是一种课堂练习的形式,教师从学生的反应中了解学生对该部分内容的掌握程度。教师应根据练习和提问的结果,向学生提供适当的反馈,便于学生及时修正错误。

5. 提供独立练习的机会　教师在确定学生的确能够独立练习时,适量地布置独立练习任务,并在独立练习期间适时给予纠正,以保证学生将所学知识进行有机的整合。

6. 提供分散练习和复习的机会　通过布置课后作业,学生将有机会进一步练习所学的知识,也可由教师引导学生复习已学过的知识点以达到巩固的目的。

(四) 归因训练

归因训练是在帮助学习障碍学生建立积极、合理的归因方式,增强学习动机。常用的训练方法有以下两种。

1. 直接训练法　训练者向学生呈现积极的归因评语,要求学生在完成任务时大声向自己复述,并反复练习已达到自觉的程度,直至能够自发使用积极的自我评语进行归因。

2. 间接训练法　训练者根据学生完成任务的情况,向学生提供归因评语和信息反馈。例如,当学生取得成功时,训练者及时给予积极的归因评语:"你考得很好,这是你努力的结果。"当学生失败时,训练者同样及时给予归因反馈:"你这次虽然没有考好,但只要你继续努力,一定会有进步的。"通过这种训练,学生可以在训练者的评语中逐渐学会为自己的成败作出积极的归因。

三、学习困难儿童家庭教育

(一) 家庭责任

家庭是儿童人格形成的一个重要影响因素,家庭心理环境、父母教养方式、父母的评价等都影响着儿童人格的形成。

从家庭环境来说,以往研究表明,学习成绩优良儿童与学习障碍儿童的父母文化程度、职业及教养方式存在明显的差异,学习成绩优良者,父亲的文化程度与职业地位高于学习障碍儿童。学习障碍儿童更多地生活在父母关系紧张的家庭中。

父母的教育态度会影响子女对其自己生理特征、道德伦理价值观、自我能力、自我形象和作为家庭成员的胜任感、与人交往中的价值感、自我信任感等的理解,这种理解的结果会决定儿童是接纳自己还是拒绝自己。父母教育态度的一致性、父母期望、父母关系和家庭结构对学习障碍儿童亲子关系和师生关系均有较大影响,尤其是父母教育态度、父母关系对其自我概念发展举足轻重,父母期望与其行为问题显著相关。

父母教养方式也是决定学习障碍儿童健康人格发展水平的重要因素之一,情感温暖的教养方式有利于促进健康人格的发展;惩罚严厉、过分干涉和拒绝否认的教养方式对健康人格的发展有较大的消极影响。

父母对孩子学业、运动能力和亲子关系的评价与孩子对自己的评价有紧密的正相关。由于学习障碍儿童在形成自我认知的过程中表现出一种偏狭的倾向，容易误会社会性暗示，对信息做出不准确的解释，依据关系并不很大的个别方面形成对某方面的自我认知和评价。因此，在对学习障碍儿童学习动机与情绪的发展进行教育矫正时要从家庭入手，作为教师，需要与父母保持定期的联系，多与家长沟通，做好家长教育工作，不仅要让家长了解家庭对于改变学习障碍儿童的自我概念、社会技能和行为问题的重要性，更重要的是让家长了解怎样的家庭环境有利于儿童人格与情绪的健康发展，以及如何才能为儿童创造良好的家庭环境。

（二）家长作用

1. 积极关注与接纳，了解儿童情感需要　家长应该随时注意孩子在学习中的点滴进步，并给予及时的鼓励。帮助孩子在课堂学习之外寻找并建立一种个人优势，如体育运动、音乐、美术等，让孩子获得必要的自信与自尊。尤其要注意的是不能夸大孩子的缺点，或因为孩子学习不好而全盘否定孩子，这样会给孩子建构自信、自尊的心路历程上增加沉重的负担。鼓励孩子勤奋学习、喜欢自己、接纳社会。

2. 正确识别儿童的不良情绪，引导他们及时疏解与调整　家长不仅要正确地识别儿童的情绪，同时，也要引导孩子阅读自己的情绪类型，告诉孩子怎样是快乐，怎样是愤怒，什么是敌意，什么是伤心。鼓励孩子与父母分享情绪的感觉。要让孩子知道，情绪本身没有好坏之分，情绪是受身体内部心理与生理共同影响产生的。但情绪需要管理，教会孩子适当地释放或表达自己的情绪，让孩子在愉快轻松的气氛中学习，在成功体验中学习。

3. 帮助儿童提高自我管理的能力及责任感　学习障碍儿童的父母时常会抱怨孩子作业拖拉，对于这些孩子，首先要鼓励家长了解孩子所面临的困难，在理解孩子的基础上教给他们解决问题的策略与技巧，提高他们的自我管理能力。家长可以帮助孩子确立规律性的时间表，使孩子能够逐渐做到独立完成家庭作业和自我记录。家长还可以用自然结果去处理孩子的叛逆情绪。让孩子明白做作业是他们自己的事，家长不能代替它们承担责任。当家长看到学习技能和自我管理能力的提高有助于孩子实现将来的学业目标时，它们会更愿意与教师合作，并在家庭中创设一种有利于学习的环境。

学习障碍并不可怕，最可怕的是爱的丧失、自信的丧失和进取心的丧失。只要我们对学习障碍儿童充满爱心、耐心和信心，它们就会努力克服自身的能力缺陷，取长补短，取得学习的成功。

实践活动

项目一　观摩学习障碍儿童定向行走技能训练活动

目标　1. 进一步明确学习障碍早期教育教学活动的意义、目的、内容及所要遵循的原则。

　　2. 进一步掌握学习障碍早期干预的诊断、评估方法及教学活动的设计。

　　3. 能够对活动方法、活动准备、活动过程和活动效果进行初步评析。

内容与要求　通过学习障碍儿童早期教育活动观摩，了解学习障碍早期教育活动中教师使用的方法和途径，并对活动进行评价。参与学习障碍儿童早期教育活动中去，找出优点和不足，提出改进建议。

项目二　对学习障碍儿童家庭教育进行分析

目标　1. 能够对学习障碍儿童家庭教育的方法进行分析。

　　2. 找出不足之处并改正。

内容与要求　通过小组讨论，分析组内同学对学习障碍儿童家庭教育的描述，找出优点和缺点，结合本单元的学习以及对学习障碍儿童的了解，你作为一名教育者，应该如何对学习障碍儿童进行家庭教育？

项目三　对学习障碍儿童早期干预制订一份教案

目标　1. 掌握学习障碍儿童早期干预的内容及方法。

　　2. 制订学习障碍干预教学方案。

内容与要求　在掌握学习障碍早期干预的目的、意义、内容、原则、方法的基础上，根据学习障碍儿童的基本特征，制订早期干预的教育方案。

资赋优异
儿童的早期训练与指导

学习目标

通过本单元的学习,将帮助你:

1. 掌握资赋优异的定义、类型、形成原因、鉴别以及资赋优异儿童的特质等。
2. 能够运用资赋优异儿童早期训练与指导技能技法。
3. 了解国内外资赋优异儿童的教育形式。

第一节　资赋优异概述

一、资赋优异定义

　　能力特别卓越的儿童,过去多称为天才或超常儿童,最近则多改称为资赋优异(gifted and talented)。1972年美国当时的教育署长马兰,曾对"资赋优异儿童"界定如下:资赋优异和特殊才能儿童是指那些经过专业的鉴定,证明其具有卓越的能力来达到高水平的表现,这些儿童需要特别提供的教育,以完成自我实现进而贡献社会,他们在下面的领域具有实际或潜在的能力:①一般智能;②特殊学术性向;③创造思考;④领导才能;⑤视觉与表演艺术;⑥心理运动能力。

　　其定义的周延性,一再受到称赞。1978年的美国资优教育法中对资赋优异的界定,多少也沿袭了马兰的定义。

二、资赋优异的类型

(一) 学术资赋优异儿童

　　这一类型是指具有卓越的一般智力或特殊学术性向者。这类的儿童鉴定,智商成为重要的决定因素,葛拉格(1960)曾根据史丹佛—比奈智力测验的评量结果,将学术资优儿童分为3个层次。最低的一个层次称为学术优秀,占学校学生总数的15%～20%,智商在116以上。第二个层次称为资优,智商在132以上,占学校学生总数的2%～4%。最高一个层次称为非常资优,智商在148以上,约占学校学生总数的0.1%。

(二) 创造力资赋优异儿童

　　这一类型是指富有卓越创造或生产性思考能力者。而所谓的创造性思考能力是:在有问题出现时,或需要出点子的场合,能想出许多主意。创造力资赋优异者的选拔方法,不只限于一般传统的程序。非常的创造能力更需要非常的鉴定方法。

(三) 社会心理能力资赋优异儿童

　　这一类型是指具有政治与社会的卓越领导才能,可有效地达成团体目标,并促进团体之内的和谐关系。

具有优异社会心理能力的儿童,常可能成为社会上的领导人才,对国家未来发展影响深远。

(四) 身体知觉能力资赋优异儿童

在视觉、表演艺术或心理动作能力方面,具有高水平表现者通称为身体知觉能力资赋优异者。许多知名的艺术家、舞蹈家、演员、音乐家、运动员,皆可泛称为身体知觉能力方面的资赋优异者。这类资赋优异者对社会精神文明层次的充实和提升,居功至伟。

三、资赋优异儿童的出现率

资赋优异儿童的出现率常受鉴定标准所左右。罗帝特(1947)根据涂尔门 1925 年对 168 000 个儿童调查资料推估,智商在 115 以上的约占 100/1 000,智商在 130 以上的占 10/1 000,而智商在 160 以上的则不到 1/1 000。

不过,纯粹以智商来界定资赋优异儿童的出现率,常易产生误导的作用。阮朱利(1982)认为资赋优异儿童的鉴别方式不应只限于智商,还应将工作或学习动机即创造力包括在内。然而,不论如何,资赋优异儿童的出现率介于 3%～5% 之间。

四、形成资赋优异的原因

(一) 遗传

许多心理学家以亲属间智慧的相关来证明遗传的研究,结果发现同卵双生的相关数最相似,异卵双生子次之,兄弟姊妹次之,堂兄弟姊妹再次之。由此,可知亲属关系越密切,其智慧程度相似程度愈高。因而证明智慧的差异,以遗传为主要原因。

(二) 社会环境与文化因素

傅里门 (Freeman) 曾研究 74 名寄生子智慧变动情形。这些儿童平均年龄 8 岁,智商 95,寄养 4 年后,儿童智商增加至 100～105 分。斯坦福大学曾就寄子与其亲生父之智商做研究比较,结果发现寄子之智商,高于生父,但在同一家庭中,寄子的智商终究不如亲生子,因而证明环境与遗传一样重要。

(三) 营养与健康

一般认为适宜的营养与疾病和伤害的避免,可提高产生资优儿童的概率。遗憾的是,到目前为止还没有研究发现营养与健康跟资赋优异儿童产生有直接的关系。

五、资赋优异儿童的鉴定

(一) 一般能力资赋优异的鉴定

(1) 团体与个别智力测验,其结果须达平均数正二标准偏差以上。

(2) 学业总成绩居同年级 2% 以上。

(3) 各科学业成就测验在平均数正二标准偏差以上。

(4) 创造力测验。

(5) 性向测验。

(二) 特殊才能资赋优异的鉴定(以美术班为例)

(1) 智力测验:团体与个别智力测验,其结果须达平均数以上。

(2) 性向测验:包括鉴赏能力、色感及视觉记忆测验等,其结果在平均数正二标准偏差以上。

(3) 术科测验:小学:绘画及立体造型。初中:水彩写生及铅笔素描。其标准通常依分数高低及录取人数而定。

六、资赋优异儿童的特质

(一) 普遍性的刻板印象

当人们接触到资赋优异这个名词时,脑海中或许会浮现许多对资优者的刻板印象,而这些刻板印象大致上有两种:一是以为资优者必是身体孱弱的,仿佛资优者的聪明才智是用健全的体魄所换来的,这或许是受到"天妒英才"这类人云亦云的说法所影响。二是以为资优者必有一副古怪的脾气,冷漠、孤僻、叛逆等形

容词常常被加在资优者的身上。历史上许多像凡·高这一类的寂寞天才,让人们相信天才必然是不兼融于俗世的。这两类刻板印象充分说明人们不相信资优与身心健康能兼备的想法。

然而若是以为资优者就是各方面均优于他人,包括记忆力一定很强,总是很活跃,精力异于常人的充沛,在校成绩一定很好等,那又是另一种对资优者的误解了。事实上所谓的资赋优异,包含了通才与偏才这两种可能性,所以缺陷与完美都并非足以描述资赋优异者的必然特质,就像一般人一样,资优者的特质有其个别差异,面对任何一位资优者,实在没有必要对其身心状况有过多的预设立场,然而,站在学术研究的角度,我们有必要对于资赋优异的特质做一般性的理解。

(二) Terman 的研究

对资赋优异者的身心特质最早做长期研究的要数 Lewis M. Terman,他花了近 30 年的时间,对 1 528 名资优儿童进行追踪研究。他的研究样本系取自美国加州的公立学校,而以教师推介和团体智力测验作为初选的方法。这些资优儿童多来自社会经济地位较高的家庭,无论家长的教育程度或收入,皆远较一般水平为高,而来自破碎家庭的比例比较低。因而在诠释 Terman 的研究结果时,应将这些儿童优越的家庭环境因素考虑进去。以下列出 Terman 对资优儿童特质研究中的重要发现。

1. 生理特征 资优儿童的身高、体重、健康情形等多较一般儿童优越。而感官缺陷、龋齿、营养不良、体态不佳的情形也较一般儿童为少。

2. 人格特性与心理适应 资优者多具超乎常人的意志力、情绪稳定性、道德推理与对美学的鉴赏力。同时他们充满自信,具有幽默感,且深孚众望。离婚率比一般人稍低。而自杀、滥用药物或心理健康的问题也较少出现。

3. 智力特质 Terman 透过智力测验证明,聪明的孩子长大后仍是聪明的。这显示资优者心智的稳定性。

4. 教育成就方面 一般而言,资优儿童在入学前多已能阅读,而且擅长于语文与数学上的推理。在许多成就测验上的成绩也多维持在顶尖的 10% 以内的名次。这些儿童上大学的比率,更是一般儿童的 8 倍。

5. 兴趣特质 这些资优儿童对诸如文学、辩论、古代历史等抽象课业比较感兴趣。比较不感兴趣的则是一些诸如抄写与手工训练的作业。他们显然较缺乏社交的兴趣。

6. 职业成就方面 这些资优儿童成年后,男性从事专业性工作的比率为一般男性的 8 倍。而这些资优者的收入也多明显高于一般人的收入水平。

Terman 对资赋优异儿童的纵长性研究消除了长久以来许多人对资优儿童特质的误解,不过我们必须认识到,尽管就整体而言,资优儿童的表现虽是突出的,但彼此之间是在能力、人格、成就等各方面,还是存在着许多个别差异。

第二节 资赋优异儿童早期训练与指导技能技法

一、资赋优异儿童早期训练的原理

自从 1896 年英国人类学家高尔顿的著作《遗传与天才》问世之后,资赋优异儿童的教育与研究处处受到心理学、教育学各种思想的影响。20 世纪初,美国心理学家推孟采用智力测验鉴别出 1 500 多名智商 140 分以上的天才儿童,至今,运用这种具有常模特性的智力测验仍然是鉴别资赋优异儿童的指导思想。在智力发展理论中,他强调归纳而不是演绎,强调制订学习目标,训练逻辑思维,养成从现实与事实中归纳出原理的思维方法,在当前的资赋优异儿童的教学中起到一定的指导作用。

20 世纪 60 年代,布卢姆(B. S. Bloom)的认知教学理论、布鲁纳(J. S. Bruner)的发现教学理论以及 70~80 年代盛行的马斯洛(A. Maslow)的人本主义教育思想都对资赋优异儿童的教育和教学产生了深刻的影响。

上述理论进一步明确了资赋优异儿童的教育目标,与普通儿童一样,是为了最大限度地发挥儿童的潜能,把他们培养成对社会的进步和发展能作出积极贡献的人才。另外,满足资赋优异儿童的特殊需要的教学目标还应包括:①使教学进度适合儿童的学习进度;②确保设计的内容和深度适合儿童的能力和知识水平;③教学要满足儿童的兴趣。

如果说在很长一段时间内,资赋优异儿童的教育多偏重于智力训练、学历教育,那么,现代的资赋优异教育不仅要强调智力训练,还要进行人格教育,使资赋优异儿童成为有较高的自然认知和社会认知水平的、德才兼备的人才。

与普通教育相比,在资赋优异儿童的教育中需要特别强调以下一些原则。

(一) 保持资赋优异儿童的学习兴趣、创新意识

一般来讲,资赋优异儿童都有浓厚的学习兴趣和创新意识,但是否能长期保持下去,有待于教师的引导。在资赋优异教育中,教育工作者要从学习目标的增设、学习内容的更新、奖励方法的改变等方面,防止某些资赋优异儿童学习兴趣和创新意识的减退。

(二) 提供更好的学习条件,满足他们对知识的渴求和自我实现的需要

资赋优异儿童由于学习能力强,渴望学习更多的知识和保持较快的学习速度。资赋优异儿童教育中各项目的安排都要尽可能地满足他们渴求知识的愿望,充分施展自己的才能和满足自我实现的需要。

(三) 提高资赋优异儿童的动机水平

随着资赋优异儿童年龄的增长和经验的丰富,教育者要注意不断提高他们的动机水平,将近景动机和远景动机有机结合起来,提高资赋优异儿童学习和工作的责任感,树立为社会的进步和发展、为科学献身的奋斗目标,培养抗拒环境中消极因素干扰的能力。只有这样,才能保证资赋优异儿童用自己的才学为社会的进步和发展作出积极的贡献。

(四) 培养资赋优异儿童的自学能力、独立工作能力

从终身学习的观点看来,学习是个体一生的任务,学校学习只是人生中的一个阶段。对资赋优异儿童来讲,要想在这样一个信息爆炸、知识快速更新的情况下,保持自己的超乎常人的学习和工作能力,取得卓越的成就,更主要的是要有自学能力和独立工作能力。

(五) 加强心理辅导,克服发展中的不平衡性

如前所述,在资赋优异儿童的发展过程中,可能出现各种不同类型、不同性质的不平衡性。如人格发展中,认知、情感和意志行为发展的不平衡性,自然认知和社会认知发展的不平衡性;学习过程中,各门功课学习成就的不平衡性。另外,因成功所引起的过多的优越感,因性别差异所引起的遐想,因不断地拼搏可能引起的烦躁,都可能造成身心发展的不平衡。这些都需要教师密切关注并给予及时的心理疏导和帮助。

总的来说,资赋优异儿童教育工作者要充分考虑不同类型资赋优异儿童的实际情况和各种不同的需要,有针对性地给予教育、帮助和训练,使他们能得到可持续的健康发展,成为一个德才兼备的杰出人才。

二、资赋优异儿童早期训练的措施

考虑到资赋优异儿童有超常的理解力、接受能力和较高的学习动机和成就目标,一般应采用如下方法安排他们的教育与教学。

(一) 早期评估与鉴定,了解儿童的禀赋特征和发展方向

资质优异是这类儿童的共同特征,但如前所述,各人资质优异的范围、能力和特长、个性特征并不相同。有的擅长语言,有的擅长数学运算,还有的擅长动作模仿与艺术。因此,早期的评估与鉴定,抓住儿童发展的关键期进行启迪和指导是非常重要的一环。

(二) 改革招生、考试制度,采取合理的教育管理

大多数资赋优异儿童有超人的学习能力,只有增加学习内容,加快学习节奏,才能满足他们的教育需要。因此,在招生、考试、升级、跳级这些教育环节上要采用灵活机动的办法,允许提前上学、升级和跳级,防止按部就班、耽误资赋优异儿童的成长。

(三) 根据儿童的实际水平,选择最佳的教育模式

教育教学效果取决于多方面的因素,无论何种模式要依据儿童的特点和水平,基于能提供的教育条件来选择,结合各自的长处,为资赋优异儿童服务。

(四) 更新教育观念,采用多种教学方法

资赋优异儿童的教学是一种信息量大的高难度教学。因此,教育者要加强学习,不断更新教育思想,大胆采用多种教学方法。首先,从传统的教师中心转向儿童中心,根据儿童的禀赋、特长、兴趣、爱好以及实际

水平来安排教学,制订个别教育计划。教育者要清醒地知道,即使是快班的儿童,也不能拔苗助长,切忌让儿童超负荷学习。其次,强调对儿童独立思考、独立操作等独立学习能力的培养。当代许多有关教育心理学的研究认为,好的教学不仅要学会"想什么",更重要的是要懂得"怎样去想"。第三,坚持开放型教学,提倡师生间双向交流和与社会联系。例如,在资赋优异儿童的教学中可采用讨论式、启发式教学法,推行高难度教学法。

三、国内外资赋优异儿童的教育形式

(一)现代外国资赋优异儿童教育的形式

1958 年,美国联邦政府颁布《国防教育法》中,提出为天才学生提供特殊课程,很快在中小学各种特殊教育项目相继出现,一时形成对天才儿童教育和研究的热潮。

1972 年,美国在联邦教育部正式成立了"天才儿童教育局",后又颁布《天才儿童教育法》等一系列法规,并拨专款用于发展天才教育。1974 年英国"天才儿童国家协会"正式建立,1975 年世界天才儿童教育协会成立,此后,许多国家的天才教育进一步发展。

20 世纪 70 年代以来,国外天才教育的形式多元化发展,归纳起来主要有以下 3 类。

1. 加速教育 包括个别式和集体式,个别式是允许资赋优异儿童个人提前入学、跳级、提早毕业;集体式为缩短学制的特殊班,各种学科的快速学习班等。

2. 充实教育 学校或社会团体组织的各种课外或校外的教育活动,资赋优异儿童可以根据兴趣或特长选择参加,通过这类活动,使他们获得加深、拓宽的教育。充实教育的内容广泛、丰富(各种学科、专长),形式多种多样,如各种兴趣小组、培训学校(或班)、寒(暑)假的冬(夏)令营、个别指导的学习,以及独立研究等。

3. 能力分组 按智力、能力类型和水平分别接受教育,包括特殊学校、特殊班级或在班内分组学习。

(二)我国香港资赋优异儿童的教育形式

我国香港的资赋优异儿童教育以充实为主,有教育署统筹的大型资优计划,及大专院校主办的充实课程。

1. 资赋优异儿童教育的实施 教育署推出"学业成绩卓越学生校本课程"试验计划,参加试验的学生包括高智力(智商达 130 或以上)和学业成绩优异(学科测验中文、英语、数学 3 科中,有两科的成绩达到最高的两个百分点或以上)。教育署给试验学校提供各类培训(如资赋优异儿童教育讲座、研讨会等),增拨教材费用,并派 3 名教育心理学家定期到学校,与校方商讨资优课程策划、设计、教学策略、教师培训等事项,帮助促进试验的讲行。

教育署统筹的另一大型资赋优异儿童教育是《群集学校资优计划》。该计划以《学业成绩卓越学生校本课程》试验为基础,并将试验推广到中学。试行资赋优异儿童教育三层模式中的第一和第二层次的课程。在常规课程中加强创造力、高层次思维技巧、个人及社交能力教育的基础上,选拔出优异者接受第二层次的充实课程。参加学校第一年有 20 所,次年增至 30 所。根据地区及学校特色,参与学校组成数个"群集",每一群集均有一所主力学校和数所联系学校。主力学校由推行资优课程有经验的学校担任。教育署为所有参与试验的学校提供支持队伍,增拨经费,并提供资优教师培训。

2. 资优教师的培养 教育署在 1994～1997 年协助 19 所小学推行《学业成绩卓越学生校本课程》试验计划期间,各校的教师都是边教、边接受培训。教育署课程发展处组织香港中小学和大专院校资赋优异儿童教育的力量,编制《校本资优课程教师培训教材》。2002 年已完成 6 套教材,包括中国语文、数学、小学常识及科学教育、情意、创意思维等,以网上版推出。

教育署还委托大专院校承办在职教师培训课程,该课程由资深资赋优异儿童教育专家任教,课题包括资优概念、资优学生课程设计、策略、评鉴方法等。

另一种师资培训模式是大学和小学合作,如香港浸会大学儿童发展研究中心 2001 年开始,在 5 所小学推行为期两年的"小学资赋优异儿童教育发展模式计划",对全校教师培训,以便全班式加强资优学生高层次思维技巧、创造力及社交能力教育。

3. 亲职培训 香港理工大学应用社会科学系为资优儿童家长开办启迪资优课程。此外,香港大学、香港中文大学、香港浸会大学及一些社会服务机构,也为资优儿童家长办过短期培训课程。

（三）我国内地资赋优异儿童教育的形式

1978 年我国成立资赋优异儿童研究协作组,开始对资赋优异儿童进行系统研究。至今,我国内地资赋优异儿童的研究与实践已有 30 年的历史。30 年来,众多学者在资赋优异教育的各个领域内进行了卓有成效的探索,无论在资赋优异儿童的选拔、鉴别,还是在培养、教育等方面都取得了很多研究成果。尤其是各地举办的资赋优异教育实验班,推动了资赋优异教育的进一步发展,使成千上万的资赋优异儿童受到了适合其自身特点的教育,也为国家培养了英才,赢得了国际声誉。资赋优异教育的兴起,填补了我国内地特殊教育领域中资赋优异儿童发展与教育的空白,对基础教育改革做出了应有的贡献,但也遇到了不少问题。官群博士在总结改革开放 30 年我国资赋优异教育经验和教训的基础上,概括出中国资赋优异教育 30 年的基本格局是过多地强调了"快"而忽视了"好",进而提出了具有"又好又快"双重含义的"双资赋优异教育",为我国未来资赋优异教育发展指明了方向。下面将通过对中国资赋优异教育 30 年的回顾与总结,进一步阐释"双资赋优异教育"的理论和实践意义。

经过众多教育工作者的努力,我国内地的资赋优异教育实践取得了实实在在的成果。主要概括为以下几个方面。

首先,在资赋优异儿童的选拔上,形成了自己的鉴别体系,采取多指标、多途径、多方法对资赋优异儿童进行鉴别与筛选;编制了智力、个性等多项问卷,改善了最初被动推荐的局面,实现了对资赋优异儿童大范围的鉴别。其次,在资赋优异儿童的培养上,资赋优异教育实验班和普通班级中的资赋优异教育实验两种形式并举。自中国科技大学首创少年班以来,12 所高校先后举办了资赋优异教育班,如西安交通大学、华中理工大学等。此外,各地的中小学也加入到了资赋优异教育行列中,1984 年天津市教育局建立了第一个小学资赋优异儿童实验班,1985 年北京八中建立了中学资赋优异少儿实验班。自 1995 年 4 月 13 日经民政部正式注册批准成立中国人才研究会资赋优异人才专业委会以来,资赋优异人才教育的系统工程得到了很好的发展。从模式上看,有连读班、基础强化班、创新与创业班、教改实验班等;从专业来看,已从理到文;从规模上看,已从其"班"发展到系乃至学院,如浙江大学的竺可桢学院、东南大学吴健雄学院等。再次,资赋优异教育专家还通过开展讲座、作报告,为家长和教师开展教育咨询等形式,澄清社会上关于资赋优异儿童的一些误解,帮助家长和教师正确认识资赋优异儿童的成长。最后,一些个别教育学校通过总结实践经验,建立了资赋优异教育教学和管理的校本体系,如江苏天一中学。

资赋优异教育实践打破了我国人才培养的常规,为国家培养了大量高精尖人才的同时,也完善了特殊教育体系的完整性,正如北京师范大学教育学院特教系主任肖非教授说:"没有特殊教育的基础教育,是不完整的基础教育;没有资赋优异人才教育的特殊教育,则不是完整的特殊教育。"

第三节　资赋优异儿童家庭教育

一、资赋优异儿童家庭教育的概念及功能

（一）资赋优异儿童家庭教育的概念

资赋优异儿童家庭教育是指资赋优异儿童在家庭中所经历的显性和隐性的教育影响。它包括家长根据资赋优异儿童的心理特点对他们进行的有目的、有计划的教育、指导和帮助等行为,以及家庭为他们提供的学习环境、树立的儿童发展理念、采取的家庭教养方式、家长自身的垂范作用等影响因素。

（二）资赋优异儿童家庭教育的重要性

资赋优异儿童成长的事实和国内外科研人员的研究认为,家庭教育的作用是无法估量的。根据泰伦鲍姆（A. T. Tannenbaum，1983)对天才的定义,"天才是一般能力、特殊能力、非智力因素、环境因素、机遇因素等 5 个因素交互作用而产生的杰出成果"。其中家庭教育是环境因素中的一项关键内容。艾伯特（R. S. Albert，1975)的研究发现资赋优异儿童发展的途径和方向取决于继承家族优良传统的心态和获得家庭的特殊重视和培养。

（三）资赋优异儿童家庭教育的重要功能

1. 鉴别功能 家庭是发现儿童潜能的第一场所，家长是鉴别儿童是否资赋优异的"第一人"。原因在于家长对自己孩子的重视程度超过他人，一方面家长对孩子成长情况了解得全面彻底，另一方面家长能够接受和重视资赋优异专家的建议指导，比较准确地掌握鉴别的原则与标准。

2. 早期智力开发与提供个别化教育 我国儿童在 6 岁上小学之前的大部分时间（除去上幼儿园）是在家庭度过的，家长自然就承担起了早期智力开发的任务，抓好家庭启蒙教育，从摇篮里开始智力开发，使他们的智慧潜能得到充分开发。个别化教育是资赋优异儿童发展对教育提出的特殊要求，家庭教育具有满足这一特殊要求的天然优势。家庭教育的对象是家庭中的成员，家庭成员的人数很少，有利于实施区别于他人的个别化教育。家庭教育具有适应儿童特殊需要的教育适切性，家庭教育者能够采取符合资赋优异儿童特殊身心发展规律的教育方式和方法，满足儿童成长的特殊需要。家庭教育还具有对学校教育功能补充的作用。家庭的诸多功能随着社会的发展逐渐弱化乃至消失，而家庭的育人职责却一直延续至今，而且发展成为学校教育的重要补充。

3. 培养非智力因素与形成良好个性 非智力因素是相对于智力因素而言的概念，燕国材把它划分为 3 个层次：第一个层次为广义的理解，是指除智力因素（观察力、记忆力、想象力、思维力和注意力）以外的一切心理因素；第二个层次为狭义的理解，是指动机、兴趣、情感、意志和性格；第三个层次为具体的理解，它的组成因素有 12 种：成就动机、求知欲望、学习热情、自尊心、自信心、进取心、责任感、义务感、荣誉感、自制性、坚持性和独立性。非智力因素对智力的发展具有制约作用，可以带来促进和促退两个方面的影响。智力因素与非智力因素相互融合，共同作用于人的成长发展过程中。曾经有人提出过这样一个成功方程式：成功＝20％的 IQ＋80％的 EQ，其中的 EQ 就是情商，是非智力因素的重要内容。由此可见非智力因素对人发展的极其重要性。个性是指人稳定的性格特征。儿童的个性发展对其一生的发展有很重要的影响。美国心理学家推孟在《天才的发生学研究》一书中指出："在最成功和最不成功人之间的最大区别，是多方面的情感和社会的适应能力以及实现目标的内驱力。"鉴于非智力因素对人才成长的重要意义，家庭教育在重视孩子智力开发的同时，切不可忽视了非智力因素的培养。资赋优异儿童都是具有很高智商的孩子，从某种意义上看，决定他们将来能否成为杰出人才的关键取决于他们是否具有良好的非智力因素，形成良好的个性。

4. 参与学校教育 在对待家庭与学校教育的问题上，比较先进的观念是家校合作观，家庭要参与学校教育，具体表现在以下 3 个方面：一是学校教育与家庭教育的性质规定，学校教育是一项服务需要学校、家庭双方合作，学校教育和家庭教育同等重要，两者应该相辅相成；二是学校和家长扮演的角色规定，鉴于家长更了解子女的品性及成长过程，对子女的影响力较大，在教育子女方面应该扮演较主动的角色，学校与家庭的关系是合作与伙伴关系；三是家校合作的性质规定，学校与家庭的联系是全面的，家长参与学校各个层次的事物，如共同决策等。学校与家庭的联系要设立长期规划和阶段目标，家校要保持经常性接触。

二、资赋优异儿童家庭教育的建议

（一）建设学习型家庭

资赋优异儿童的家长要自觉学习资赋优异儿童研究的新成果、教育新理念、新策略和新方法。科学研究揭示出资赋优异儿童的独特性及教育特殊性，常规的某些做法并不适合资赋优异儿童。按照传统经验教育资赋优异儿童，会遇到许多新问题，如何解决这些特殊问题，最有效的办法就是向专家咨询，学习专门的研究成果，掌握特殊的教育方法策略。

（二）家长要树立科学、人本的教育理念

树立科学的教育理念要求家长正确了解和认识如下问题：儿童的身心发展具有一定的规律性与个体发展独特性并存，资赋优异儿童的身体与智力发展表现出不同步的特点，儿童的智力因素与非智力因素需要协调共进，儿童的健康成长需要家长适时恰当地引导和帮助等。树立人本的教育理念要求家长在对待孩子时应把握好几个原则：儿童是独立的生命个体而非家长的附属财产，儿童的尊严、权利应得到尊重，儿童的需要应得到合理满足，儿童是家庭成员，应承担相应的家庭义务，亲子间建立民主平等关系，感情是亲子关系的联系纽带。

（三）营造和谐的教育氛围

教育氛围是家庭教育的精神环境，家庭成员时时刻刻都置身于其中，无时无刻不体验其中的影响，教育

氛围对儿童成长的作用是潜移默化的,对儿童生命的影响是持久而长远的。氛围相对于物质条件是无形的,氛围的教育作用却是无形胜有形。心理学研究表明,人在和谐愉悦的环境中,身心能够更好、更快地发展。营造和谐的教育氛围要求家庭成员要和睦相处,形成相互关爱、相互鼓励赞扬、相互理解宽容、相互尊重帮助、亲慈子孝、责任共担、民主平等的关系。

(四) 采取多种多样的教育策略

1. 言传身教策略 由于父母与子女之间存在着角色上的差异,父母对子女始终具有引领的义务,在讲清道理、立下规矩、制订规则、付诸行为等方面,家长要注意讲与做相结合,言与行相统一,言教与身教并重。道理要讲,知识要教,行为要示范。做一名令孩子敬佩的人。

2. 亲子互动策略 生活在同一屋檐下的家长与子女之间的相互影响与作用就是亲子互动,亲子互动是家长与孩子交流思想、讨论话题、解决问题的重要形式。亲子间建立起顺畅、有效、积极的互动模式对于家庭成员的身心健康尤其是孩子的良好成长具有非常重要的意义。以下介绍的几个策略将有助于亲子间的良性互动。①肯定与赞扬策略。针对资赋优异儿童的特点,家长一定要掌握好肯定与赞扬的策略。资赋优异儿童的聪明表现常常会得到他人的啧啧称赞。作为家长对自己孩子的优点、成绩也要及时、恰当地赞扬。②相互协商策略。针对资赋优异儿童的缺点和所犯错误,家长要采取协商的策略来解决,杜绝简单的打骂方式。③放手信任策略。家长要培养资赋优异儿童性格中的独立性、自主性,要学会采取放手与信任的策略。对于生活中的事情要放手不包办,让孩子承担适当的家务劳动,从而培养资赋优异儿童的劳动能力、对家庭的责任意识、孝敬长辈的态度。

3. 突出重点、抓点带面策略 根据孩子发展的阶段特点,采取抓住重点,全面培养的策略,促进孩子全面健康快乐成长。学前教育阶段,以培养幼儿良好的行为习惯为重点,注意结合智力发展关键期,较普通儿童实施提前教育。培养孩子广泛的兴趣爱好,强调长项,弥补弱项。在小学阶段,对于接受集体教育的孩子要注意正确引导与科学评价,养成科学的学习习惯,掌握适合的学习方法,培养浓厚的学习兴趣,培养创造思维能力,培养自信、自立的品格,建立和谐的亲子关系。

案例评析

背景介绍:王某,男,5岁。父母都是重点中学教师。王某自幼生长发育优良,家庭教育环境较好。从出生起父母就开始为其提供适合的教育训练。

王某从不到1岁开始说话,就逐渐表现出高于同龄孩子的各种能力,尤其是学习能力。喜欢各种游戏,尤其是智力游戏;3岁后开始喜欢各种棋类,尤其是中国象棋和围棋;学习识字和数数也明显快于同龄孩子。到5岁时,小学一年级的课程已经基本掌握。家长及幼儿园老师都认为他智力超常,所以建议为孩子进行智力超常的鉴别诊断。

一、教育鉴别与评估情况

根据个案的初步情况,初步判断该儿童可能是一般智力超常儿童。随即对其采取一般智力超常儿童教育鉴别评估。

(一) 智力测验

使用韦氏学龄前期智力量表(WPPSI),严格按照测验指导手册进行测验。该儿童语言量表和操作量表得分都明显高于同年龄儿童的平均分,其操作量表得分略高于语言量表。原始分折合智商值138标准分。该儿童得分明显高于同龄儿童两个标准差。

(二) 儿童认识能力测验

这套测验是1987年中科院心理所经过协作研究而成,专门用于鉴别超常儿童的认识能力。测验结果见表9-1。

经过测验,发现该儿童各项得分明显高于同年龄组儿童两个标准差以上。

表9-1　认识能力测验各项得分(5岁组)

图片词语类推	图形类推	数类推	创造性思维	记忆	观察
7.12	7.41	6.96	7.02	35.13	15.12

（三）学业评估

该儿童在幼儿园大班中属于年龄较小者，但其各科学习早已远远超过班级的同龄孩子，尤其是数学和语文知识。其他音乐、美术与班级中的同龄孩子差别不大。体育课更没有什么优势可言。

（四）行为观察

通过家长、老师提供的孩子在家里和幼儿园的日常行为表现，我们发现，该儿童活泼好动、好奇心强、求知欲强；而且不服输，有股子咬牙的精神。喜欢阅读，思维条理性强，逻辑推理能力明显高于同龄孩子，喜欢智力游戏。

二、教育鉴别结果与教育安置

（一）鉴别结果

该儿童为一般能力智力超常儿童，其智商明显高于同龄儿童两个标准差以上，而且在两个较权威量表测验中都如此，结果较为可靠。

（二）教育安置

经过与家长磋商，结合当地情况，建议该儿童5岁直接进入当地重点中学五年制附属小学二年级学习。结果该儿童顺利通过该附属小学入学测试，不久又通过一年级期末成绩评定测试跳入本学校二年级学习。跟踪研究3年来，该儿童学习成绩一直保持优异，其他方面发展良好，发展潜力巨大。

阅读延伸

资优教育之创意教学活动示例

一、语文科

在进行课文内容深究时，老师可利用创造性的发问技巧，启发学生的创造力和高层次思考能力。

以《龟兔赛跑》的故事为例：

1. 你能用不同的形容词，列举一下白兔的性格吗？
2. 你能比较一下乌龟和白兔的性格吗？
3. 假如白兔的性格像乌龟，故事可能的结局会是怎么样呢？
4. 试着想想其他小动物看见乌龟得胜后，会有什么反应呢？
5. 除了利用乌龟和白兔外，你能用其他动物创作一个类似的故事吗？

二、数学科

课题：加与减。

目标：使学生了解基本进位、退位，并学会归纳以解决问题。

活动：猜猜看。

1. 老师在黑板上画一个大三角形，在这三角形的三边任意写上1~9其中的三个数，例如：
2. 请一位学生在心中将这三个数加或减之后将答案写在内。
3. 请其他学生猜，这位学生是怎样算出该答案的？

三、美术科

课题：颜色的感情与人格特质。

目标：1. 认识颜色予人的感受和感情。

2. 认识受人喜爱和不受人喜爱的人格特质。

让学生运用脑力激荡术来列举一些受人喜爱和不受人喜爱的性格。

每位同学绘画一个人物，利用表情、动作表现该人物受人喜爱或不受人喜

爱的性格。填上与人物的性格配合的色彩,强调他的人格特质。完成作品后,学生展示他们的图画,互相猜测所画的人物的性格特质。颜色的感情与人格特质。

实践活动

项目一　对资赋优异儿童教学策略和方法的分析

实训目标　能够对资赋优异儿童教学策略和方法的有效性进行分析,指出注意事项。

内容与要求　通过学习本章内容和查找课外资料,分析一例资赋优异儿童案例,指出针对这一案例可以采取的教学策略和方法。

项目二　分析资赋优异儿童教育的家庭和社区支持重要性

实训目标　能够分析出家长、学校和社区在资赋优异儿童早期教育和开发的角色和作用。

内容与要求　采取小组探讨的方式分析资赋优异儿童早期环境的影响力。提出如何利用家庭和社区资源。

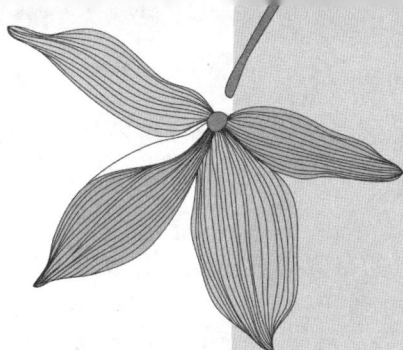

特殊儿童
早期训练与指导多元干预方法介绍

学习目标

通过本单元的学习,将帮助你了解:

1. 蒙台梭利教学法在特殊儿童早期训练与指导中的应用。
2. 奥尔夫音乐在特殊儿童早期训练与指导中的应用。
3. 感觉统合训练在特殊儿童早期训练与指导中的应用。
4. 箱庭疗法在特殊儿童早期训练与指导中的应用。

第一节　蒙台梭利教学法

蒙台梭利教学法是由蒙台梭利博士创造的一种普遍应用于学龄前儿童教育的教学法,而很少有人知道蒙台梭利教学法其实源自蒙台梭利博士早年对特殊儿童的医疗、康复和教育问题的研究,因此蒙台梭利教学法对于培智学校教育有着重要的指导和借鉴作用。

一、蒙台梭利理念对特殊儿童康复训练课程的指导

蒙台梭利教学法普遍应用于学龄前儿童的教育,而绝大多数特殊儿童的心理年龄基本处于学龄前儿童阶段,甚至只有婴幼儿水平,所以在特殊儿童康复训练中仍依赖于蒙台梭利的许多教育理念的指导。

(一)自由的原则

根据蒙台梭利的儿童观,孩子的内在冲动是通过自由活动表现出来的,他能根据自己的特殊爱好选择物体进行活动,而特殊儿童也有自己的喜好、需求和冲动,在康复训练课上教师应该多给特殊儿童充分的时间和空间去支配,而不应该"形影不离"地驾驭儿童。

"自由并非做你想做的事,而是要做正确的事。"蒙台梭利认为,幼儿必须在自由的基础上培养纪律性。自由和纪律是同一事物不可分割的两个方面。自由活动是形成真正的纪律的重要方式,而真正的纪律也必须建立在自由活动的基础上。

(二)工作的原则

蒙台梭利认为,与人的智慧关系最密切的两种运动是舌头的运动和手的运动,智慧主要是通过手的工作实现的,手是人类智慧的象征。然而,在日常生活中许多特殊儿童被家长呵护备至,什么都帮他们做好,这实际上是抹杀了他们动手练习的机会,也养成了他们懒惰的坏习惯。因此在康复训练课堂里,教师要致力于让特殊儿童"工作"——动手,让特殊儿童多一些独立思考的机会,也有助于他们手部肌肉协调性和控制力的发展。

(三) 有准备的环境

蒙台梭利教育有其专门的教室,教室的布置美观、舒适、有吸引力。当学生进入蒙台梭利教室,教师要提供给学生一个舒适、漂亮、实用的环境,训练设备和器材要适合特殊儿童的身材、体力,还要便于使用。

同时,所有的器材和学具必须放在固定的位置,各种教具的取放和使用方法都要依照一定的规则,这样不但能保持训练环境的井然有序,还能够培养特殊儿童的社会行为,让儿童在归还时考虑到他人的使用是否方便。

(四) 教师是辅导者

在康复训练中教师必须放下"威严"的姿态,把特殊儿童的兴趣与需要摆在首位,当特殊儿童在动手操作某一训练器材时教师不是一味地教授,而是要放手让儿童多尝试,一旦孩子做错了最好先不要介入,让他们从不断改正的过程中发现自己的错误。

即使对于智力缺陷较重的儿童,教师仍要给他们机会自己去发现问题和改正错误,如果儿童实在是完不成训练,教师才以"辅导者"的身份介入,帮助他们完成训练课程。这样的程序正符合了蒙台梭利博士所说"教师只是辅导者,让孩子从经验中学习"的宗旨。

二、蒙台梭利教学内容与康复训练课程的有机融合

蒙台梭利教学法的内容涉及领域广泛,包括日常生活训练、感觉教育、数学教育、语文教育、科学文化类教育五大项内容。康复训练课程选取了蒙特梭利感觉教育的内容作为训练的主要内容(表 10-1),并根据特殊儿童自身情况加以改进和融合。

表 10-1　蒙台梭利教学法的主要内容

训练项目	训练目标	训练内容	训练说明
视觉训练	帮助特殊儿童提高度量的视知觉,通过眼睛的观察认知事物,能够通过目测对事物做出基本的判断。学会鉴别学具的大小、高低、粗细、长短、形状、颜色及不同的几何形体	1. 比较学具的大小、高低、粗细、长短、形状 2. 通过色板认识基本的颜色,并学会分辨 3. 认识一些简单的几何形体	训练中学具为主要的教学载体,在儿童掌握之后要在日常生活中加以指导,提高学习的实用性
触觉训练	训练特殊儿童的触觉能力,提高儿童的感受性,能够通过触摸感知事物外在基本的情况,辨别物体是光滑还是粗糙,辨别温度的冷热,辨别物体的轻重、大小、厚薄	1. 触摸光滑和粗糙的平面,学会辨别 2. 通过手感知水的冷和热 3. 通过触觉感知物体的轻重、大小、厚薄	这项目训练主要针对触觉障碍的学生进行,在训练中要蒙上学生眼睛完全靠触觉来进行判断
听觉训练	训练特殊儿童认真地去听声音,并且习惯于区分声音的差别,使他们在听声的训练中不仅能够分辨音色、音高,还能培养初步的审美和鉴赏能力	1. 辨别音的强弱、高低 2. 辨习简单的节奏 3. 辨别常见的乐器音 4. 学习欣赏简单的儿童音乐	在特殊儿童中有不少在音乐方面有特长,对这一类学生可以在掌握的基础上做拓展和延伸
嗅、味觉训练	训练特殊儿童的嗅、味觉,能够根据闻到或尝到的味道做出简单的判断,注重提高嗅觉和味觉的灵敏度,并能对味道和气味做出反应	1. 辨别常见的气味,如香味、臭味、刺鼻的气味等 2. 辨别酸、甜、苦、辣、咸的味道	训练中要关注自我防范和保护能力的训练,如分辨一些有害气体,学会保护自己

三、蒙台梭利教具在康复训练课程中的运用

蒙台梭利教具的设计独具特色,较适合特殊儿童在训练中使用。它不选用五彩杂陈的色泽,以朴实、干净的色调为主。教具在大小、尺寸等方面都为儿童考虑,每项教具都有吸引力。教具的设计,以供给一个人操作为主要考虑目标,每项教具的单独和联合使用,都有其步骤和顺序才能完成,而且它还具有控制错误的特性,可以使儿童自行发现错误而能自行改正。表 10-2~表 10-6 是在康复训练中选取的部分教具。

表 10－2　插座圆柱体教具

项目	描　述
图例：	由若干从小到大的圆柱体组成,能插入对应的格子里
操作方法	将圆柱体从插槽中取出,引导特殊儿童将这些圆柱体分别放回合适的插槽中
训练目标	1. 培养特殊儿童辨别大小、高低、粗细、深浅的能力 2. 初步训练特殊儿童的逻辑思考能力和观察力 3. 发展手和手臂肌肉的协调能力
注意事项	由于特殊儿童理解和接受较慢,本练习需要小步子多循环的教授,先要从分辨大小、高低、粗细、深浅开始,等这一步骤完成了,才能进行"插"的练习,个别手有残疾的学生还需要更多鼓励和帮助

表 10－3　神秘袋

项目	描　述
图例：	彩色布袋一个,里边装有多个原木色的几何立体组,包括球体、正方体、长方体、圆柱体、圆锥体等
训练方法	将布袋中各种几何立体如圆柱体、球体、长方体等教给特殊儿童认知,然后根据指令从袋中取出某一几何体
训练目标	1. 认识基本的几何形状,特别是生活较常出现的长方体、正方体和球体 2. 训练触觉判断力,能根据指令找到相应的几何体 3. 发展特殊儿童动作、视觉、触觉的协调能力
注意事项	对于较难的圆锥体可以先不进行教授,等到学生掌握了简单的几何体,再把较难的几何体加入,实在无法掌握的可以先不做要求

表 10－4　棕色梯

项目	描　述
图例：	边长等量递减的 10 个棕色长方体
训练方法	让孩子从 10 个棕色长方体中按照横断面从大到小或者从小到大顺序,逐一挑选出来,然后按次序排列
训练目标	1. 让特殊儿童对物体的宽窄有基本的识别,了解递进、递减的关系 2. 学习长方体的概念,培养专注的观察能力 3. 充分发展特殊儿童眼、手、肌肉的动作协调能力
注意事项	在讲解中不使用"递增"或"递减"这些词汇,而是用特殊儿童容易理解的从小到大、从大到小

表 10－5　味觉瓶

项目	描　述
图例：	由若干个同样大小和颜色的玻璃瓶组成,插在固定的板上,瓶上配有滴管供品尝滋味时使用

项目	描　述
训练方法	在瓶中放入各种味道的液体滴入特殊儿童口中,让儿童判断是什么滋味
训练目标	1. 辨别日常生活中基本的酸、甜、苦、辣、咸的味道 2. 辨别一些特殊的味道,如洋葱汁、姜汁、蒜汁等 3. 学会保护自己的舌头,不要尝过冷或过烫的东西
注意事项	在使用中要注意小心轻放,防止玻璃瓶破裂;训练中还要关注自我防范和保护能力的培养,在日常生活中对于腐败的、刺激性味道的食物有所警觉

表 10-6　色板

项目	描　述
图例:	由若干个颜色逐渐变化的小色板组成,每种颜色都从深到浅
训练方法	通过颜色深浅、明暗的变化,培养儿童视觉分辨渐进色的能力,建立初步对美术的审美观念
训练目标	1. 培养特殊儿童对颜色的感官 2. 认识基本的颜色和能分辨三原色和三间色 3. 建立初步的审美观念,培养对美术的兴趣
注意事项	让特殊儿童自己在生活去中发现学过的颜色,既巩固学习效果又学以致用;还可以适当地做一些涂色的练习,尝试自由的用颜色画画

第二节　奥尔夫音乐在特殊儿童早期训练与指导中的应用

奥尔夫音乐教育体系是当今世界最著名、影响最广泛的三大音乐教育体系之一,这套教学法和相应的乐器在创立之初,就一直被运用到特殊教育的领域中,在盲人、聋哑人学校,语言治疗学校,难以教育者机构及各种精神病治疗医院和疗养院被广泛采用。

一、奥尔夫音乐教育的特色

(一) 原本性音乐教育的原理

奥尔夫音乐教育的原理可以归纳为以下几点。

1. 综合性　追求"原始性"音乐,倡导综合性音乐教育。奥尔夫认为:"……原始的音乐是接近土壤的、自然的、机体的、能为每个人学会和体的、适合儿童的。""原本的音乐绝不是单纯的音乐,它是和动作、舞蹈、语言紧密结合在一起的。这是人类本来的状况,原始的,也是最接近人心灵的。因此可以说音乐是综合的艺术。""音乐来自动作,动作来自音乐。"因此,在奥尔夫音乐中,音乐不再仅仅是旋律和节奏,而是与儿歌说白、朗诵、律动、乐器演奏和伴奏、舞蹈、戏剧表演甚至绘画、雕塑等视觉艺术紧密联系在一起,成为不可分割的部分。音乐不是以单一的形式存在的,不是单纯用嘴唱或用耳朵听。它是一种综合的艺术,可以一边唱一边跳一边用乐器演奏,也可以在音乐中进行互动和游戏活动。

2. 参与性　奥尔夫音乐强调以自然的本性为出发点,亲自参与、诉诸感性、回归人本,必须自己动手、动脚、去唱、去奏、去跳、去舞蹈和表演。在这种综合性艺术观指导下,奥尔夫不仅教儿童唱歌识谱,而且也教儿童演奏乐器。在教儿童演唱、演奏的同时,还结合自由朗诵、即兴舞蹈、歌唱和奏乐来进行艺术实践活动,并鼓励儿童在活动中身心投入地进行创作、表演和游戏,所以有很强的参与性。

奥尔夫音乐强调音乐、人声、音响和动作的统一,并和各种节奏水乳交融地融合在一起,音乐通过拍掌、

踏脚、行进等最原始的人体动作状态被娱乐性地艺术地呈现,带给人身心无比的愉悦。

3. 即兴性、幻想性、主动性和创造性 儿童的生活经验没有受太多的社会影响而定型,因此他们天然地具有对音乐的创造性。在看到一幅图画后,他们可以根据自己的理解用音乐去表达。通过简单的乐器即兴演奏、即兴表演,使儿童也能从事艺术家的工作,用音乐去挖掘、去创作、去发挥想象力。当没有乐器时,他们也能用手、脚、筷子、报纸等代替音乐进行演奏,充分体现对乐器的创造性。

奥尔夫推崇儿童主动学习音乐。奥尔夫的乐器不是高度精确性或高度科技化的乐器(如钢琴、电子合成器等),而是人的肌体(如拍手、踏脚、捻指等)、原始的发声器(如铃鼓、手鼓、木鱼等)和奥尔夫自己设计发明的"奥尔夫乐器"(一种音条可以灵活拆装的敲击乐器,包括木琴、钟琴等)即音条乐器。即兴性是奥尔夫音乐教育体系最核心、最吸引人的构成部分。尽量让学生自己随听到的音乐设计他们的乐器和动作伴奏。

4. 互动性 奥尔夫音乐活动互动性很强,很多表演、演奏和游戏需要双人、三人或多人的配合和合作,所以还培养了儿童的互动精神和一种"团队"的意识及密切的亲子关系,很多音乐活动需要儿童们或儿童和家长间互相配合协作,从中不仅会促进双方和多方的交流和合作精神,还会增进相互的感情,密切相互的关系,促进儿童情商的发展。

5. 重视体感(结合动作) 奥尔夫音乐重视身体的参与,不仅有多种声势练习,把身体的各部分当做乐器来进行节奏练习和朗诵、音乐伴奏,还强调各种伴随音乐的律动和舞蹈,以及带动作的互动交流和音乐游戏,让身体最大限度地参与到音乐当中,犹如原始部落庆祝狩猎和丰收的欢歌乐舞,极大地调动起儿童内心的活力和热情。

(二)奥尔夫音乐教育内容的特色

具体的课程内容主要包括嗓音造型、动作造型、互动音乐游戏和戏剧表演、声音造型4个方面。其中嗓音造型包括歌唱活动和节奏朗诵活动。动作造型包括律动、舞蹈、指挥和声势活动等,声势活动是一种用儿童的身体作乐器、通过身体动作发出声响的一种手段,以此进行节奏训练和音乐伴奏的简单又有趣的活动。声势就是捻指、拍掌、拍腿、踏脚等身体动作的简称,在各种节奏中变化无穷。声音造型即指乐器演奏活动,各种类的乐器有无数种根据歌曲或乐曲的精妙设计的伴奏,教师和学生可以对同一首歌或曲有多样化的设计或即兴创作,带给音乐无限的变化空间。互动音乐游戏和戏剧表演分别以集体舞和音乐剧为代表。

奥尔夫认为:这种集诗、舞、乐、戏剧为一体的综合性课程内容不仅符合人类生活的原始性、原本性,同时也符合儿童的特点和他们学习音乐的自然天性。

二、奥尔夫音乐对特殊儿童的作用

(一)提高特殊儿童的参与能力和主动性

奥尔夫音乐带有综合性的自娱特性,不仅是让儿童单向地听音乐,而是一直参与在音乐当中,与音乐形成了双向互融的关系。这使奥尔夫音乐极大程度地调动了特殊儿童的参与意识,通过儿童的视、听、触、嗅、拍打自己的身体、使用打击乐器、舞蹈和互动音乐游戏,有效地吸引了儿童的参与,提高了儿童的主动性。

(二)培养特殊儿童的专注力

奥尔夫音乐中伴随有大量的声势练习、律动和舞蹈,要求儿童跟着音乐做各种动作,而且随着音乐和动作、游戏的进行要不断变化,儿童必须密切注意音乐、教师和伙伴的动作并随着模仿或配合互动,对培养专注力有很大帮助。"首先它是培养听的洞察力,要求听要专注,只有专心地听,才能培养注意力。"所以专注力的训练首先从听觉的专注开始得到训练。奥尔夫音乐中一些有视觉吸引力的道具和奥尔夫乐器的使用,都能起到很好的吸引注意力的作用。

由于在上课时,特殊儿童耳朵要听、眼睛要看、嘴中要唱、还要配合各种动作,调动了特殊儿童各个器官的注意力,从而使特殊儿童专注力得到了有效的提升。

(三)培养特殊儿童的听力

特殊儿童常常存在听力异常的情况,2～6岁是特殊儿童听力发展的关键时期,听力直接关系到特殊儿童的认知理解与语言能力。这个时期让他们多听各种各样的声音和节奏,有助于听力的发展。奥尔夫丰富多样的乐器(包括儿童自己将身体作为乐器以及生活中的锅、碗、瓢、盆、筷子等许多生活用品均可成为乐器)有助于加强对特殊儿童的听觉和对听觉反应能力的改善,从而促进患儿的康复。奥尔夫音乐中包含了

多样化的听觉练习,如听音乐的长度决定做动作的快慢和停顿、听音乐的变化来变换动作和游戏,听不同的乐曲就走不同的步伐,根据乐器的指挥来变化动作等,可以很好地锻炼儿童的听力和反应能力。

(四) 培养感知觉能力

奥尔夫音乐注重对音乐多感官的参与,对特殊儿童的感知觉训练方面有独到之处。声势练习是身体的乐器参与音乐的伴奏,律动是身体伴随音乐变换动作,在听觉刺激的同时让眼、耳、鼻、喉、触觉和身体各部位都得到了感觉的锻炼。由于教学中会伴有各种形象的视觉和触觉的提示,如用手摸彩带来感受音乐的长度,看着小青蛙的模型做小青蛙拍打身体和跳跃的动作,根据音乐的长度和变化决定动作的长度和变化等,都能很好地提高儿童的感知觉能力,这种能力在身体乐器和打击乐器的伴奏下得到了很大的强化。

(五) 培养模仿能力

奥尔夫音乐有很多乐曲要求老师做动作,儿童跟着做,如走线、声势练习和律动等,在音乐中模仿老师的动作使模仿能力得到了提高。

(六) 提高精细和手眼口耳协调、身体协调、感觉统合能力

奥尔夫音乐的乐器伴奏要求儿童听着音乐的节奏用不同的乐器进行伴奏,乐器的使用具有很强的训练手眼耳协调的作用,也锻炼了各器官的协调能力。这种伴奏往往是在教师的手势指挥和提示下进行,这极有效地训练了手眼耳协调的能力,特别是手耳协调的能力,对提高特殊儿童对外界的反应能力有很重要的意义。

在使用各种乐器进行伴奏的练习中,精细能力和小肌肉能力也得到了很好的锻炼和提高。奥尔夫音乐包括大量的声势练习、律动、动作、舞蹈、集体舞和音乐剧,这些练习都有助于提高儿童的身体协调能力和感觉统合能力。

(七) 提高记忆力

传声练习和对歌词的朗诵、歌唱可以反复训练儿童对声音形象的记忆力,提高儿童的听觉记忆从而提高大脑的记忆力。由于音乐是连贯而不间断的,进行中的音乐会使儿童的记忆形成一种惯性和连续性,让儿童潜移默化地熟悉和记住歌词和曲调。声势练习、节奏练习和律动、舞蹈、音乐游戏的各种动作模仿可以提高特殊儿童的视觉记忆力,从而也最终提高了记忆力。

(八) 提高认知和理解能力

奥尔夫音乐"主要的着眼点不在于理性地传授知识、技能,而在于自然地、直接地诉诸感性,在感性的直接带动下,在奏乐的具体过程中,学会知识,掌握技能。"在学习奥尔夫的过程中,配合了视觉的提示,有时还可以用图画来表示音乐,比如当听到流水潺潺的声音时,儿童可能画一条弯弯曲曲的线;听到海浪的声音时,可能画一条此起彼伏的线,加强对音乐的理解。学习大象的歌时出示大象,蝴蝶的歌时出示蝴蝶,让儿童在音乐中认识音乐所表现的具体事物。

(九) 提高语言能力

人声是奥尔夫音乐的第一项乐器。传声练习是奥尔夫音乐的基本练习。在传声练习中,教师可以根据儿童的程度有针对性地传递儿童需要学习的声音,可以是单音、双音或句子,特别要注意使用动物的叫声和象声词来加强对儿童的语言训练。朗诵往往是音乐活动开始时的练习,在朗诵中儿童训练了语言能力。

奥尔夫音乐的歌曲和歌唱是与动作舞蹈结合在一起的,所以儿童在音乐和舞蹈中加强了对语言的兴趣,把语言形象和音乐、舞蹈结合起来,加深了印象。在动听的音乐中也更有利于训练自然发音和语言表达。

(十) 培养交流、游戏和合作能力

奥尔夫音乐非常重视集体的音乐活动,一般是多人参与,通常 8~10 人或 10 人以上(当然在特殊学校中最好 8~12 人,不能太多),中间有各种两人、3 人或多人的互动的音乐活动,可以有效地训练儿童的交流和游戏能力。

(十一) 增进情感和情商

奥尔夫音乐的很多乐曲都有相互握手、拍手等带身体接触的情感交流,如《摇呀摇,摇到外婆桥》、《小羊咩咩叫妈妈》等歌曲,都有非常温馨的亲子互动的动作和舞蹈,在轻松、愉快地音乐中增进了亲情的交流,有助于特殊儿童加深对伙伴、对亲人的情感,增加对集体团队的团体意识。

（十二）改善情绪和行为问题

奥尔夫音乐大多是轻松愉悦的音乐和活泼欢快的歌曲，对儿童和家长都可以起到改善情绪的作用，让愤怒的情绪降低、慢慢变平缓，让急躁的情绪慢慢恢复平静，让平淡的情绪慢慢变得欢快和开心，音乐会在不知不觉中充当一个快乐天使，起到让人开心的魔术师般的作用。情绪平稳好转了，行为问题就会有相应的改善。

总之，奥尔夫音乐通过儿童喜闻乐见的形式，不仅学习了音乐，更是通过音乐，开发了特殊儿童多方面的能力，挖掘了儿童的潜能，有助于特殊儿童的康复训练。

第三节　感觉统合训练在特殊儿童早期训练与指导中的应用

感觉统合（sensory integration）最早是由美国南加州大学爱尔丝（Jean Aryes）博士在 1969 年提出的一个研究观点，将儿童的脑神经发展与心理发展相结合，提出感觉统合理论。爱尔丝博士终生致力于教育事业，把感觉统合训练应用于特殊儿童的康复与训练中。

一、感觉统合概述

在母亲的子宫内，胎位变化的过程中，触觉、前庭平衡、本体平衡等能力就已经逐渐在发展。出生后，它们和视、听、嗅、味等感官更不断相互影响。在大脑中的感觉中枢相互联系着，这些感觉神经的交错程度，比任何网络都复杂。这种进入大脑的感觉刺激信息，在中枢神经形成有效率的组合，就叫做"感觉统合"。正因为有这种能力，大脑才能协调身体对外界作出适当的反应。爱尔丝博士将之比喻为交通指挥者或红绿灯管制者，没有它们交通将乱成一团。在达到各种目的的协调行动上，感觉统合的能力非常重要。特殊儿童在生活中与同伴交往受到限制，缺乏良好的人际关系和语言；有的家长缺乏特殊教育知识，过于溺爱孩子，教育孩子缺乏耐心，家长有事包办；有的家长无法承受现实，夫妻之间经常发生矛盾，把孩子送给祖辈照顾，与孩子接触少，给孩子造成不良的家庭环境；有的家长过于自卑，把孩子关在家里，孩子很少到户外活动，接触大自然。以上种种情况加重了特殊儿童感觉统合失调程度，同时也错过特殊儿童特殊教育的训练最佳时期。特殊儿童感知觉、语言等方面发展迟延，在他们的早期教育中注重感知觉与运作的发展训练是十分重要和必要的，感觉统合训练有效地促进特殊儿童的智能开发和综合能力（行为能力、组织能力、学习能力）的提升，在他们日后学习、生活中起着举足轻重的作用。

二、感觉统合训练内容

感觉统合训练包括提供前庭、本体和触觉刺激的活动。训练中指导儿童参与各种活动，这些活动是对儿童能力的挑战，要求他们对感觉输入作出适应的反应，即成功的有组织的反应。新设计的活动逐渐增加对儿童的要求，使他们有组织地反应和更成熟地反应。在指导活动目标的过程中，重点应放在自动的感觉过程上，而非指导儿童如何作反应。在一个学习活动中，涉及的感觉系统越多，学习的效果越好。

感觉统合训练过程几乎总是让儿童感到愉快，对儿童来说，治疗就是玩，成人也可以这样认为。但训练同时也是一个重要的工作，因为训练中有老师或训练人员的指导，儿童不可能在没有指导的游戏中取得效果。设计一个游戏气氛不只是为了愉快，而是让儿童更愿意参与，从训练中获得更多的收益。

三、感觉统合训练的一般目标

（1）提供给儿童感觉信息，帮助开发中枢神经系统。

（2）帮助儿童抑制和（或）调节感觉信息。

（3）帮助儿童对感觉刺激作出比较恰当的反应，最终目标是达到提升组织能力、学习能力、集中注意的能力。

147

四、感觉统合训练的原则

（1）训练当中要让儿童感到快乐而不是压力。

（2）训练中儿童是主角,要尊重儿童对感觉刺激的需要和选择。

（3）通过控制环境给儿童以适当的感觉刺激,从而改善其感觉统合能力,使儿童能作出适应性反应,不要教孩子如何做。

（4）训练过程中,给孩子以积极的反馈,并与家长分享孩子成功的喜悦。

五、教师在特殊儿童感觉统合训练中的作用

（一）创设氛围,快乐体验

特殊儿童缺乏个人动机与兴趣,主动性差,意志水平低下,在训练中一味采取强迫手段,或者乏味的机械训练,特殊儿童会产生厌烦、恐惧、害怕等不良情绪,训练遭到失败,甚至会产生副作用。所以在训练中创设良好的氛围是至关重要的,让特殊儿童喜欢身处其中,在快乐的气氛下全力去做,这样也容易发展出原本不足的能力,教师创设良好的氛围可以考虑以下几个方面。

1. 音乐合理化　特殊儿童对音乐敏感性强,教师在训练中选择一些他们喜欢的音乐,可以有效地调动和调整特殊儿童的情绪,使他们很快地进入到教师设计的游戏活动中并配合治疗,教师对音乐的选择也要因人而异,音乐参与特殊儿童感觉统合训练中会起到事半功倍的作用。

2. 情节趣味化　赋予感觉统合训练过程游戏化的情节,能增强趣味性、娱乐性,更进一步激起特殊儿童良好的情绪和积极从事活动的力量,从而使他们活跃起来。

3. 语言游戏化　在感统训练中,教师要有意识地关心、启发、暗示、引导和鼓励指导特殊儿童,而不是以主观命令去代替他们想、代替他们做,其目的是启发他们的想法,使他们玩得更愉快。在训练过程中,教师可以用角色身份贯穿活动,教师处处以游戏的口吻进行引导,特殊儿童定会兴趣盎然,同时主动参与,达到锻炼身心的目的。

4. 动作儿歌化　单纯讲授动作的要领,特殊儿童很难理解而且会感到枯燥无味,如果将要领编成朗朗上口、充满游戏性和趣味性的儿歌,效果就会迥然不同。如,特殊儿童在跳床上跳跃,教师就可以唱儿歌:"小白兔,白又白,两只耳朵竖起来,爱吃萝卜,爱吃菜,蹦蹦跳跳真可爱。"这样既加强了动作要领的掌握,又不单调枯燥;既调节了宽松自由的气氛,又提高了特殊儿童活动的激情。

5. 器材形象化　"玩具是幼儿的天使,特殊儿童也不例外"。感统器材色彩鲜艳、造型美观,能吸引特殊儿童的注意,引起特殊儿童的兴趣。孩子看到它,想去摸一摸、试一试、玩一玩,这就是它的独特之处。为了让感觉统合训练变得更为生动愉快,让特殊儿童变得更为积极主动,我们赋予这些器材生命、灵性,将它们形象化、游戏化,并围绕感觉统合训练的某一器材设计一系列的活动方法。

（二）以人为本,量力而行

教师在训练前要充分、科学评估学生情况,训练时也要采用小步子、多循环的原则,设计游戏难度适中,这样特殊儿童会产生成就感,增强他们的自信心,也帮助教师一步步引导学生完成任务目标,达到训练的效果。教师一定不要操之过急、忽略学生的感受,使学生拒绝参与,这也是感觉统合训练最容易失败的地方。

（三）耐心细致,适时鼓励

特殊儿童是一群特殊群体,大脑器质性损伤以及社会、家庭不良因素的共同作用促进了特殊儿童心理、行为问题的出现,表现为害怕情绪、发脾气、易怒、爱哭闹等一些现象,对于学生一时做不到的,教师要细心而有系统地引领,并将此做成计划,用游戏将这些不佳的感觉反应有效地加以组织。对于学生出现不良情绪,教师要马上中止训练,进行安抚,调整好学生的情绪,在训练中教师要耐心、耐心、再耐心。

第四节　箱庭疗法在特殊儿童早期训练与指导中的应用

箱庭疗法(sandplay therapy)起源于英国医生洛温菲尔德(Lowenfeld)所创立的"世界技术"。1929 年,

受威尔斯(H. G. Wells)《地板游戏》一书的启示,洛温菲尔德给孩子一些玩具、沙子和箱庭让他们玩耍,他们可以做出令人感兴趣的作品。在这过程中,她注意到孩子们在箱庭中自由地表现所制作的作品是孩子们内心世界的再现。于是她认为,孩子在箱庭中的这些表现具有治疗意义。

使该技术得以发展的是美国学者彪勒(C. Buhler)和瑞士心理学家卡尔夫(D. M. Kalff)。彪勒将之作为一种测量工具,而卡尔夫则将注意力放在确立咨询者与来访者之间的信赖关系上,并使用荣格的"心象"(image)理论去分析来访者的作品。卡尔夫推动了"世界技法"的发展,并首次将此技术称作"沙疗"。日本著名临床心理学家河合隼雄教授在瑞士荣格研究所留学时跟卡尔夫学习了这一"沙疗"技法,1969 年将其介绍到日本,正式称之为"箱庭疗法"。我国由北京师范大学张日昇教授在 1998 年从日本引入,沿用"箱庭疗法"这一术语。

一、概念及适用对象

箱庭疗法是指咨询者旁观来访者使用各种小玩具在箱庭中进行自我表现的一种心理治疗方法,国内又称其为沙盘疗法或箱庭疗法。作为一种心理治疗方法,它整合了荣格的分析心理学和东方文化、哲学的精髓,能够广泛地应用于多种心理疾病的治疗。由于箱庭疗法独特的游戏性质和非语言特性,因此它特别适合于儿童和有语言障碍的来访者的咨询和治疗。如重度语言障碍儿童的箱庭疗法、性虐待儿童的箱庭疗法等。

二、理论假设及治疗理念

箱庭疗法的治疗假设是:每一个体的心灵深处,都有自我治愈心理创伤的倾向,如果存在一个自由的且受保护的空间,来访者的自我治愈能力就可以得以发挥。其治疗理念是通过箱庭疗法促进个体心理发展和成长,自性强大的自我治愈得到发挥,个体将自己内心不愉快或消极体验被阻滞的情感、无法解决的内心冲突、消极信念和态度下释放、宣泄出来,将自己由情境引起的恐惧、不安、担忧、焦虑等负面情绪表现出来,从而促进自我的整合和个性化的实现。

三、箱庭疗法的作用

箱庭疗法帮助来访者区分内心世界和外部世界,促使无意识的心理内容直接转化为有意识的行动,进而澄清来访者的问题。箱庭的创作为来访者宣泄存在于无意识世界的消极情感和创伤记忆提供了机会,并对他们的选择、情感、行为产生影响。也可以利用集体箱庭开展团体咨询和治疗,对那些有心理问题的高危学生进行个体或团体的箱庭治疗,可以有效预防心理危机事件的发生。另外它在培养自信心与人格发展、培养想象力和创造力等方面发挥着积极作用。

四、箱庭的构成

1. 箱庭 箱庭的摆放应与腰部一样高,以便咨询者旁观和记录。箱庭内侧尺寸为 57 cm×72 cm×7 cm,外侧涂深颜色或木本色,内侧涂蓝色。这样可以使来访者感到挖沙子会挖出水,而这种感觉是很重要的。

2. 沙子 箱庭疗法初期,往往使用茶色粗、细沙和白沙 3 种,白色的沙子可以表现雪、霜等。必要时可将沙子适当湿一下,这样可以用来做沙丘、山等。

3. 玩具 箱庭疗法不要求特定的玩具,只要准备各种各样的玩具,让来访者能充分表现自己、展示内心世界即可。玩具可以是现实世界中的任何物品,如:人形、动物、树木、花草、车船、飞行物、建筑物、石头等。每一种尽可能准备大小不等,各 5~6 个较为适宜,玩具并非一次必须准备齐全,可以逐步积累。

五、记录的内容及咨询者的角色

咨询者应记录以下几个方面:对来访者摆放玩具时进行的解释(自言自语式的)进行记录;对来访者与咨询者之间的交流进行记录;对来访者的操作按照不同维度进行记录;对来访者的作品进行拍照记录等。

在箱庭疗法过程中,咨询者所扮演的角色是多侧面的,他(她)是来访者受伤的内在小孩的"母亲",是来

访者内在世界表现的见证者,是来访者心灵痊愈历程的陪伴者和参与者,是安全、自由空间的营造者。所以治疗关系的发展要看咨询者应与来访者有没有建立"母子一体性"(mother-child unity)。"母子一体性"中的"母亲"的态度,即爱和关怀是来访者成长、发展的关键因素。箱庭疗法要求咨询者给予来访者温暖、关爱、包容、接纳、自由、安全感,就像母亲和孩子一样的态度对待来访者。

六、记录、分析维度

就儿童箱庭治疗而言,可从以下几个维度进行记录和分析。

(一) 箱庭治疗的导入

可以言语导入:"请用沙子和玩具,在箱子里做个什么,做什么都可以。"也可非言语导入,特别是对孩子不需要什么说明,他就会马上做起来的。如果有的来访者问其他各种问题,只需回答"你想怎么样都可以"或"你按自己的想法去做就可以了"。无论如何,必须给来访者以自由表现的机会。

(二) 制作的时间

制作时间的长短可以反映出儿童思维的连贯性和整体性。

(三) 玩具的移动

移动有 3 个方面的需要:表达主题的需要;表达动态的场景;美观的需要。

(四) 作品的基本构成

1. 玩具的数量和种类 每一类玩具在结合来访者个人的经验分析时都会有一定的象征意义。如:动物代表的是一种原始的、本能的力量,它们的大量出现可能反映了儿童早期自主性的缺乏和内心力量的未分化,属于自我发展的原始阶段。

2. 沙的使用 "一沙一世界",沙的世界构成了儿童想象的无限空间,对沙的使用体现了儿童的想象力和创造力。

3. 空间的配置 是指在分析来访者作品时箱庭空间的左右配置、玩具的摆设状况。根据传统的空间象征理论,左和右意味着无意识和意识、内部世界和外部世界,上和下意味着精神和肉体、未来和过去、父亲和母亲等。当然这不是绝对的,也有例外的情况。

4. 箱庭的主题 大多数儿童对自己作品的主题不能进行界定,对箱庭主题的界定可以反映儿童思维发展的状况。

箱庭制作过程中的互动。这里的互动包括来访者与咨询者在目光和语言上的互动。互动的频率体现了来访者的心理开放的程度,体现了来访者在多大程度上治疗的可能性和自我治疗的主动性。

对于咨询者还需注意的是,在分析时注意作品出现的变化、相互联系、发展的可能性,要充分整合作品,从整体上感受其是否均衡、丰富、细致、流动、富有生命力还是分散或支离破碎的、杂乱无章和贫乏、机械的等。

七、发展前景

虽然箱庭疗法所需要的知识是广博而深奥的,但游戏是任何一个年龄阶段的人都乐于进行的,所以它有很大的发展潜力,目前它的发展主要集中在以下几点。

1. 与其他疗法的结合 箱庭疗法最初只是应用于儿童或成年的个别咨询,现在越来越多地把这种疗法与家庭疗法、集体疗法、认知疗法等结合进行研究。

2. 箱庭疗法与教育的结合 一些研究者发现箱庭疗法对于自尊水平低、学习成绩差、过分活跃的学生较适用,有助于提高学生的阅读能力、注意力,减轻焦虑和压力,提高社交能力。

3. 重视有语言障碍儿童的治疗 箱庭疗法强调非言语的交流过程,因此该法对于治疗存在语言障碍的儿童非常适用。

4. 箱庭疗法的跨文化研究 在一国进行箱庭治疗时对作品特点的分析能否适用于不同文化背景下的来访者;对于不同地区、不同国度但具有相同症状的来访者能否采取相同的治疗方案等,这些问题有待进一步的研究。

当然对于箱庭的研究不仅要注意其主观方面,还要注重它的实证研究。我们期望随着时间的发展,箱庭研究的两个方向能够有机地融合,互为补充,实现箱庭疗法在心理咨询和心理治疗领域更广泛的应用。

案例评析

案例一　蒙台梭利幼儿数学教育案例——加法接龙游戏

适应年龄:5.5 岁以上。

准备材料:1. 绒布 1 块。

　　　　　2. 彩色串珠棒 1～9 各 5 根放在木箱中。

　　　　　3. 黑白串珠棒 1～9 各 1 根放在木盒中。

　　　　　4. 10 的金色串珠棒 50 根放在木箱中。

　　　　　5. 厚纸做成的"桥"。

直接目标:1. 会用彩色串珠棒进行连加运算。

　　　　　2. 会进行逢 10 交换。

间接目标:1. 理解连加的概念。

　　　　　2. 加强秩序训练。

活动提示:

1. 在桌上铺块绒布后把教具拿来放好。

2. 串珠棒的放置

(1) 从彩色串珠棒箱中取适量的彩色串珠棒,任意排成一条长龙,将木箱盖好后放在绒布右上方。

(2) 把黑白串珠棒按 1～9 的顺序在绒布左上方排成一个金字塔形,将盒盖盖好,放在右上方。

(3) 将金色串珠棒箱放在 1～9 的黑白串珠棒旁。

3. 彩色串珠棒的连加运算

(1) 放置好各种串珠棒后,开始数彩色串珠长龙。从左向右用桥一粒一粒地数,数时速度不要太快。

(2) 每数到"10"时就以桥隔开,桥左侧的彩色串珠组合用一根金色串珠棒代替;若某根彩色串珠棒被桥隔为左右两段,则将桥右侧剩下的彩色串珠换成等数目的黑白串珠棒。

(3) 把换下的彩色串珠棒放在绒布右下方。

(4) 从黑白串珠棒开始重新点数。

(5) 每数到"10"就重复上述交换串珠的步骤,将交换后的黑白串珠棒放回原位。

(6) 按同样的方法完成点数与交换串珠棒的工作,最后得到的是由金色串珠棒和黑白串珠棒组合的新"长龙"(若个位数为"0",就只有金色串珠棒)。

(7) 请幼儿点数金色串珠和黑白串珠的总量,告诉幼儿:这就是答案。

4. 验算

(1) 将放在绒布右下方的彩色串珠棒设法组合成 10,和金色串珠棒 10 相对应(为了便于凑出 10,可打开彩色串珠棒箱,用绒布上的彩色串珠棒换取箱中等量的串珠棒)。

(2) 再取剩余的彩色串珠棒与长龙上的黑白串珠棒相对应。

(3) 若组成"长龙"的彩色串珠棒的数量和新"长龙"上金色串珠棒(加黑白串珠)的数量一致,则答案正确,不一致则答案有误。

(4) 告诉幼儿这就是"验算"。

5. 纸上练习　请幼儿用书写的形式记录长龙链接过程。

专家提示:1. 幼儿进行此活动的前提是:具备十进位的经验;认识彩色和黑白串珠棒。

　　　　　2. 换下的黑白串珠棒应及时归位,便于验算。

案例二　自闭症儿童感觉统合训练案例

基本情况:小小(化名),实际年龄 3 岁 6 个月。

发展年龄:配合能力不够,无法做评估。

开始训练日期:＊＊年 11 月 11 日。

小小是比较典型的自闭症。没有语言,且语言理解能力差,参与能力、模仿能力、手眼协调能力等均有严重的障碍,并且有轻微的怪异行为,紧张或是烦躁不安时会用力自己抓头。

自闭症的孩子大多有感觉统合上的抑制和接受困难,特别是触觉、前庭感觉、听觉、视觉方面,做到有效的功能调整,是最值得关心和重视的问题。虽然对自闭症的了解仍然不够,但自闭症是大脑神经和身体感官不协调所产生的一种疾病,只有通过感觉统合做全面性的刺激和调整,才比较能够产生实质性的影响。因此根据观察了解小小的实际情况以及相关的自闭症康复指导资料制订了以下的训练计划。

11月11日～11月21日

训练目标:1. 自己能走进感统教室。

2. 能参与一些简单的项目,包括走触觉板、趴在大笼球上、冲滑板、爬阳光隧道、坐独角椅等。

3. 用食物强化有进步或好的行为。

4. 寻找小小特别喜欢的训练项目,以作为强化。

训练结果:可以跟着妈妈走进感统室,虽然妈妈离开还是会有情绪,但是也能够参与一些训练项目,例如,扶着走触觉板、俯卧在大笼球上、辅助冲滑板,其中最喜欢大笼球。

11月24日～12月5日

训练目标:

1. 能听懂简单的一步指令。

2. 消退食物强化,转为社会评价来夸奖进步和好的行为,如互动击掌"Yeah(耶)"、鼓励小小"好棒"、"真棒"。

3. 减少小小在哭闹时抓伤自己的行为。

4. 做以下的训练项目:走触觉板、触觉球、跳大笼球、坐独角椅、网揽等。

训练结果:能基本听懂"拿起来"、"快点"、"走"、"给"、"起来"、"过来"等指令,食物强化消退,哭闹时抓头的频率明显减少。训练项目在辅助下能够基本完成。

12月8日～12月19日

训练目标:1. 消退上课时烦躁不安的情绪。

2. 叫其名字能够有所反应。

3. 建立初步的模仿意识。

4. 在辅助下可以参与以下训练项目:站左右平衡台、跳床、滑板爬、跳大笼球、抛接球等。

训练结果:上课进感统教室时虽然还会有些不情愿,一旦进入了上课训练状态时则会比较配合,叫其名字也会"咿呀"几句,以作回应。

教学反思:感觉统合训练师在给孩子做一对一的感觉统合训练时需要细心地观察孩子的每一种情绪,耐心引导,以做到及时地夸奖孩子的每一个进步,建立其运动企划能力,让其熟悉每部分的技巧,促进孩子在成长过程中能有更大的收获。

实践活动

项目一　对特殊儿童蒙台梭利教育活动进行评价

实训目标:能够对蒙台梭利教育活动在特殊儿童中的应用进行评价,分析优缺点,并提出合理化建议。

内容与要求:通过在特教学校或特殊教育机构,对特殊儿童的蒙台梭利教育活动的观摩,了解在活动中使用的方法和途径,并对活动进行评价。

项目二　探讨传统民间游戏与感觉统合训练的关系

实训目标:能够正确理解感觉统合训练的原理和目标,找出传统民间游戏与感觉统合训练之间的联系和区别。

内容与要求:通过回忆或查找传统民间游戏的资料,了解传统民间游戏与感觉统合训练之间的联系和区别,拟提出家庭感统训练方案。

参考文献

［1］〔苏〕瓦·阿·苏霍姆林斯基著.赵玮译.和青年校长的谈话.上海:上海教育出版社,1983.

［2］〔英〕戴维·克里斯特尔著,任明译.剑桥语言百科全书.北京:中国社会科学出版社,1995.

［3］曹丽敏.特殊儿童早期康复指南.北京:华夏出版社,2009.

［4］陈凯鸣.小糖的故事:图片交换沟通系统 PECS 在自闭症沟通障碍人士中的运用.广州:暨南大学出版社,2011.

［5］陈强,徐云.孤独症儿童评估技术.北京:科学出版社,2011.

［6］陈伟.社区康复面临的问题和对策初探.实用全科医学,2003,(1):67~68.

［7］陈云英,华国栋.特殊儿童的随班就读实验——农村的成功经验.北京:科学出版社,1998.

［8］陈云英,沈家英,王书荃.特殊教育的理论与实践.北京:教育科学出版社,1992.

［9］陈云英.残疾儿童的教育诊断.北京:科学出版社,1996.

［10］邓猛.双流向多层次教育安置模式、全纳教育以及我国特殊教育发展格局的探讨.中国特殊教育,2004,(6):1~6.

［11］方俊明,李芳,李丹.特殊儿童应用行为分析.北京:北京大学出版社,2011.

［12］方俊明.当代特殊教育导论.西安:陕西人民教育出版社,1998.

［13］方俊明.今日学校中的特殊教育(下册).上海:华东师范大学出版社,2002.

［14］方俊明.特殊教育学.北京:人民教育出版社,2005.

［15］傅松涛,范明丽.美国天才儿童教育——学习权利社会保障的历史反思与启示.比较教育研究,2006,(11):33~39.

［16］桂勤,黄建伟.美国英才教育研究评析——以美国国家英才研究中心为例.外国教育研究,2002,(7):26~29.

［17］过小芳.澳洲超常生教育思考.江苏教育学院学报(社会科学版),2003,(2):13~17.

［18］Halahan DP, Kauffman JM, Pullen PC.特殊教育导论.第 11 版.北京:中国人民大学出版社,2010.

［19］〔美〕Heward WJ 著.肖非译.特殊需要儿童教育导论.第 8 版.北京:中国轻工业出版,2007.

［20］哈平安,刘艳红著.病理语言学.北京:北京师范大学出版社,1998.

［21］何侃.特殊儿童的心理健康教育.镇江:江苏大学出版社,2008.

［22］贺荟中,方俊明.视觉障碍儿童的认知特点与教育对策.中国特殊教育,2003,(2):41~44.

［23］黄红.儿童情绪障碍及其他常见心理行为障碍.实用儿科临床杂志,2006,21(23):1678~1680.

［24］黄金源.自闭症儿童的治疗与教育.台北:心理出版社,2008.

［25］柯克,加拉赫著.汤盛钦译.特殊儿童的心理与教育.天津:天津教育出版社,1989.

［26］Leaf R, McEachin J 著.蔡飞译.孤独症儿童行为管理策略及行为治疗课程.北京:华夏出版社,2008.

［27］李莉.有关天才儿童的定义的研究综述.中国特殊教育,2003,(3):81~88.

［28］李闻戈.情绪与行为障碍儿童的发展与教育.北京:北京大学出版社,2012.

［29］李宇明.聋儿语言康复教程.上海:华东师范大学出版社,1990.

［30］林宝贵.语言障碍与矫治.台北:五南图书出版公司,1994.

［31］刘春玲,江琴娣.特殊教育概论.上海:华东师范大学出版社,2008.

［32］刘昊.孤独症儿童的行为教学.北京:华夏出版社,2010.

［33］刘权礼.残障儿童的早期干预概论.天津:天津教育出版社,2007.

［34］刘艳辉.全纳教育视野下的教育公平.当代教育论坛(上半月刊),2009,(2):7~9.

［35］刘志田.美国的天才教育:孩子智商排第几?小学校长,2004,(4):43~44.

［36］卢晓月.听障儿童言语康复技能.北京:新华出版社,2004.

［37］罗倩,彭聃龄.失语症的语言学研究综述.当代语言学,2004,(4):248~263.

［38］玛丽亚·蒙台梭利著.吴启桐,金海涛译.蒙台梭利家庭教育全书.南宁:广西科学技术出版社,2009.

［39］钮文英.身心障碍者行为问题处理.台北:台湾心理出版社,2001.

［40］彭霞光.视力残疾儿童的教育理论与实践.北京:华夏出版社,1997.

［41］朴永馨.缺陷儿童心理.北京:科学出版社,1987.

［42］朴永馨.特殊教育辞典.北京:华夏出版社,2006.

［43］钱文.学前融合课程评价的有效方法:课程性评估.中国特殊教育,2004,(4):39~42.

［44］ 钱志亮. 视觉障碍儿童的心理与教育. 大连：辽宁师范大学出版社，2000.

［45］ 山口熏，金子健. 残疾教育的展望. 大连：辽宁师范大学出版社，1996.

［46］ 沈家英. 视觉障碍儿童的心理与教育. 北京：华夏出版社，1993.

［47］ 沈模卫，朱海燕，张锋. 天才儿童及其教育问题新论. 华东师范大学学报（教育科学版），2003，(4)：75～79.

［48］ 舒明跃. 孤独症诊疗康复与教育. 北京：华夏出版社，2010.

［49］ 苏林雁. 儿童多动症. 北京：人民军医出版社，2004.

［50］ 孙喜斌，梁巍. 听力障碍儿童康复评估档案. 北京：华夏出版社，2006.

［51］ 汤盛钦. 特殊教育概论. 上海：上海教育出版社，1998.

［52］ 汤盛钦，徐建成，骆伯巍. 儿童口吃的心理问题初探. 心理科学通讯，1984，(6).43～44.

［53］ 唐健. 情绪行为异常儿童教育. 天津：天津教育出版社，2007.

［54］ 特殊教育学校义务教育课程设置实验方案出台. 盲校义务教育课程设置实验方案. 现代特殊教育，2007，(3)：4～6.

［55］ 万明美. 视障教育，台北：五南图书出版有限公司，2001.

［56］ 王和平. 特殊儿童的感觉统合训练. 北京：北京大学出版社，2011.

［57］ 王辉. 特殊儿童教育诊断与评估. 南京：南京大学出版社，2007.

［58］ 王梅，张俊芝. 孤独症儿童的教育与康复训练. 北京：华夏出版社，2007.

［59］ 王梅. 孤独症儿童情绪调整与人际交往训练指南. 北京：中国妇女出版社，2009.

［60］ 王美芳. 浅谈视觉障碍儿童的心理特点与教育. 山东师大学报（社会科学版），1990，(4)：64～68.

［61］ 王书荃. 智力落后儿童的早期发现与训练. 北京：中国妇女出版社，2008.

［62］ 韦小满. 特殊儿童心理评估. 北京：华夏出版社，2006.

［63］ 吴海生，菜来舟主编. 实用语言治疗学. 北京：人民军医出版社，1995.

［64］ 吴立平. 听障儿童语言训练. 北京：新华出版社，2004.

［65］ 谢明. 孤独症儿童的教育康复. 天津：天津教育出版社，2007.

［66］ 徐景俊. 特殊儿童康复概论. 天津：天津教育出版社，2007.

［67］ 严春友. 天才与天才教育之哲学思考. 太原师范学院学报（社会科学版），2003，(2)：84～88.

［68］ 杨克敏，吕艳芬. 感觉统合训练对改善儿童行为与情绪障碍的作用. 中国中西医结合儿科学，2010，2(2)：152～153.

［69］ 杨希洁. 关于学前全纳教育有效性的思考. 中国特殊教育，2005，63(9)：3～7.

［70］ 叶立群. 特殊教育学. 福州：福建教育出版社，1993.

［71］ 银春铭，于素红. 儿童语言障碍及矫正. 北京：人民教育出版社，2001.

［72］ 曾进兴. 语言病理学基础. 第2卷. 台北：台湾心理出版社1996.

［73］ 翟海珍. 视觉障碍儿童教学法. 天津：天津教育出版社，2007.

［74］ 张日昇. 箱庭疗法. 北京：人民教育出版社，2006.

［75］ 赵树铎. 特殊教育课程与教学法. 北京：华夏出版社，1991.

［76］ 甄岳来，李忠忱. 孤独症社会融合教育. 北京：中国妇女出版社，2010.

［77］ 中国残疾人联合会编. 聋儿康复社区指南. 北京：华夏出版社，1997.

［78］ 钟坤杰. 美国天才儿童的标准. 云南教育，2004，(8)：12～14.

［79］ 周念丽. 自闭症谱系障碍儿童的发展与教育. 北京：北京大学出版社，2011.

［80］ 周平，李君荣. 学习障碍儿的教育指导. 北京：人民军医出版社，2003.

［81］ 卓大宏. 中国康复医学. 北京：华夏出版社，1990.

［82］ Buysee V, Bailey DB. Behavioral and developmental outcomes in young children with disabilities in integratedand specialized setting：A review of comparative studies. J Special Education，1993，62(4)：19～35.

［83］ Dworkin PH. Learnng and behavior problems of schoolchildren. W. B. Saunders Company，1985.

［84］ Fombonne E，Mazaubrun C D，Grandjean H. Autism and associated medical disorders in a French epidemiological survey. J Am Academy Child Adolescent Psychiatry，1997，36(11)：1561.

［85］ Hillman J，Neubrander J，Snyder SJ. Childhood autism：a alinician's guide to early diagnosis and integrated treatment. London：Routledge，2007.

［86］ Holahan A，Costenbaer V. A comparison of developmental gains for preschool children with disabilities in inclusive and self-contained classrooms. Topics Early Childhood Special Education，2000，(20)：224～235.

［87］ Lynch EW，Lewis RB. Exceptional children and adults. Scott：Foresman and Company，1988.

［88］ Ysseldyke J E，Algozzine B. Special education：a practical for teachers. Boston：Houghon Miffin，1995.

图书在版编目(CIP)数据

特殊儿童早期训练与指导/刘建梅,赵凤兰主编.—上海:复旦大学出版社,2013.8(2023.8重印)
普通高等学校学前教育专业系列教材
ISBN 978-7-309-09911-9

Ⅰ.特…　Ⅱ.①刘…②赵…　Ⅲ.儿童教育-特殊教育-早期教育-幼儿师范学校-教材
Ⅳ.G76

中国版本图书馆 CIP 数据核字(2013)第 169962 号

特殊儿童早期训练与指导
刘建梅　赵凤兰　主编
责任编辑/傅淑娟

复旦大学出版社有限公司出版发行
上海市国权路 579 号　邮编:200433
网址:fupnet@ fudanpress.com　　http://www.fudanpress.com
门市零售:86-21-65102580　　团体订购:86-21-65104505
出版部电话:86-21-65642845
浙江临安曙光印务有限公司

开本 890×1240　1/16　印张 10.5　字数 315 千
2023 年 8 月第 1 版第 8 次印刷
印数 25 701—29 800

ISBN 978-7-309-09911-9/G·1215
定价:38.00 元